四书五经

何亚辉 编著

〔第四卷〕

光明日报出版社

节南山之什

节南山

节彼南山^①，维石岩岩^②。赫赫师尹^③，民具尔瞻^④。忧心如惔^⑤，不敢戏谈。国既卒斩^⑥，何用不监^⑦！

节彼南山，有实其猗^⑧。赫赫师尹，不平谓何？天方荐瘥^⑨，丧乱弘多。民言无嘉，憯莫惩嗟^⑩！

尹氏大师，维周之氐^⑪，秉国之均^⑫，四方是维，天子是毗^⑬，俾民不迷。不吊昊天^⑭，不宜空我师^⑮。

弗躬弗亲，庶民弗信。弗问弗仕，勿罔君子？式夷式已^⑯，无小人殆^⑰。琐琐姻亚^⑱，则无膴仕^⑲！

昊天不傭^⑳，降此鞠讻^㉑。昊天不惠^㉒，降此大戾^㉓。君子如届^㉔，俾民心阕^㉕。君子如夷，恶怒是违。

不吊昊天，乱靡有定。式月斯生^㉖，俾民不宁。忧心如酲，谁秉国成^㉗？不自为政，卒劳百姓^㉘。

驾彼四牡^㉙，四牡项领^㉚。我瞻四方，蹙蹙靡所骋^㉛。

方茂尔恶^㉜，相尔矛矣^㉝。既夷既怿^㉞，如相酬矣。

昊天不平，我王不宁。不惩其心，覆怨其正^㉟。

家父作诵^㊱，以究王讻。式讹尔心^㊲，以畜万邦^㊳。

【注释】

①节：高峻的样子。

②岩岩：积石貌。

③师尹：太师和尹氏。太师，西周掌军事大权的长官；尹氏，西周文职大臣尹吉甫的后代。

④具：通"俱"。

⑤惔（tán）：火烧。

⑥卒：全。

⑦何用：何以。

⑧有实：实实，广大的样子。《诗经》中形容词、副词以"有"作

词头者，相当于该词之重叠词。猗：指山坡。

⑨荐：重。瘥：疫病。

⑩憯（cǎn）：曾，乃。

⑪氐：根柢。

⑫均：此处指国家政权。

⑬毗：辅助。

⑭吊：善。昊天：犹言上天。

⑮空：空乏。师：众民。

⑯式夷式已：受伤或停职。

⑰无小人殆：不要受小人斥摈。

⑱琐琐：小小。姻亚：统指襟带关系。姻，儿女亲家；亚，通"娅"，姐妹之夫的互称。

⑲膴（wǔ）仕：厚任，高官厚禄。

⑳傭：均。

㉑鞫讻：极凶。

㉒不惠：不恩惠。

㉓戾：暴戾，灾难。

㉔君子如届：君子如果到来并过问。

㉕阕：息。

㉖式月斯生：应月乃生。

㉗秉：掌握。

㉘卒劳百姓：终于劳苦百姓。

㉙牡：公马。

㉚项领：肥大的脖颈。

㉛蹙蹙：局促的样子。

㉜茂：盛。恶：罪恶。

㉝相尔：观察您。

㉞怿：悦。

㉟覆：反而。正：规劝纠正。

㊱作诵：通"作讽"，作诗讽谏。

㊲讹：改变。

㊳畜：养。此处指安定。

【赏析】

《节南山》叙述的是幽王时代的事，诗旨哀怨，指斥幽王身边的权臣尹氏和太师执政不平，导致国脉不兴，天怒人怨，诗人的愤恨之情充斥于字里行间。

开篇通过南山起兴，引出两位权势显赫的臣子。南山险峻，巨石嶙峋，这种描写既写出了两位权臣的权力如山一般威赫，又形象地表现出他们二人为政的"不平"。第二节"不平谓何"一句，是质问，也是无可奈何的嗟叹。第一节的"不敢戏谈"和第二节的"民言无嘉"，进一步描摹出在权臣统治之下的民众战战兢兢、却又忍不住愤恨之言的情状。第三节进一步说明，因为师尹害人害天，引来上天的报复，这些报复变成灾害施加到了人民的身上，面对天灾人祸的双重打击，人们已经悲愤到了极点。第四节强调执政之人应远离小人，凡事要亲自过问，这样才能赢得人民的信任。第五节的"昊天不傭"、"昊天不惠"，看上去是在抱怨老天不公，降下巨大的祸乱和灾难，但实则指向执政之人的无能。

接下来的几节，其长度有所改变。如果将这首诗当做一首歌谣，那么这就算是一种音乐的变奏。形式上的变化常常意味着内容或情感的转变。诗人不再如前几节那样酣畅淋漓地进行指斥，而是在短促的悲叹中升华全诗的感情。

这是一首政治讽喻诗，讽刺了地位显赫的师尹，同时痛斥统治者执政不平，倒行逆施，鱼肉百姓的行为。

十月之交

十月之交①，朔日辛卯②，日有食之，亦孔之丑。彼月而微，此日而微。今此下民，亦孔之哀。

日月告凶，不用其行③。四国无政④，不用其良。彼月而食，则维其常⑤。此日而食，于何不臧⑥！

烨烨震电⑦，不宁不令⑧，百川沸腾⑨，山冢崒崩⑩；高岸为谷，深谷为陵。哀今之人，胡憯莫惩⑪？

皇父卿士⑫，番维司徒⑬，家伯维宰⑭，仲允膳夫⑮，棸子内史⑯，蹶维趣马⑰，楀维师氏⑱，艳妻煽方处⑲。

抑此皇父㉚，岂曰不时㉛？胡为我作㉜，不即我谋？彻我墙屋㉝，田卒汙莱㉞。曰予不戕㉟，礼则然矣。

皇父孔圣，作都于向㊱。择三有事㊲，亶侯多藏㊳。不慭遗一老㊴，俾守我王。择有车马，以居徂向㊵。

黾勉从事㊶，不敢告劳。无罪无辜，谗口嚣嚣㊷。下民之孽㊸，匪降自天。噂沓背憎㊹，职竞由人㊺。

悠悠我里㊻，亦孔之痗㊼。四方有羡，我独居忧。民莫不逸，我独不敢休。天命不彻㊽，我不敢傚我友自逸。

【注释】

①交：日月交会，指晦朔之间。

②朔日：初一。

③行：轨道，规律，法则。

④四国：泛指天下。

⑤则：犹。

⑥臧：善。

⑦烨（yè）烨：雷电闪耀。震电：如打雷闪电。

⑧宁、令：皆指安宁。

⑨川：江河。

⑩冢：山顶。崒：通"碎"，崩坏。

⑪憯（cǎn）：乃。莫惩：不戒惩。

⑫皇父：周幽王时的卿士。卿士：官名，总管王朝政事，为百官之长。

⑬番：姓。司徒：六卿之一，掌管土地人口。

⑭家伯：人名，周幽王的宠臣。宰：冢宰。六卿之一，"掌建六邦之典"。

⑮仲允：人名。膳夫：掌管周王饮食的官。

⑯聚（zōu）子：姓聚的人。内史：掌管周王的法令和对诸侯封赏策命的官。

⑰蹶（guì）：姓。趣马：养马的官。

⑱楀（jǔ）：姓。师氏：掌管贵族子弟教育的官。

⑲艳妻：指周幽王的宠妃褒姒。煽：炽热。

⑳抑：感叹词。

㉑岂：难道。

㉒我作：作我，役使我。

㉓彻：拆毁。

㉔汙：积水。莱：荒芜。

㉕戕（qiāng）：残害。

㉖向：地名。

㉗三有事：三有司，即三卿。

㉘亶（dǎn）：确实。侯：语气助词。

㉙慭（yìn）：愿意，肯。

㉚徂：到，去。"以居徂向"即"徂向以居"。

㉛黾（mǐn）勉：努力。

㉜嚣（áo）嚣：七嘴八舌的样子。

㉝孽：灾害。

㉞噂（zǔn）沓：聚在一起说话，形容议论纷纷。背憎：背后互相憎恨。

㉟职：主。

㊱里："悝"之假借，忧愁。

㊲痗（mèi）：病。

㊳天命不彻：天命不合正道。

【赏析】

《十月之交》是一首政治怨刺诗，作者从自然现象着笔，继而揭露政治上的黑暗。

诗作第一章交代时间、事件，以及事件发生时的情态和人民的反应。"日者，君象也。"在古人看来，太阳发生日食，白日无光，预示着有关君国的灾难。由此作者展开联想，在第二章里，"四国无政，不用其良"，着笔的重点随之转向政治统治，抒发了作者对政治日弊、百姓日苦的悲痛与忧虑，过渡自然，论理谨严。第三章，诗人更进一步，在描写日食之余，又搬出了后来发生的地震，并对其情形进行了细致的描述："百川沸腾，山冢崒崩；高岸为谷，深谷为陵。"诗中写的地震确有史实记载，《国语·周语》："幽王二年，西周三川皆震。""是岁三川竭，岐山崩。"作者从大处着笔，通过具有特征性的大特写，展开了一幅历史上少有的巨大灾变图，历来为读者称道。其中"高岸为谷，深谷为陵"二句，因其鲜明的形象性，获得了不朽的艺术生命，被后世历代文人借用，成为了历史上概括政治巨变、社会更迭的代表性诗句。第四章到第六章，作者深切揭露周幽王宠幸嫔妃、奸臣乱党把持朝政的无道。

第七章作者写自己尽心为国但招谗言迫害，处境悲惨又有口难开，狼狈至极。最后一章，诗人点明了自己的立场和今后的做法。他面对周朝严重的危机，虽然疲惫、心痛，但并没有退缩不前，而是尽职尽责，"明知不可为而为之"，显得坚忍而忠诚。"悠悠我里，亦孔之痗"是作者心态上的悲惨。

诗人是坚定的，也是孤独的；是自信的，也是明知无望的，这种复杂的心态，杂糅在这则短诗中，给人无限感慨。

小 旻

旻天疾威①，敷于下土②。谋犹回遹③，何日斯沮④？谋臧不从⑤，不臧覆用⑥。我视谋犹，亦孔之邛⑦！

潝潝訿訿⑧，亦孔之哀！谋之其臧，则具是违⑨；谋之不臧，则具是依。我视谋犹，伊于胡底⑩！

我龟既厌⑪，不我告犹⑫。谋夫孔多⑬，是用不集⑭。发言盈庭⑮，谁敢执其咎⑯？如匪行迈谋⑰，是用不得于道。

哀哉为犹，匪先民是程⑱，匪大犹是经⑲；维迩言是听⑳，维迩言是争㉑！如彼筑室于道谋，是用不溃于成㉒。

国虽靡止㉓，或圣或否㉔。民虽靡膴㉕，或哲或谋㉖，或肃或艾㉗。如彼泉流，无沦胥以败㉘！

不敢暴虎㉙，不敢冯河㉚。人知其一，莫知其他。战战兢兢㉛，如临深渊㉜，如履薄冰㉝。

【注释】

①旻（mín）天：皇天。

②敷：布。下土：与"旻天"相对。土，犹"地"，指人间。言上天降灾，遍布于人间。

③谋犹：指计划、政策。回遹（yù）：邪曲不正。

④沮：终止。

⑤谋臧不从：此句言不听从好的谋略。斥责周王善恶不辨。谋臧，即好的计谋。从，听从。

⑥覆用：反而采用。

⑦邛（qióng）：病，指弊病。

⑧潝潝（xì）：又作"歙"，有敛聚之意。指小人之相互附和。訿（zǐ），通"訾"，有诋毁之意。

⑨具：俱。此数句言：小人对好的谋略都反对；对不好的谋略，却都依随，没有一定原则。

⑩伊于胡底：言如此下去，国家将何所至（走向何处）？伊，语词，犹"将"。胡，何。底，至。

⑪龟：指占卜用的龟甲。

⑫犹：道，谋。

⑬谋夫：谋士。

⑭集：集中，成就。

⑮盈庭：充满大庭（朝廷）。指发言的人很多，满庭议论纷纷。

⑯执：持，担当。咎：罪过，罪责。

⑰匪：彼。行迈：行道之人。谋：咨询，商量。或以为与下章"如彼筑室于道谋，是用不溃于成"，相对成文，"行迈"下夺"于室"之类的两个字。其说可参。

⑱程：效法。

⑲大犹：大道，大道理。经：行，遵循。言哀叹如此为谋，不取法古人，不遵循大道。

⑳迩言：浅近、没有见地之言。

㉑争：争进。一说争取。

㉒溃："遂"之假借，即达到之意。此言如同筑室，问谋于路人，所以不能成功。

㉓靡止：无福。止，通"祉"。一说止，礼也。

㉔或圣或否：此言国家虽无福气，但圣智与非圣智之人都有。圣，指贤能、智慧之人。

㉕靡肬：不多。肬，盛多。或训"肬"为"法"。

㉖哲：明哲。谋：灵敏，善谋。

㉗肃：恭谨，严肃。艾（yì）：治理。

㉘沦胥：相率，一个接一个地。此与上句当连读，意谓：不要像流水那样，滔滔流去，不能复返，相率至于败亡之境。一说"无"为发语词。

㉙暴虎：徒步与虎搏斗。

㉚冯（píng）河：无舟渡水，徒涉。

㉛战战兢兢：恐惧戒慎之状。

㉜临：面对着。

㉝"如履薄冰"以上三句：言诗人见国家在危亡之中，惴惴不安，如同面临无底深渊，如同脚踏薄冰之上，时刻担心出事。履，踏。

【赏析】

这是首志士忧国之诗。诗人对周王听信小人邪说，不辨忠奸，感到无比忧虑，但又无能为力。一章伤上天降灾，国无善政。钟惺曰："'敷'字好字面，用在'疾威'上最苦。"二章言小人之同而不和，相互为恶。钟惺曰："二'具'字已成一雷同世界，国欲不亡，不可得也。"三章伤人多嘴杂，而无良策。一"厌"字写出灵龟性情，而灵龟之性情即人之性情也。四章言无大谋而从浅见之言，故无成功。五章为劝勉之词。姚际恒曰："此篇本主谋说，故引用《洪范》五事之'谋'，而以'圣、哲、肃、艾'连言陪之，读古人书，须觑破其意旨所在，以分主客，毋徒忽略混过也。"六章言己独为国担忧。孙月峰曰："以上通论谋，皆是实说。维此章寓言微婉，盖叹息省戒，以申其倦倦未尽之意。"末尾三句成为中国古代知识分子做人办事的警句，诚千载不易之座右铭。而为人君者、为执政者，所为牵动全局，尤不可忽焉。篇中反复言"谋"，皆由王惑于邪谋而发。诗以"旻天疾威"起，以"如履薄冰"收，中以"谋"字辗转其间，将形势之危急、国事之无着、作者之恐惧，一并托出。

小弁

弁彼鸒斯①，归飞提提②。民莫不穀③，我独于罹④。何辜于天⑤？我

罪伊何⑥？心之忧矣！云如之何⑦'

　　踧踧周道⑧，鞫为茂草⑨。我心忧伤，怒焉如捣⑩。假寐永叹⑪，维忧用老⑫。心之忧矣，疢如疾首⑬。

　　维桑与梓，必恭敬止⑭。靡瞻匪父⑮，靡依匪母。不属于毛⑯，不罹于里⑰。天之生我，我辰安在⑱？

　　菀彼柳斯⑲，鸣蜩嘒嘒⑳。有漼者渊㉑，萑苇淠淠㉒。譬彼舟流㉓，不知所届㉔！心之忧矣！不遑假寐㉕。

　　鹿斯之奔㉖，维足伎伎㉗。雉之朝雊㉘，尚求其雌。譬彼坏木㉙，疾用无枝㉚。心之忧矣，宁莫之知㉛？

　　相彼投兔㉜，尚或先之㉝。行有死人㉞，尚或墐之㉟。君子秉心㊱，维其忍之㊲。心之忧矣，涕既陨之㊳。

　　君子信谗，如或酬之㊴。君子不惠㊵，不舒究之㊶。伐木掎矣㊷，析薪扡矣㊸，舍彼有罪㊹，予之佗矣㊺！

　　莫高匪山㊻，莫浚匪泉。君子无易由言㊼，耳属于垣㊽。无逝我梁㊾，无发我笱。我躬不阅，遑恤我后！

【注释】

①弁（pán）彼：即弁弁，喜乐貌。一说翻飞貌。鹥（yù）：又名卑居，乌鸦之一种。斯：犹"兮"。

②提（shí）提：群飞貌。

③穀：善。

④罹：忧患。

⑤辜：罪。

⑥伊：是。

⑦云：语气词。如之何：怎么办。

⑧踧（dí）踧：平坦貌。周道：同"周行"。

⑨鞫（jú）：阻塞，充塞。意谓平坦大道为茂草所塞。

⑩怒（nì）焉：忧思貌。捣，当从《韩诗》作"疛"。形容心中惶惶不安之貌。一说，如捣，即如杵捣之，也是形容心中忐忑不安的。

⑪假寐：和衣而眠。

⑫维：发语词。用：以。

⑬疢（chèn）：本指热病，此处泛指烦恼、忧病。疾首：首疾，头

痛。言心中烦乱而头痛。

⑭维桑与梓，必恭敬止：桑梓为古代北方生长较为普遍的树木，古代祭祀土地神的圣地——社的周围，多种植有其地所宜生长的树木，桑梓自在其列。社稷乃国家的象征，因而望桑梓而恭敬之，实际上表达的是对家国的关心热爱之情。

⑮靡瞻匪父："靡……匪……"，犹"没有……不……"。瞻，敬仰。

⑯属（zhǔ）：连属。

⑰不罹于里：罹，一作"离"，或读为"丽"，即附着。里，心腹。一说"毛"指裘之表，"里"指裘之里子。一说此是以裘为喻，言自己与父母，就像裘皮的表里相连一样。

⑱辰：时。

⑲菀（yù）：茂盛貌。

⑳嘒（huì）嘒：蝉鸣声。

㉑有淮：犹"灌灌"，水深貌。

㉒萑（huán）苇：芦苇。淠（pèi）淠：草木繁密茂盛状。或以为状声词，状风吹芦苇的声音。

㉓舟流：指舟船漂流水上。

㉔届：至，止，归宿。

㉕不遑：无暇，顾不得。

㉖斯：犹"兮"。奔：奔跑，这里指奔从其群。或以为有求偶意。

㉗伎（qí）伎：形容鹿奔走时四足的姿态，类似奔马之"翻蹄亮掌"。

㉘雊（gòu）：雉鸣。

㉙坏木：指树木多瘤无枝。

㉚疾：病。用：犹"而"。

㉛宁：何。

㉜相：看。或以为犹"夫"，提示之词。投：掩捕。或以为投契、抛弃。

㉝先：开放兔网。一说先，驱走。或以为"先"同"西"，当作"垔"，同"堙"，即掩埋。

㉞行：道路。

㉟瑾（jìn）：掩埋。

㊱秉心：居心，存心。

㊲忍：忍心，残忍。

㊳陨：落。

㊴酬：主人敬宾客酒。一说答谢别人敬酒。此言"君子"喜欢听信谗言，如同接受别人敬的酒。

㊵惠：爱，顺。一说"慧"之音转，训"慧智"。

㊶舒：缓慢。究：考察，一说考虑。意谓君子不徐徐地考察事情的真相。

㊷掎（jǐ）：牵引。此指伐树时，用绳拉住树梢，使树砍完后向指定的方向倒下。

㊸扡（chǐ）：顺着木理劈薪柴。

㊹舍：舍免。一说训"凡"。

㊺佗（tuó）：加。意谓把有罪的人放过，而把罪责横加在我头上。

㊻莫高匪山："莫……匪……"，犹"无……不……"。胡承珙《毛诗后笺》云："此言无高而非山，无浚而非泉，山高泉深，莫能穷测也，以喻人心之险犹夫山川。"一说"匪"读"彼"。

㊼易：轻易。由：于。

㊽属（zhǔ）：附着。垣：墙。即隔墙有耳之意。"无逝我梁"以下四句：见《邶风·谷风》注。

【赏析】

这是一首被弃者的诗，情感委婉曲折，对遗弃者的心理曲尽刻画之能事。

据诗中"雉之朝雊，尚求其雌"之喻，与卒章"无逝我梁"四句又见于弃妇诗的情况判断，这应该是一首写被逐出家门的弃妇诗。且篇中频呼"君子"："君子秉心，维其忍之"、"君子不惠"，也颇类妇人伤心口气。

古代学者对此诗的艺术特点，有过极精辟的分析。徐光启分析说："此诗发明悲怨之意，至深至切，毕志极情，万回千转，镂心刻骨，盖处家人父子之变，更无别有，但有哀伤痛割而已。然曲喻罕譬，婉讽微规，动之以至情，笋之以天性，虽复金块长辞，铜龙永绝，犹倦倦望君之一悟也。盖不独情至曲尽，其文亦不在《东山》、《常棣》之下矣。此诗到此（四五六章），求哀乞怜之意，不复可加，图回感悟之方更无余术，是尽情语、尽头路也。下二章'君子信谗'，却是推原见发之本；'无易由言'，又是推信谗之本，意外生意，情外生情。说到末段，知其无可奈何而安之若命。其冀望感悟愈深愈微，绸缪缱绻甚于痛哭。正如画家以从官为伍伯，车中人为从官。其车中乃是天人，非复意想所及。文章之妙，一至于此，可谓笔下有神，章法神品。说到'秉心'之忍，语意已尽，后二章亦是余文，如辞家缅乱之体，然却节外生枝，不似后人关门闭户也。"魏浣初《诗经脉讲意》说："宜以章内'忧'字为主。首章伤己无罪见弃，以发思慕之端；二章极道其忧伤之甚；三章则反其不见爱者而莫得其故；四章叹己之无所依；五章叹己之不见顾；六章总上意而伤王心之忍；七章推其心之忍者易惑于谗人；八章原谗之所起由王易其言以来之。夫易其言以来谗邪之口，信谗言而有废黜之加，此太子所以始虽有不忍之情，而终致决绝之意也。章内'忧'字凡五见，曰'云如之何'，其词尚缓；曰'疢如疾首'，则切于身矣；曰'不遑假寐'，则昼夜无休歇；曰'宁莫之知'，则无所控诉，而仓卒急迫，故遂以陨涕终焉。《白华》之词简而庄，《小弁》之词婉而切，则处父子与处夫妇之变异也。"

何人斯

彼何人斯？其心孔艰①，胡逝我梁②，不入我门？伊谁云从③？维暴之云④？

二人从行⑤，谁为此祸⑥？胡逝我梁，不入唁我⑦？始者不如今⑧，云不我可⑨。

彼何人斯？胡逝我陈⑩？我闻其声，不见其身。不愧于人⑪？不畏于天？

彼何人斯？其为飘风⑫。胡不自北？胡不自南？胡逝我梁？祗搅人心⑬。

尔之安行⑭，亦不遑舍⑮；尔之亟行⑯，遑脂尔车⑰？壹者之来⑱，云何其盱⑲！

尔还而入⑳，我心易也㉑；还而不入，否难知也㉒。壹者之来，俾我祗也㉓。

伯氏吹埙，仲氏吹篪^㉔。及尔如贯^㉕，谅不我知^㉖。出此三物^㉗，以诅尔斯^㉘。

为鬼为蜮^㉙，则不可得；有靦面目^㉚，视人罔极^㉛。作此好歌，以极反侧^㉜。

【注释】

①孔艰：艰深难测。

②胡：何。逝：往。梁：鱼梁。据闻一多先生考证，《诗经》多以鱼、捕鱼之事喻情爱婚媾，此处或者指其人前往鱼梁喻男之求女，以"不入我门"喻其人不肯成婚，或已婚之后又遗弃女方。

③伊：犹"其"。云：犹"是"。

④暴：粗暴，凶暴，狂暴。

⑤二人从行：你我二人相随而行。

⑥谁：一说训"何"。为：造成，构成。

⑦唁：慰问遭遇不幸者。

⑧始者：犹"昔者"，往日。

⑨可：嘉许。犹"哿"，嘉，乐。"云不我可"与上句是说：你开始（从前）和我相爱时，不像如今这样，以为我不好。

⑩陈：堂下至院门的甬道。或以为堂途左右曰"陈"。或以为陈当作"田"，即田园。

⑪愧：羞愧。

⑫飘风：暴起之风，即疾风。

⑬祇（zhǐ）：适，正。

⑭安行：徐行，缓行。

⑮不遑：不暇。舍：息。

⑯亟行：疾行。

⑰脂：或训"油脂"，指给车膏油。或以脂为"支"之假借，支车使止。

⑱壹者之来：即"来看我一次"。

⑲盱（xū）：病，忧伤。一说借作"吁"。

⑳还：返回。

㉑易：喜悦。

㉒否难知：即不难知。言我是怎样的心情，不难可想而知。或以为"否（pǐ）"，坏事；"知"为男女性结合，难知，即难于交合。

㉓祇：或训"病"，或训"安"。

㉔伯、仲：本是兄弟之谓。古夫妇、情侣之间，也如此称。埙：吹奏乐器之一种。或陶制，或石制，形外如鹅卵，孔数多少不一。篪（chí）：吹奏乐器，用竹管制成，六孔、八孔不一。

㉕及：与。贯：读为"慢"，指总角年少时。一说"如贯"言如绳之贯物，表示连属在一起。

㉖谅：诚。或以为"竟"。知：相契。相友爱。或以为"知"为匹配。

㉗三物：盟诅所用的牺牲，本有等级规定，此处或通言盟诅之物（鸡、犬、豕）。

㉘诅：盟誓。一说诅咒。

㉙蜮（yù）：传说中一种能含沙射人的动物，又名射影，射工。此言如鬼蜮之类，不可测知。

㉚靦（miǎn）：面目可见貌。一说惭愧貌。

㉛视："示"之借字。罔极：无极。无准则。

㉜极：穷极，深究。

【赏析】

本诗所写乃是发生在男女情人之间的一段不愉快的故事。作者为女性，她谴责对方与己始相善而终相违，不念旧好，心术难测。

诗一章开口由"彼何人斯"，陡然而起，令人惊悚。三章写得诡秘，似有鬼气。四章"胡不"二句，借飘风生情，极妙。六章苦思痴想，往复缭绕，笔意有三回九折之妙。徐光启曰："此诗温厚和平，委曲渐次，略无忿疾之意。真可谓之好歌。然味其语意，详其终始，则其人之回互隐伏、倏忽狡狯、心事暗昧、踪迹诡谲、翻云覆雨之态，发露无遗，真可谓炎极反侧。似宽而严，似婉而切，所谓绵里藏针。只此两言，已是一诗断案也。"徐氏对诗意的理解，与原作有一定距离。但对抒情诗主人公心理的分析，则有其合理之处。

谷风之什

谷 风

习习谷风①，维风及雨。将恐将惧，维予与女。将安将乐，女转弃予。

习习谷风，维风及颓②，将恐将惧，真予于怀。将安将乐，弃予如遗。

习习谷风，维山崔嵬③。无草不死，无木不萎。忘我大德，思我小怨。

【注释】

①习习谷风：大风连续不停地吹着。
②颓：从上降下的暴风。
③崔嵬：嵬通巍，崔嵬，山高的样子。

【赏析】

本诗的形式和内容都与《邶风·谷风》相像，《小雅·谷风》也是歌吟婚姻不幸的哀叹，是弃妇的怨诗，但篇幅却不到《邶风·谷风》的一半长，技巧也相差很远。前二章都以二句起兴（如一章"习习谷风，维风及雨"、二章"习习谷风，维风及颓"），唯独末章以四句起兴"习习谷风，维山崔嵬。无草不死，无木不萎"。而"忘我大德，思我小怨"是作此诗的本旨。

习习吹来的谷风带来此刻的不幸，他的生活只有辛苦没有安乐，到头来还遭受遗弃。草木枯萎是不幸的预兆，大概古时为此不幸而哭泣的必不少吧！由此诗看来，小雅和国风之间的界限是很难严格地划分清楚的。

蓼 莪

蓼蓼①者莪②，匪莪伊蒿③；哀哀父母，生我劬劳④！
蓼蓼者莪，匪莪伊蔚⑤，哀哀父母，生我劳瘁！

瓶之罄矣，维罍之耻⑥。鲜民⑦之生，不如死之久矣！无父何怙⑧？无母何恃？出则衔恤⑨，入则靡至⑩。

父兮生我，母兮鞠⑪我，拊我畜我⑫，长我育我，顾我复我⑬，出入腹我⑭，欲报之德，昊天罔极⑮！

南山烈烈⑯，飘风发发⑰。民莫不穀⑱，我独何害⑲！南山律律，飘风弗弗。民莫不穀，我独不卒⑳！

【注释】

①蓼（lù）蓼：长大的样子。

②莪（é）：野菜。

③蒿：贱菜。

④劬：勤劳。

⑤蔚：草名，又名牡蒿。

⑥"瓶之"二句：瓶，小的储酒器。罄，空。罍，大的储酒器。

⑦鲜民：寡民，指死去了父母的人。

⑧怙：依靠。

⑨衔恤：心怀忧愁。

⑩靡至：进家却不见父母，遑遑不安，虽进入家门，却像没到一样。

⑪鞠：养育。

⑫拊我畜我：拊，抚养；畜，养活。

⑬顾我复我：顾，看护照料；复，反复地看，看而又看，形容父母对孩子的关心，看一下，不放心。

⑭腹我：抱在怀中，裹在怀里。

⑮昊天罔极：昊天，上天；罔，无：此语是在斥责上天之，解释为：老天没有良心，把他的父母夺走了。

⑯烈烈：高大的样子。

⑰发发：疾速的样子。

⑱穀：善良。

⑲我独何害：即何我独害，为何只有我独遭不幸呢？

⑳卒：终养父母。

【赏析】

《蓼莪》是孝子不得终养父母，悼念父母的诗，所谓"树欲静而风不止，子欲养而亲不待"，至情的流露，非常哀痛，一字一泪，感人至深，是其他的篇章所不能比拟的，至今仍是表达我们中国人对父母深厚感情的代表，千古孝思的绝作。

方玉润《诗经原始》评说："蓼莪，孝子痛不得终养也……首尾各二章，前用比，后用兴。前说父母勤劳，后说子不幸，遥遥相对。中间两章一写失去亲人的痛苦，一写养育子女的艰难，沉痛到了极点。

姚际恒赞美此诗说："孝子之情，感伤痛极，千古为昭。"诗中，"哀哀父母，生我劬劳"两句，已成后世常用名句。"无父何怙？无母何恃"也非常沉痛，于是后世称丧父为"失怙"，丧母为"失恃"。

晋朝有位学者王裒，父母死后，读到此诗，则流涕不止，他的学生因而不再在他面前读《蓼莪》。诗中第四章用蝉联的句法连用九个"我"字，句法奇特有力，描写尤为感人，姚际恒说："勾人眼泪，全在此无数我字，何必王裒！"这也许是对本诗最好的诠释。

大 东

有饛簋飧①，有捄棘匕②。周道如砥③，其直如矢。君子所履④，小人所视。睠言顾之⑤，潸焉出涕⑥。

小东大东⑦，杼柚其空⑧。纠纠葛屦⑨，可以履霜⑩。佻佻公子⑪，行彼周行⑫。既往既来，使我心疚。

有洌氿泉⑬，无浸获薪⑭。契契寤叹⑮，哀我惮人⑯。薪是获薪，尚可载也。哀我惮人，亦可息也。

东人之子，职劳不来⑰。西人之子⑱，粲粲衣服。舟人之子⑲，熊罴是裘⑳。私人之子㉑，百僚是试㉒。

或以其酒，不以其浆㉓。鞙鞙佩璲㉔，不以其长㉕。维天有汉，监亦有光㉗。跂彼织女㉘，终日七襄㉙。

虽则七襄，不成报章㉚。睆彼牵牛㉛，不以服箱㉜。东有启明㉝，西有长庚。有捄天毕㉞，载施之行㉟。

维南有箕㊱，不可以簸扬。维北有斗㊲，不可以挹酒浆㊳。维南有箕，载翕其舌㊳。维北有斗，西柄之揭㊴。

【注释】

①饛（méng）：食物满器貌。簋（guǐ）：古代一种圆口、圈足、有盖、有座的食器，青铜制或陶制，供统治阶级的人使用。飧（sūn）：晚饭。

②捄（qiú）：曲而长貌。棘匕：酸枣木做的勺匙。

③周道：大路。砥：磨刀石，用以形容道路平坦。

④君子：统治阶级的人，与下句的"小人"相对。小人指被统治的民众。

⑤睠（juàn）言：眷恋回顾貌。

⑥潸（shān）：流泪貌。

⑦小东大东：西周时代以镐京为中心，统称东方各诸侯国为东国，以远近分，近者为小东，远者为大东。

⑧杼柚（zhù zhóu）：杼，织机之梭；柚，织机之大轴；合称指织布机。

⑨纠纠：缠结貌。葛屦：葛布鞋。

⑩履：踏。

⑪佻佻：豫逸轻狂貌。

⑫周行：大道路。

⑬氿（guǐ）泉：泉流受阻溢而自旁侧流出的泉水，狭而长。

⑭获薪：砍下的薪柴。

⑮契契：忧结貌。寤叹：不寐而叹。

⑯惮：疲劳成病。

⑰职劳：从事劳役。来：慰勉。

⑱西人：周人。

⑲舟人：有舟之人，此处指西人中的富人。

⑳熊罴是裘：用熊皮、马熊皮为料制的皮袍。

㉑私人：家奴。

㉒百僚：犹云百隶、百仆。

㉓浆：薄酒。

㉔鞙（juān）鞙：形容玉圆（或长）之貌。璲（suì）：随身佩带的

宝玉。

㉕以：因。

㉖汉：银河。

㉗监：照。

㉘跂：同"歧"，分叉状。织女：三星组成的星座名，呈三角形。

㉙七襄：七次移易位置。

㉚不成报章：织不成布帛。

㉛睆（huǎn）：明亮貌。牵牛：三颗星组成的星座名，又名河鼓星，俗名牛郎星。

㉜服箱：驾车运载。

㉝启明：启明星。

㉞天毕：毕星，八星组成的星座，状如捕兔的毕网。

㉟施：张。

㊱箕：俗称簸箕星，四星联成的星座，形如簸箕，距离较远的两星之间是箕口。

㊲斗：北斗星。

㊳挹：舀。

㊴翕：吸。

㊵西柄之揭：南斗星座呈斗形有柄，天体运行，其柄常在西方。

【赏析】

《大东》是一首怨刺诗，作者是周代一个小的东方诸侯国的文人，他目睹周王室横征暴敛、鱼肉属国，愤然写了这首诗。本诗塑造了两个对比鲜明的形象：一个是西周剥削者残酷、贪婪、骄奢的形象，一个是对西周人满怀仇恨的谭国人被榨取、被奴役、被压迫的形象。通过对这两个典型形象的描写和刻画，形象地表现了君子与小人的对立。

这首诗以西周通往东方各诸侯国的公路为开篇，点明他们之间的对立。这条路对双方的意义是不同的，对于周人来说这是一条致富的路，"佻佻公子，行彼周行"充分表现了西人对于这种现状的得意。

这首诗运用了赋、比、兴的表现手法。第一节"兴"的手法运用比较多。头两句"有饛簋飧，有捄棘匕"，都是一些当时贵族用的食具，诗人在周人贵族的家中看到这些东西，想到自己原本也是一名贵族，现在却沦为"小人"的痛苦生活，伤心得流下了眼泪。

"比"是比喻，它在诗中仅在一句或两句中起到联系局部的作用，例如"如砥"和"如矢"。诗人用砥和矢比喻"周道"的抽象的平直。第一节最后四句用的是"赋"，赋就是直接铺叙，这里诗人把自己的思想感情平铺直叙了出来。"履"和"视"这两个字，就是诗人眼中周人和东人对这条公路的不同感受。情景交融，引出无限的悲凉和凄苦。

第三节中诗人用获薪不能让水浸湿，来比喻东人再也受不了摧残了。刚刚砍下来的柴棍，都能用车子装载使用，也该让劳苦的东人们休息休息了。这里"获薪"和"惮人"形成了对比，表现人的待遇还不如物。

从第五节后四句一直到最后，描写的都是诗人在仰观天象。诗人看到了天汉、织女、牵牛、长庚、天毕、北斗、南箕等天象，他用这些来比喻西周的剥削者，诗人把自己的怨愤诅咒，移加到繁星上去，进一步刻画出那些贪婪统治者的形象。诗人将思想感情和艺术手法统一在一起，做到了兴中有比，比中有赋，使得人物的形象更加鲜明，诗意更加深刻了。

北 山

陟彼北山，言采其杞①。偕偕士子②，朝夕从事。王事靡盬③，忧我父母。

溥天之下④，莫非王土。率土之滨⑤，莫非王臣。大夫不均，我从事独贤⑥。

四牡彭彭⑦，王事傍傍⑧。嘉我未老，鲜我方将⑨。旅力方刚⑩，经营四方⑪。

或燕燕居息⑫，或尽瘁事国⑬；或息偃在床⑭，或不已于行⑮。

或不知叫号⑯，或惨惨劬劳⑰；或栖迟偃仰⑱，或王事鞅掌⑲。

或湛乐饮酒⑳，或惨惨畏咎㉑；或出入风议㉒，或靡事不为㉓。

【注释】

①言：我。杞：枸杞，落叶灌木，果实入药，有滋补功用。

②偕偕：健壮貌。士：周王朝或诸侯国的低级官员。周时官员分

卿、大夫、士三等，士的职级最低，士子是这些低级官员的通名。

③靡盬：大。

④溥：大。

⑤率土之滨：四海之内。古人以为中国大陆四周环海，自四面海滨之内的土地是中国领土。

⑥贤：贤劳，艰辛。

⑦牡：公马。彭彭：形容马奔走不息。

⑧傍傍：不得止。

⑨鲜：称赞。

⑩旅力：体力。

⑪经营：规划治理，此处指操劳办事。

⑫燕燕：安闲自得貌。

⑬尽瘁：尽心竭力。

⑭息偃：躺着休息。

⑮不已：不止。

⑯叫号：叫呼号召。

⑰惨惨：忧虑不安貌。劬劳：辛勤劳苦。

⑱栖迟：休息游乐。

⑲鞅掌：事多繁忙。

⑳湛（dān）：沉湎。

㉑畏咎：怕出差错获罪招祸。

㉒风议：放言高论。

㉓靡事不为：无事不作。

【赏析】

《诗经》表现"士"这一阶层的诗篇有不少，主要都是描写这个阶层地位低下、因而备受驱使的辛苦处境，这些诗抒发了士的压抑和怨愤，暴露了统治阶级内部上下关系中存在的难以调和的矛盾。《北山》就是众多这样的诗篇中的一篇。

这首诗是劳于王事的作者发出的不平之鸣，"大夫不均，我从事独贤"，这一句是全诗的中心。诗人对大夫分配差事的不均表示抱怨，同时也对自己长期承受繁重的工作表示不满。这些人起早贪黑、一刻不停地在四方奔波，却得不到相应的回报。诗的后三节，诗人运用了大量的对比手法，十二句叙述了十二种现象，其中每两种现象就形成一个对比，一共形成了六个对比。这六个对比将大夫的形象完整地描画了出来。可以看到，大夫都过得安闲舒适，每天不是饮酒享乐就是休憩睡觉，他们不会征发号召，只会在酒足饭饱之后给其他人挑刺、找麻烦。而为大夫工作的士却必须为这些不学无术的大夫尽心竭力、四处奔走，他们辛苦劳累，忙忙碌碌，一人承揽了所有的工作，同时还要担心自己万一出什么差错，就会被那些喜欢找麻烦的大夫治罪。

作为周代统治阶级内部最低一级的士，作者在表现士受到上层的王、公、卿大夫的压迫之后发出了"不平"的呼声，反映了当时统治阶级内部尖锐化的矛盾以及不合理的社会现状。

小 明

明明上天，照临下土。我征徂西①，至于艽野②。二月初吉③，载离寒暑④。心之忧矣，其毒大苦⑤。念彼共人⑥，涕零如雨。岂不怀归？畏此罪罟⑦。

昔我往矣，日月方除⑧。曷云其还⑨，岁聿云莫⑩？念我独兮，我事孔庶⑪。心之忧矣，惮我不暇⑫。念彼共人，睠睠怀顾⑬。岂不怀归，畏此谴怒。

昔我往矣，日月方奥⑭。曷云其还，政事愈蹙⑮？岁聿云莫，采萧获菽⑯。心之忧矣，自诒伊戚⑰。念彼共人，兴言出宿⑱。岂不怀归？畏此反覆⑲。

嗟尔君子，无恒安处⑳。靖共尔位㉑，正直是与㉒。神之听之，式穀以女㉓。

嗟尔君子，无恒安息。靖共尔位，好是正直。神之听之，介尔景福㉔。

【注释】

①征：行，此指行役。徂：往，前往。
②艽（qiú）野：荒远的边地。
③二月：指周正二月，即夏正之十二月。初吉：上旬的吉日。

④离：经历。

⑤毒：痛苦，磨难。

⑥共：此指恭谨尽心。

⑦罪罟（gǔ）：指法网。

⑧除：除旧，指旧岁辞去、新年将到。

⑨曷：何，何时。其：将。还：回去。

⑩聿云：二字为均语气助词。莫：岁暮即年终。

⑪孔庶：很多。

⑫惮：劳苦。不暇：不得闲暇。

⑬睠睠：即"眷眷"，恋慕。

⑭奥：通"燠"，温暖。

⑮戚：急促，紧迫。

⑯萧：艾蒿。菽：豆类。

⑰戚：忧伤，痛苦。

⑱兴言：语首助词。出宿：不能安睡。一说到外面去过夜。

⑲反覆：指不测之祸。

⑳恒：常。安处：安居，安逸享乐。

㉑靖：安定。共：通"恭"，奉，履行。位：职位，职责。

㉒与：亲近，友好。

㉓穀（gǔ）：善，此指福。以：与。女：通"汝"。

㉔介：给予。景福：犹言大福。

【赏析】

本诗的前三章，描写的是诗人的经历之难、思乡之苦和役事之怨。首章中，作者交代了自己的使命、目的地以及出发季节。二月的一天，作者出征到西方，来到了这一片荒凉的"芜野"，从此埋头苦干，历时寒暑，至今没有归家。想到在京城时朝夕相处的故友，不由得"涕零如雨"，心中无限感慨。在章末，作者运用反问句，万分哀怨地感慨道："我怎不想回去，就是怕触犯法则，朝廷怪罪啊。"朝廷没有下发归家公文，认真、老实的作者不敢自作主张，只能把那份痛苦和思念深深地埋在心底。

第二章中，作者抚今追昔，诉说了徭役之久，哀不自胜，多有抱怨。作者的怨愤是有道理的，在古代，为维护下层人民权益，行役制度是有严格规定的，如《盐铁论》中就有明确记载："古者行役不逾时，春行秋返，秋行春返。"春天去秋天来，秋天去春天回，不会让人在外经历整个寒暑，穿寒衣去的不用备置单衣，穿单衣的不用备置寒衣，行役制度显得非常的人性化。但在此诗中，诗人的行役已不循旧制，不仅徭役之地极远，而且时间极久，第三章中提及，现在已是"岁聿云莫，采萧获菽"。一年将完，但归期未至，不知道还要持续多久。

四、五两章是诗人对友人的劝诫和互勉。诗人虽然忧伤孤独、疲于奔命，但对王事还是不敢懈怠，并谆谆告诫老朋友："嗟尔君子，无恒安处。靖共尔位，正直是与。"——远在家乡的老友们，你们不要太贪图安逸，一定要恭谨从事，忠于职守！这是规劝友人，也是作者在无助之下的自我勉励。

诗作从多侧面表现了诗人的内心世界，展示了其心理变化的轨迹，纵横交织，细腻婉转。

信 南 山

信彼南山①，维禹甸之②。畇畇原隰③，曾孙田之④。我疆我理⑤，南东其亩⑥。

上天同云⑦，雨雪雰雰⑧。益之以霢霂⑨。既优既渥⑩，既沾既足⑪，生我百谷。

疆埸翼翼⑫，黍稷或或⑬。曾孙之穑⑭，以为酒食。畀我尸宾⑮，寿考万年。

中田有庐⑯，疆埸有瓜。是剥是菹⑰，献之皇祖⑱。曾孙寿考，受天之祜⑲。

祭以清酒，从以骍牡⑳，享于祖考。执其鸾刀㉑，以启其毛，取其血膋㉒。

是烝是享，苾苾芬芬㉓。祀事孔明，先祖是皇。报以介福，万寿无疆。

【注释】

①信：延伸。

②禹：大禹。甸：治理。

③畇（yún）：平整田地。原隰：高原和洼地，泛指全部田地。

④曾孙：后代子孙。田：垦治田地。

⑤疆：田界，此处用作动词，划田界。理：田中的沟陇，此处亦用作动词。疆指划定大的田界，理则细分其地亩。

⑥南东：用作动词，指将田陇开辟成南北向或东西向。

⑦上天：冬季的天空。同云：天空布满阴云，浑然一色。

⑧雨雪：下雪，"雨"作动词，降落。雰雰：纷纷。

⑨益：加上。霢霂（mài mù）：小雨。

⑩优：充足。渥：湿润。

⑪霑：浸湿。

⑫埸（yì）：田界。翼翼：整齐貌。

⑬彧（yù）彧：茂盛貌。

⑭穑：收获庄稼。

⑮畀（bì）：给予。

⑯庐：通"芦"，萝卜。

⑰菹（zū）：腌菜。

⑱皇祖：先祖之美称。

⑲祜（hù）：福。

⑳骍（xīn）：赤色。牡：雄性兽，此指公牛。

㉑鸾刀：带铃的刀。

㉒膋（liáo）：脂膏，此指牛油。

㉓苾（bì）：浓香。

【赏析】

《信南山》是一首周王祭祖祈福的乐歌，与《楚茨》的意思大体相同，只是《楚茨》兼祭秋冬，而本诗专为冬祭。

本诗共有六小节。第一节主要描写疆理的整修。因为《信南山》是一首重农业而祭神的诗，所以诗是从田功开始写的。延伸无际的终南山原野，是大禹治水之后开辟出来的田地，无论是高原还是洼地，当时的人们把这些土地都开垦成了周王朝的农田，人们在这里种植庄稼，在土地上划分疆界，"我疆我理，南东其亩。"东西南北阡陌交通，地势水利都非常合适。这一节既写出了先辈祖宗垦拓的艰辛，同时又告诉后代子孙守业是非常困难的，通过这一节可以看到当时的农业生产状况。第二节主要描写雨雪来得及时。在农业生产中，水是十分重要的，是农业的命脉。所以诗人在描写了土地之后接着写的就是水利。第三节接着写的就是黍稷的茂盛。在天时和地利都得到了之后，在人们的眼前仿佛已经可以看到丰收的景象了。"疆场翼翼，黍稷彧彧"，展现了田地的样子，井田整整齐齐的，庄稼也郁郁葱葱的，一眼望不到边的茂密庄稼，看上去非常的美妙祥和。第四节主要是描写"中田有庐"。农民住在筑于公田中间的房屋，他们种植的作物是以粮食为主，瓜果为副的，所以那时的农田里种的大都是各色五谷，瓜果只有在田埂地畔里才有种植。第五节主要是描写牺牲。在古代的祭祀中，最为讲究的就是牺牲，这一节中诗人细致入微地描写了备办牺牲贡品的情况。"斟上清清的醇酒"、"再献上毛色纯正的赤红公牛"，这几句就描写出了人们虔诚恭敬地把祭品供奉于祖灵，让祖先前来好好享受。第六节是在描写"祀事孔明"。这一节是说琳琅满目的各种祭品，当人们将美味芬芳的祭品贡献摆放好之后，在人们的心中那些列祖列宗的神灵便会欣然前来享受这些祭礼了。这一节所描写的内容就将祀事活动推向了高潮，表现了人们期待在祖荫的庇护下得到幸福的愿望。

姚际恒在《诗经通论》中评论本诗："上篇（按指《楚茨》）铺叙闳整，叙事详密；此篇（指《信南山》）则稍略而加以跌荡，多闲情别致，格调又自不同。"概括得非常恰当。

甫田之什

大 田

大田多稼①，既种既戒②，既备乃事③。以我覃耜④，俶载南亩⑤，播厥百谷⑥，既庭且硕⑦，曾孙是若⑧。

既方既阜⑨，既坚既好，不稂不莠⑩。去其螟螣⑪，及其蟊贼⑫，无害我田稚⑬！田祖有神⑭，秉畀炎火⑮。

有渰萋萋⑯，兴雨祁祁⑰。雨我公田⑱，遂及我私⑲。彼有不获稚⑳，此有不敛穧㉑。彼有遗秉㉒，此有滞穗㉓，伊寡妇之利㉔。

曾孙来止，以其妇子，馌彼南亩㉕，田畯至喜㉖。来方禋祀㉗，以其骍黑㉘。与其黍稷，以享以祀，以介景福㉙。

【注释】

①大田：面积广阔的农田。稼：种庄稼。

②既：已经。种：指选种籽。戒：同"械"，此指修理农业器械。

③乃事：这些事。

④覃（yǎn）："剡"，锋利。耜（sì）：古代一种似锹的农具。

⑤俶（chù）载：开始从事。

⑥厥：其。

⑦庭：挺拔。硕：大。

⑧曾孙是若：顺了曾孙的愿望。曾孙，周王对他的祖先和其他的神，都自称曾孙。若，顺。

⑨方：指谷粒已生嫩壳，但还没有合满。阜（zào）：指谷壳已经结成，但还未坚实。

⑩稂（láng）：指穗粒空瘪的禾。莠（yǒu）：田间似禾的杂草，也称狗尾巴草。

⑪螟（míng）：吃禾心的害虫。螣（tè）：吃禾叶的青虫。

⑫蟊（máo）：吃禾根的虫。贼：吃禾节的虫。

⑬稚：幼禾。

⑭田祖：农神。

⑮秉：执持。畀：给与。炎火：大火。

⑯有渰（yǎn）：即"渰渰"，阴云密布的样子。

⑰祁祁：众多貌。

⑱公田：公家的田。

⑲私：私田。

⑳稚：低小的穗。

㉑穧（jì）：已割而未收的禾把。

㉒秉：把，捆扎成束的禾把。

㉓滞：遗留。

㉔伊寡妇之利：这都是寡妇得的利。

㉕饁（yè）：送饭。南亩：泛指农田。

㉖田畯（jùn）：周代农官，掌管监督农奴的农事工作。

㉗禋（yīn）祀：升烟以祭天，古代祭天的典礼，也泛指祭祀。

㉘骍（xīng）：指赤色牛。黑：指黑色的猪羊。

㉙介：祈求。景福：大福。

【赏析】

《大田》一诗主要描写周王督察秋季收获，祈求今后能收到更大的福祉。这首诗和《甫田》前呼后应，是《甫田》的姊妹篇。两首诗都详尽展现了西周农业的生产方式、生产关系等，是《诗经》中不可多得的关于农事的诗。

第一节主要是在说春天要忙着耕种，这时初生的幼苗茁壮生长着。到了夏天，人们忙着除草灭虫，这时农作物已经快要成熟，丰收已经在望了。如果在播种之后对农作物不闻不问，到了秋天就很难有所收获，所以在农作物生长的过程中一定要加强管理。

第一节和第二节写人们的努力，在农业上，天时也是十分重要的，第三节的前四句就描写风调雨顺的情景。天气阴云弥漫，细雨蒙蒙，一场场甘露及时地降临大地。这四句充分展现出农夫的喜悦之情，诗中说出了"公田"、"私田"的先后，提出了先公后私的观点，可见特定历史环境下的人们都是十分淳厚的。

第四节主要描写收获时，人们在田头欢庆丰收，祭祀求福。这一节和第一节春耕时的"曾孙是若"遥相呼应。天子犒劳农夫并祭神求福，他肃穆虔诚，为天下黎民祈福求佑。

桑扈

交交桑扈①，有莺其羽②。君子乐胥③，受天之祜④。
交交桑扈，有莺其领⑤。君子乐胥，万邦之屏⑥。
之屏之翰⑦，百辟为宪⑧。不戢不难⑨，受福不那⑩。
兕觥其觩⑪，旨酒思柔⑫。彼交匪敖⑬，万福来求⑭。

【注释】

①桑扈：鸟名，即青雀，又名窃脂。

②莺：文彩貌。

③乐胥：快乐。胥，犹"兮"。

④祜（hù）：福。

⑤领：颈。此句言颈羽毛之美。

⑥屏：屏障，起护卫作用，故此以喻重臣。

⑦翰：读为"干（榦）"，即《左传》"礼，身之干（榦）也"、"礼，国之干（榦）也"之"干（榦）"。主干，骨干。

⑧辟：君，此指诸侯。宪：法式，典范。

⑨不戢不难：犹《雄雉》"不忮不求"，言"不戢"即不聚敛于财，"不难"谓不忌恨于人。戢，有聚、敛之意。难，有忌恨之意。

⑩不那（nuó）：即"不移"，指福降于身，而不它移。

⑪兕觥：酒器，见《卷耳》注。觩（qiú）：角弯曲貌，形容觥的形状。

⑫思柔：思，语助词。柔，形容酒味口感绵柔，十分顺口。

⑬彼交匪敖：当从另一本作"匪交匪敖"。交，轻侮。或以为交当作"骄"。敖。傲慢。

⑭求，聚。

【赏析】

这是一首周天子宴请诸侯的诗。

一位地位重要的诸侯来朝见天子，天子宴请他，席间演奏了这首乐歌。

诗的主旨是祝福此人因为在天下诸侯间的地位及对王朝的作用，所以应该享有的幸福。从诗中"万邦之屏"、"百辟为宪"等句看，其所宴非一般诸侯，故陈子展先生说："非出为方伯、入为卿士之诸侯实不足以当此。"一章美其受福，二章美其安万邦，三章美为诸侯榜样，四章言宴时能敬，足以受多福。前两章均以"交交桑扈"起兴，从诗中只及于其羽毛的美丽看，这是用来喻其人风采的，或者因桑扈的文采，令人想到其人的"文德"。周人重"文"，重修饰（有特殊规定性内涵的外在形式），重"文德"，在这些地方都能看得出来。如《小雅·车牵》篇云："依彼平林，有集维鹨。辰彼硕女，令德来教。"就直接把鸟的美丽羽毛与女子的教育修养联系起来，而不是与其穿着联系起来。

鸳 鸯

鸳鸯于飞①，毕之罗之②。君子万年，福禄宜之③。
鸳鸯在梁④，戢其左翼⑤。君子万年，宜其遐福⑥。
乘马在厩⑦，摧之秣之⑧。君子万年，福禄艾之⑨。
乘马在厩，秣之摧之。君子万年，福禄绥之⑩。

【注释】

①鸳鸯：水鸟名。此诗是以鸳鸯象征福禄。

②毕之罗之：此句即以毕捕之，以罗网网之之意。毕，长柄的捕鸟小网。罗，罗网。

③福禄宜之：犹言"福禄绥之"。宜、绥都是安的意思。或以为多。

④梁：水中拦鱼的水坝，即鱼梁。

⑤戢（jí）：戢敛，即绊缚之意。野外捕获的鸟不放入牢笼养育的，初畜养时必绊缚其左翼，因为左翼比右翼力气小，不容易挣脱。若缚右翼，往往容易逃脱。畜鸟之家，皆知其法。这里指的就是缚住鸳鸯左翼，使其不能飞走（于邰说）。与上章言"毕之罗之"，正一意相贯。

⑥遐福：犹言"大福"。遐，与"假"通，《尔雅·释诂》："假，大也。"

⑦乘马：驾车的马匹，一说四匹马。厩：马棚。

⑧摧（cuò）：铡碎的草。此指以草喂马。秣（mò）：喂牲口的粮食，此指以谷物喂马。牲口吃的草和粮食，即俗所谓"草料"。或曰：古婚礼，由男方乘车马前往女家迎娶新妇。

⑨艾：养，辅助。

⑩绥：安也。

【赏析】

这是一首祝福之歌。古代大多都把这首诗与夫妻联系起来，但从《诗经》中，我们很难找到直接以鸟的雌雄喻夫妻的确切例子（像"雄之朝雊"这类句子，为喻男求女，非喻新婚或已婚之夫妇），日本学者松本雅明就曾说过：就《诗经》来看，在所有的鸟的表现中，以鸟的匹偶象征男女爱情的思维模式是不存在的。他的这种说法不确切，但能看出某种倾向，因此此诗是否与婚姻有关，还很难说。就诗的内容来看，这实是一篇祝福歌。首章以捕得鸳鸯象征得到福禄；二章以绊缚鸳鸯象征留得福禄；三、四章以马在厩食草料，象征安然得福。但古代学者的解说，却形成一个传统，一种几乎不能更改的有确定内涵的联想，说明文化在传承中，时有误区，但久而久之，也便成为社会普遍公认的意识。

青 蝇

营营青蝇①，止于樊②。岂弟君子③，无信谗言。
营营青蝇，止于棘④。谗人罔极⑥，交乱四国⑥。
营营青蝇，止于榛⑦。谗人罔极，构我二人⑧。

【注释】

①营营：犹"嗡嗡"。青蝇：苍蝇，此喻谗人。一说为青蛙。
②樊：当据《神乌赋》引作"杆"，檀木，或以为"柘"。旧以为篱笆。
③岂弟（kǎi tì）：和易近人。
④棘：酸枣树。
⑤罔极：诗中多次出现，多指行为不轨，有"无行"之意。
⑥交乱：指谗言交错纷乱。四国：四方之国。

⑦榛：木名。

⑧构：构祸。一说指离间。

【赏析】

这是一首指斥谗言的诗，诗中指出谗言祸乱国家和人际关系，规劝君子不要听信谗言。

此篇劝人勿信谗言，诗意甚明。诗中有"构我二人"之言，故讲诗者认为此并非一般的斥责谗言之事，而是有个故事在内的。但史阙有间，究竟诗中所言何人何事，已不可考。一章劝勿信谗言，二章言谗言之可乱国，三章言谗言害及于诗人自身。从诗的逻辑上看，大约是诗人身受谗言之害，使朋友与自己疏远，为了劝诫朋友，便先从大道理讲起，先一般地说君子不听谗言，再讲谗言之害甚大，然后才说到自身。中国诗歌中常见有以青蝇喻谗人者，如陈子昂诗"青蝇一相点，白璧遂成冤"，李白诗"楚国青蝇何太多，连城白璧遭谗毁"。祥梦家亦有梦苍蝇者将"遭小人之谗"一说——《诗经》对人们的文化心理影响之大可见一斑。

鱼藻之什

鱼 藻

鱼在在藻①，有颁其首②。王在在镐③，岂乐饮酒④。
鱼在在藻，有莘其尾⑤。王在在镐，饮酒乐岂。
鱼在在藻，依于其蒲⑥。王在在镐，有那其居⑦。

【注释】

①鱼在在藻：第一个"在"当读为"哉"，二字古音同。此处为语助，犹"也"。藻，水草名，详《采蘋》注。或以为鱼比喻后妃、宫女。

②颁（fén）：大首貌。一说众貌。

③镐：镐京，西周京城。

④岂乐：和乐。岂，同"恺"，乐也。

⑤莘（shēn）：长貌。一说众多貌。

⑥蒲：水草名。详《泽陂》注。

⑦那（nuó）：盛大。

【赏析】

这首诗赞美周王在镐京饮酒、优游自得之乐，也极概括地写到镐京建筑的美盛，言虽简而意隽永可味。

本诗的作者身份、时代，都很难确定，但它的内容明显的是颂美周王在镐京之乐的。诗以鱼在水中蒲藻之间自由自在之状，以兴周王在京饮酒自得之乐，写足周王无所牵挂的心境，以见周室太平景象。结以壮丽宫室，全是闲静状态，确有无尽妙趣。庄周濠梁"鱼乐"之叹，或有似于此。前二章言王在京饮酒之乐，三章言王居室之盛。

采 菽

采菽采菽①，筐之筥之②。君子来朝，何锡予之? 虽无予之，路车乘马③。又何予之? 玄衮及黼④。

觱沸槛泉⑤，言采其芹。君子来朝，言观其旂。其旂淠淠⑥，鸾声嘒嘒⑦。载骖载驷，君子所届⑧。

赤芾在股⑨，邪幅在下⑩。彼交匪纾⑪，天子所予。乐只君子⑫，天子命之。乐只君子，福禄申之⑬。

维柞之枝，其叶蓬蓬。乐只君子，殿天子之邦⑭。乐只君子，万福攸同。平平左右⑮，亦是率从。

沉沉杨舟，绋纚维之⑯。乐只君子，天子葵之⑰。乐只君子，福禄膍之⑱。优哉游哉⑲，亦是戾矣⑳。

【注释】

①菽（shū）：大豆。

②筥（jǔ）：亦筐也，方者为筐，圆者为筥。

③路车：即辂车，古时天子或诸侯所乘。

④玄衮（gǔn）：浅黑画卷龙袍。黼（fǔ）：绣在礼服上的黑白相间的斧形花纹。

⑤觱（bì）沸：泉水涌出的样子。槛泉：正向上涌出之泉。

⑥淠（pèi）淠：旗帜飘动。

⑦鸾：一种铃。嘒（huì）嘒：铃声有节奏。

⑧届：到。

⑨芾（fú）：蔽膝。

⑩邪幅：像绑腿。

⑪纾：怠慢。

⑫只：语助词。

⑬申：重复。

⑭殿：镇抚。

⑮平平：闲雅。

⑯绋（fú）：粗大的绳索。纚（lí）：系，拴。

⑰葵：通"揆"，度量。

⑱膍（pí）：厚赐。

⑲优哉游哉：悠闲自得的样子。

⑳戾（lì）：至，至极。

【赏析】

《采菽》这首诗通过从未见诸侯时的思念之情，到远远看到诸侯来到，再到靠近看到诸侯的仪态，到最后对诸侯们功绩和福禄的颂扬之情，描绘了一幅春秋时代诸侯朝见天子时的历史画卷，气势磅礴，生动形象，十分吸引人。

开篇，作者知道就要到诸侯们朝见天子的日子了，周天子为了接待这些诸侯，已经开始为他们准备礼物了。身为一名大夫，他在猜想这些诸侯会进献什么样的礼物给周天子。

为了朝拜天子，诸侯们陆续离开了自己的封地，因为诸侯众多，所以声势十分浩大，场面异常壮观。"觱沸槛泉，言采其芹"这两句，用槛泉旁必有芹菜这样的特点来比兴君子来朝时也一定有仪仗队相伴。

在车马未到时，人们就已经远远见到风中"淠淠"的旗影、就听到了诸侯的"嘒嘒"的鸾铃之声由远及近，这些都是诸侯威仪的表现。"载骖载驷，君子所届"，说明豪华的马车在官道上奔驰，驷马或骖乘井然前行，滚滚烟尘留在了它们的身后，威仪显赫的诸侯们来到了宫廷。

"维柞之枝，其叶蓬蓬"，用柞树枝条长得非常长，绿叶繁茂的兴旺来比兴天下的繁盛局面和诸侯的非凡功绩。诗人自豪于周王朝坐拥天下，国运昌盛，他认为是因为有天子的治理，天下才能如此繁荣。可以说，这是对周朝的歌功颂德，同时也表明了诸侯们的想法。"乐只君子，殿天子之邦"，"平平左右，亦是率从"则点明了诸侯们的态度，他们愿意为天子镇守邦国，并许诺天子，会协助他治理其他的邻邦，帮助周国更加兴盛。

"汎汎柏舟，绋纚维之"，一句中"汎汎杨舟"指的是诸侯，"绋纚维之"则是在说诸侯与天子的关系。诸侯和天子之间是相互依赖着的，他们的利益是紧紧维系在一起的。诸侯们帮助天子治国安邦，天子则将丰厚的奖赏赐给诸侯们。他们以统治者内部相互依存的关系共生着。"优哉游哉，亦是戾矣"，这两句充分表现出作者对诸侯安居优游的艳羡之情。

菀 柳

有菀者柳①，不尚息焉②。上帝甚蹈③，无自暱焉④。俾予靖之⑤，后予极焉⑥。

有菀者柳，不尚愒焉⑦。上帝甚蹈，无自瘵焉⑧。俾予靖之，后予迈焉⑨。

有鸟高飞，亦傅于天⑩。彼人之心，于何其臻？曷予靖之，居以凶矜⑪。

【注释】

①菀（yù）：树木茂盛。

②尚：庶几。

③蹈：动，变化无常。

④暱（nì）：亲近。

⑤靖：安定。

⑥极：同"殛"，诛杀。

⑦愒（qì）：休息。

⑧瘵（zhài）：接近。

⑨迈：行，指放逐。

⑩傅：至。

⑪居以凶矜：他必置我于凶险之境。

【赏析】

《菀柳》一诗的作者，是一位耿直而愤激的官吏，他才华卓著但未被重用，冷眼于当朝的黑暗统治，不满君主暴虐无常，悲慨至极；可能他还受到了难以言说的不公平待遇，非常伤心失望，于是作歌警醒同事和世人，让他们警惕无道的君主，千万不要前去亲近。

首章以"有菀者柳，不尚息焉"起兴，作者使用祈使语气，劈面直陈、突兀强硬，产生极强的表达效果，发人深省。一方面，诗句传达出诗人强烈的愤懑之情；另一方面，这样的开头也让读者感到一丝茫然不解，产生进一步追问缘由的兴趣。在炎热的夏季，四处骄阳似火，唯有茂盛粗大的垂柳撑起一片绿荫，营建出一座温馨凉爽的避暑胜地，让人观之便无限欣喜，但作者为什么说不可以进去休憩呢？并且还如此绝对、信誓旦旦，让人听罢心生犹豫和畏惧。

接下来的两句，作者就所陈之事给出了自己的理由："上帝甚蹈，无自暱焉。"君主太过暴虐无常，心狠手辣，朝令夕改，危险至极，万万不可亲近，否则必然自招祸害，甚至最终弄得性命不保。然后，作者唯恐未能说尽，也担心旁人不信，又现身说法，用自己的经历警醒旁人："俾予靖之，后予极焉。"当初君主请作者入朝，共商国事，一团和气，但时日未久，君主就莫名其妙地将其责罚，使其饱受苦楚。此章每句结尾都为"焉"字，呼告语气强烈得无以复加。

作者一经倾诉，便扯开了往日久经潜藏的话题，心中感慨喷涌而出，此刻心潮澎湃，怨怒正盛，单单一章的呼告当然无法尽数消解。于是，在第二章中，作者继续一吐为快。诗作运用回环复沓的艺术手法，两章结构相同、内容相似，仅易数字，反复咏叹，以相似的语调和口吻，进一步强化诗人的谆谆告诫和拳拳用心，感染力获得无限叠加，情感势头迅速高涨。

诗作情感激烈、说理严谨，以事实服人，通过比拟、警戒、劝告、直陈等多种表现手法，传递出诗人的拳拳真情和无限怨恨。结构上，一气呵成，脉络清晰，上下连贯，以气御文，产生了极大的情感效果。作者通过寥寥数十字，将一个不得人心的君主以及一位严词质问的受难诗人形象，清晰地展现在读者面前。

采　绿

终朝采绿①，不盈一匊②。予发曲局，薄言归沐③。
终朝采蓝，不盈一襜④。五日为期，六日不詹⑤。
之子于狩，言韔⑥其弓。之子于钓，言纶之绳。
其钓维何⑦，维鲂及鱮。维鲂及鱮，薄言观者⑧！

【注释】

①绿：植物名。花色深绿，古时用它的汁作黛色着画。
②匊：两手合捧。

③归沐：回家洗发。沐，发。

④襜（chān）：系在衣服前面的围裙。

⑤詹：至、到。

⑥韔：弓袋。这里作动词用。

⑦维何：是何。维，是。

⑧观者：举起火烹煮的意思。

【赏析】

本诗是一篇妇人思夫之作。

诗中写到丈夫逾期未归，妻子百般焦急，因思念未归的丈夫，手头的活儿都不知不觉地慢了下来，进而假想见到丈夫之后的情形。深刻描写了妇人的通情贤惠。

妻子苦诉闺情，柔情四溢，有无限神韵蕴涵其中。

隰 桑

隰桑有阿①，其叶有难②。既见君子，其乐如何！

隰桑有阿，其叶有沃③。既见君子，云何不乐！

隰桑有阿，其叶有幽④。既见君子，德音孔胶⑤！

心乎爱矣，遐不⑥谓矣？中心藏⑦之，何日忘之！

【注释】

①阿：枝条柔美的样子。

②难：茂盛的样子。

③沃：柔嫩的样子。

④幽：通"黝"字。黑色。

⑤胶：坚固。指男子情意殷切，执一不变。

⑥遐不：胡不。

⑦藏：通"臧"，善良。

【赏析】

这是一首女子对爱人表达爱恋的诗。

全诗共四章，前三章的手法相同，意思相近，都是形容爱人英俊美好，见到爱人喜不胜收的心情。末章写丈夫要远行，不能与她天天相见了，只有把最深厚的爱情藏在心底，把最美好的祝福送给对方，可见爱之诚，情之深！

白 华

白华菅兮^①，白茅束兮^②。之子之远^③，俾我独兮^④。
英英白云^⑤，露彼菅茅^⑥。天步艰难^⑦，之子不犹^⑧。
滮池北流^⑨，浸彼稻田。啸歌伤怀^⑩，念彼硕人^⑪。
樵彼桑薪^⑫，卬烘于煁^⑬。维彼硕人，实劳我心^⑭。
鼓钟于宫^⑮，声闻于外。念子懆懆^⑯，视我迈迈^⑰。
有鹙在梁^⑱，有鹤在林^⑲。维彼硕人，实劳我心。
鸳鸯在梁^⑳，戢其左翼^㉑。之子无良，二三其德^㉒。
有扁斯石^㉓，履之卑兮^㉔。之子之远，俾我疧兮^㉕。

【注释】

①白华：即白花，是指"菅"之白花。菅（jiān）：当为"蕑"之借，即兰，是一种古代男女交往中互相赠答之物。
②白茅：又名丝茅，因叶似矛而得名。
③之远：往远方。
④俾：使。
⑤英英：又作"泱泱"，洁白、轻明之貌。一说盛多貌。白云：指雾气。一说指天上的白云。
⑥露：指水气下降为露珠，兼有沾濡之意。
⑦天步：指时运。
⑧不犹：即"无谋"，言其拙于生计。这是女子为其丈夫担忧。犹，当训为"谋"。
⑨滮（biāo）池：古水名。在今陕西西安西。
⑩啸歌：谓号哭而歌。蹙口出声曰"啸"。伤怀：忧伤而思。
⑪硕人：犹"美人"，此处当指其心中的英俊男子。
⑫樵：薪柴，此处指采木为樵。桑薪：桑木柴火。桑木薪柴，古代

是为上等木柴，火力大。故有"老龟煮不烂，移锅于空桑"之谚。言老龟肉只有老桑柴才能煮熟。

⑬卬（áng）：我。烘：烧，指烧火。煁（shén）：一种可移动的小炉灶。

⑭劳：忧愁。

⑮鼓钟：即敲钟。鼓，敲。

⑯懆懆（cǎo）：忧愁貌。

⑰迈迈：与诗中"之子之远"相呼应，当为远行之貌。或以为心意不悦。

⑱鹙（qiū）：水鸟名。其状如鹤而大，头项皆无毛。其性贪恶，能与人斗，好啖鱼、蛇及鸟雏。梁：鱼梁。

⑲鹤：鹤为高洁之鸟，亦食鱼。此当是以鸟求鱼喻男子求偶。鹤高洁反远在林，去鱼远；鹙丑恶反在梁，去鱼近。喻所爱的男子远已而去。古代学者以为物各得其所，反喻自己和丈夫不得其所。

⑳鸳鸯：水鸟，亦食鱼。

㉑戢（jí）其左翼：绊缚鸳鸯左翼，使其不得飞脱。

㉒二三其德：三心二意，指感情不专一。

㉓有扁：即"扁扁"，乘石的样子。乘石是乘车时所踩的石头。

㉔履：踩，指乘车时踩之脚下。

㉕疧（qí）：忧病。

【赏析】

这首诗写女子怀念她远离家乡在外的丈夫，因思念过甚，而生怨愤之意。

一章言男远去，使己孤独。"白华菅"当为别时赠物。如果把首章开头两句理解为"现在时"，《古诗十九首》所谓："涉江采芙蓉，兰泽多芳草。采之欲遗谁？所思在远方。"所写的情境与这两句十分类似。二章因思念而为男子忧虑。看来她的丈夫是个憨厚的老实人，生活中缺乏灵活性，总是吃亏，这忧虑中正蕴涵着她深厚的爱。三章言因思念而忧伤。本章以泉水滋润稻田反喻自己得不到丈夫之爱的痛苦，辽宁东部人把男女长期孤独无偶说成是"干烤（kào）"，有些地方的方言则说"干耗"，意思相类。四章以烧柴烘烤而兴己之焦虑。这就与我们前面所讲的方言联系起来了，所谓"干烤（kào）"或"干耗"正是《诗经》中诗人之意，或者说现代汉语的方言来自《诗经》。五章以钟声远闻反喻男子远去而不闻己之思彼。但这倒让我们想起那首著名的唐诗："姑苏城外寒山寺，夜半钟声到客船。"不一样的钟声，却是同样的写愁。所以，"钟鼓"句也可能是写实。盖女子住所在城中，离王、侯之宫不远，宫中每晚食必伴乐（曹操"对酒当歌"，王、侯即所谓"钟鸣鼎食之家"），奏乐必有钟声，正是家人聚食之时，则女子之思尤为强烈。六章以鹤喻所思之人，再申相思之忧。七章因思而生疑，怨男子有二心，为虑境。八章再言男子远去，徒使己忧伤。首章云"之子之远，俾我独兮"，卒章则云"之子之远，俾我疷兮"，两相呼应，有回环往复之妙。

瓠 叶

幡幡瓠叶①，采之亨之②。君子有酒，酌言尝之③。
有兔斯首④，炮之燔之⑤。君子有酒，酌言献之⑥。
有兔斯首，燔之炙之⑦。君子有酒，酌言酢之⑧。
有兔斯首，燔之炮之。君子有酒，酌言酬之⑨。

【注释】

①幡幡（fān）：风吹瓠叶翻动貌。瓠（hú）：瓠瓜，又叫"葫芦"，果实、嫩叶皆可食。
②亨：即古"烹"字，煮的意思。
③酌：斟酒。言：犹"而"。尝：品尝。
④斯首：白头。斯：通"鲜"，白也。
⑤炮：以泥裹带毛肉而烧之曰"炮"。燔（fán）：加肉于火上烤曰燔。
⑥献：主人向宾客敬酒曰"献"。
⑦炙（zhì）：用物贯肉在火上烤。
⑧酢（zuò）：客饮主人所献酒后，向主人回敬酒叫"酢"。
⑨酬：劝酒。

【赏析】

这是一首关于宴饮的歌，当由客人唱出。宴席上并无异馔珍肴，反复咏唱的，不过就是开头说的那碗"瓠叶"汤，还有就是那只野兔头，但气氛却很热烈。我们仿佛看到诗人尝一点兔头肉，夸一句"好吃"，喝一口酒，赞一句"好酒"，热烈的气氛表现了真诚的友谊——难得的不是吃喝，而是朋友的那份情谊。一章言初宴，未饮先尝。二章言献酒于宾，三章言客人回敬主人酒，四章言主客相互劝酒。一个小场面、一个生活的小片段，却写出了友情在生命中的重要。白居易云："绿蚁新醅酒，红泥小火炉。晚来天欲雪，能饮一杯无？""小火炉"、"一杯酒"，多少情谊，多少舒展；多少自由，多少真率。

张廷杰曰："此诗初言瓠叶以为菹，又以兔侑酒，意虽简俭，有不任欣喜之状。"高侪鹤曰："菹不必佳蔬，肴不必异馔。会疏而礼勤，物薄而情厚，真德实意于是乎可验。即一瓠叶必献，一兔首必献，情意何等厚也！"解得切。

苕 之 华

苕之华，芸①其黄矣。心之忧矣，维其②伤矣。
苕之华，其叶青青。知我如此，不如无生。
牂羊③坟首④，三星⑤在罶⑥。人可以食？鲜⑦可以饱？

【注释】

①芸：极黄的样子。
②维其：意思是"何其"。
③牂羊：母绵羊。
④坟首：大头，绵羊头小角短，但羊身越瘦就显得头越大，此指羊因饥饿而瘦小。
⑤三星：几颗星星。
⑥罶（liǔ）：捕鱼的器具。
⑦鲜：少。

【赏析】

这是一首反映荒乱年代的伤时忧世之作。
前两章以苕花盛开起兴，周衰世乱，百物凋残，人民饥饿，而苕花独自盛开，因慨叹而作此诗，首章先说忧伤，次章更加忧伤，沉痛地说"知我如此，不如无生"，第三章才写百物凋耗，民不聊生的景况：而"牂羊坟首"（羊因饥饿也瘦了，只显得头非常大）。而"人可以食，鲜可以饱"（可以得到食物的人也少有能吃得饱的），真是图穷匕见。

何草不黄

何草不黄？何日不行？何人不将①？经营四方。
何草不玄②？何人不矜③？哀我征夫，独我匪民④？
匪兕⑤匪虎，率⑥彼旷野，哀我征夫，朝夕不暇。
有芃⑦者狐，率彼幽草⑧。有栈⑨之车，行彼周道。

【注释】

①将：行。
②玄：赤黑色，百草由枯而腐，则呈黑色。
③矜：病。
④民：指人，《诗经》上有许多"民"字，都指"人类"的人，而不是"民众"的民。
⑤兕：雄犀兽。
⑥率：循着。
⑦芃：本指众草丛生的样子，此处形容狐尾蓬松的样子。
⑧幽草：深草中。
⑨栈：车高的样子。

【赏析】

本诗是吟咏乱离之世的哀歌，非常悲切感人。

首章以草枯起兴，比喻众人的劳瘁。次章是前章的继续，更发出了哀号以控诉："哀我征夫，独为匪民"（可悲哀得很啊！难道我们这些征夫们就不是人吗？）。第三章、第四章把自己比喻成旷野中的走兽，以那种无可奈何的情绪作结，赋予读者的是无穷的哀感和愁绪，手法非常巧妙。

〔大 雅〕

文王之什

文　王

文王在上，於①昭于天。周虽旧邦，其命维新。

有周不②显，帝命不时③。文王陟降，在帝左右。

亹亹④文王，令闻不已。陈锡⑤哉周，侯⑥文王孙子。

文王孙子，本支⑦百世。凡周之士，不显亦世⑧。

世之不显，厥犹翼翼⑨。思皇⑩多士，生此王国。

王国克生，维周之桢⑪。济济⑫多士，文王以宁。穆穆⑬文王，於，缉熙敬止⑭！假⑮哉天命，有商孙子。

商之孙子，其丽⑯不亿。上帝既命，侯于周服⑰。

侯服于周，天命靡常。殷士肤敏⑱，裸将于京⑲。

厥作裸将，常服黼冔⑳。王之荩臣㉑，无念尔祖？

无念尔祖，聿㉒修厥德。永言配命㉓，自求多福。殷之未丧师㉔，克配上帝。宜鉴于殷，骏命㉕不易！

命之不易，无遏㉖尔躬。宣昭义问㉗，有虞㉘殷自天。

上天之载㉙，无声无臭。仪刑㉚文王，万邦作孚㉛。

【注释】

①於：叹词，相当于后世所用的呜呼。

②不：大。

③不时：即甚是。

④亹亹（wěi）：勤奋，努力修德行善。

⑤陈锡：锡，赐。多多赐福。

⑥侯：及。

⑦本支：本，宗子；支，世子。

⑧亦世：意思是“永世”。

⑨厥犹翼翼：厥，其；犹，谋；翼翼，敬谨从事，不敢怠荒。

⑩思皇：思，语词；皇，美。

⑪桢（zhēn）：筑墙所用木的头，栋梁的意思。

⑫济济：美而且多。

⑬穆穆：美。

⑭於，缉熙敬止：缉，持续；熙，发扬。

⑮假：大。

⑯丽：数目。

⑰侯于周服：侯，维。

⑱肤敏：肤，美；敏，疾病。

⑲裸将于京：裸，祭礼；将，行。

⑳黼冔（fù xǔ）：黼，古礼服刺绣的花纹，半青半黑。冔，殷朝的冠。

㉑荩（jìn）臣：通进，引申为忠诚；荩臣，忠君爱国的臣子。

㉒聿：发语词。

㉓永言配命：言，语助词；意思是"永久配合天命"。

㉔师：众、民心。

㉕骏命：天命。

㉖遏：绝。

㉗宣昭义问：宣昭，明；义，善；问，声誉。

㉘有虞：虞，考虑。

㉙载：在。

㉚仪刑：即仪型，法度榜样。

㉛作孚：作，起：孚，信。

【赏析】

"文王"的内容，就是"敬天敬祖"的意思。

"文王"文字古朴，是大雅的本色，全篇七章均为赋体，且有大雅诗篇"衔尾式"的特征，每两章间都首尾相接，但首尾相接的字句则有变化，如第二章之尾与第三章之首"不显亦世"——"世之不显"；三四章之间的"文王以宁"——"穆穆文王"；四五章之间的"侯于周服"——"侯服于周"；六七章之间的"骏命不易"——"命之不易"，全篇只有五章尾和六章首的"无念尔祖"完全相同，所以可以说这种衔尾体还在发展中，还没有成熟，但却对后代诗人影响很深。

大 明

明明在下①，赫赫在上②。天难忱斯③，不易维王。天位殷适④，使不挟四方⑤。

挚仲氏任⑥，自彼殷商。来嫁于周，曰嫔于京⑦。乃及王季⑧，维德之行⑨。大任有身⑩，生此文王。

维此文王，小心翼翼。昭事上帝⑪，聿怀多福⑫。厥德不回⑬，以受方国⑭。

天监在下⑮，有命既集⑯。文王初载⑰，天作之合⑱。在洽之阳⑲，在渭之涘⑳。文王嘉止㉑，大邦有子㉒。

大邦有子，俔天之妹㉓。文定厥祥㉔，亲迎于渭㉕。造舟为梁㉖，不显其光㉗。

有命自天㉘，命此文王，于周于京㉙。缵女维莘㉚，长子维行㉛，笃生武王㉜。保右命尔㉝，燮伐大商㉞。

殷商之旅㉟，其会如林㊱。矢于牧野㊲：维予侯兴㊳；上帝临女，无贰尔心。

牧野洋洋㊴，檀车煌煌㊵。驷騵彭彭㊶。维师尚父㊷，时维鹰扬㊸。涼彼武王㊹，肆伐大商㊺，会朝清明㊻。

【注释】

①明明：鲜明貌。言其德明明可察。在下：指在人间。或以为明明同"穆穆"，亹亹，勤勉的意思。

②赫赫：显盛貌。在上：指在天上。言在下者明明之德，则在上者有赫赫之命。

③天难忱斯：言天命无常而难信。天，天命。忱，相信，信赖。

④位：当读为"立"，"立"、"位"古同字。适：当为"敌"之借。言天为殷树立一对手，故下言"使不挟四方"。

⑤挟：拥有。

⑥挚：国名。故城在今河南汝宁东，是殷畿内之国。仲氏：兄弟姊妹排行老二曰仲。任：姓。任姓相传为奚仲之后，为夏后氏车正，封于

薛。王夫之以为"挚"、"薛"古音相近通用，挚盖薛也。古代称女子先氏而后姓，故曰"仲氏任"。

⑦嫔：成妇曰嫔。上二句分言嫁、嫔，嫁当指来嫁，尚未举行庙见之礼。嫔当指嫁后三月的成妇礼。

⑧王季：古公之子，文王之父。

⑨行：并列，齐等。或以为"之行"为"是行"。

⑩大（tài）任：即挚仲氏任。大，为尊称。有身：即"有孕"，古文字"身"即像人怀孕而大腹之形。

⑪昭：光明。事：服事。

⑫聿：发语词。怀：招来。

⑬回：违，或训"邪"。一说即"坏"之音转。

⑭方国：犹言邦国，方，亦是国。

⑮监：监视。

⑯有命既集：言天命已集于周。

⑰初载：初立，即继承父位。一说：载，训"年"，初年，即初生。

⑱作：作成。合：配偶。言天成其美，使与太姒合成夫妻。

⑲洽（hé）：水名，又名合水，源出陕西合阳西北，早已涸绝。合阳即因在合水之阳而得名。

⑳在渭之涘（sì）：此句与上句是说在洽水之阳的有莘之女，与在渭水之滨的周文王结成了佳偶。渭，即渭河。涘，水边。

㉑嘉止：嘉礼，指婚礼。止，礼。

㉒子：女子，指太姒。

㉓伣（qiàn）：譬如，好比。妹：少女。

㉔文：礼文。厥：其。祥：吉祥。一说"文"为占卜的兆文。

㉕渭：旧以为渭水。据史载，当时文王在岐周（或说在毕郢），太姒之莘国在合阳，二地皆在渭河之北，并不过渭河，下言"造舟为梁"，显然所说的渭并非今之渭水。疑当指泾水。周在泾西，莘在泾东，亲迎于泾，于理为顺。泾水古亦有"渭"之名。

㉖造舟：并船而造浮桥。

㉗不显：显耀。

㉘自：从。

㉙于周于京：即"于周京"，后一"于"字，乃为了补足成四字句。

㉚缵（zuǎn）女：美女。一说训"继"，言继大任之女事。莘（shēn）：古国名，太姒出生之国，地在今陕西韩城东南。

㉛长子：此句与"缵女"句相对，上指太姒，此当指文王。行：并列，齐等。与前"维德之行"的"行"字同义。此言缵女、长子，德相齐等。

㉜笃：语词，与"笃公刘"之"笃"同义。

㉝右：佑。命：命令。尔：此指武王。

㉞燮伐：即"袭伐"之假借。燮，"燮"、"袭"双声。

㉟殷商：当读为"敦商"，"殷"、"敦"通，敦有讨伐之意。

㊱会："旝"之假借，古代军中所用的一种令旗。一说会合。如林：言旗如林之多。

㊲矢："誓"之借，指誓师。牧野：商郊地名，在今河南淇县南，距商纣都城朝歌七十里。

㊳予：我。侯：是，乃。兴：兴起。

㊴洋洋：广阔貌。

㊵檀车：檀木所做的车。檀木坚硬，是做车的好材料。煌煌：鲜明壮盛貌。

㊶驷騵（yuán）：四匹白腹的骏马。騵，赤毛白腹的骏马。彭彭：强壮貌。一说众多貌。

㊷师：太师，官名。尚父：即吕尚，世称姜子牙。

㊸时：犹"是"。鹰扬：如鹰之飞扬。形容其勇猛。一说为是战阵名。

㊹凉（liàng）：辅佐。

㊺肆伐：当作"袭伐"。一说：肆，疾也。

㊻会朝：会、甲双声，"会朝"即"甲朝"，指甲日这天的早晨，这里指的是甲子日的早晨。据《尚书·牧誓》说，武王是在甲子日的黎明，向商纣誓师宣战的。清明：指天气清朗。

【赏析】

这首诗叙述周人先祖讨伐殷商的伟大胜利。诗从王季生文王写起，以突出"天命有德"的主题。

这篇周人自述其先祖伐商的诗史，以文王为中心，先写文王父母以德相配而生文王，再述文王之德、文王之婚、文王之德配天而生了有作为的儿子武王，最后说到武王伐商获得成功。诗名《大明》，据《逸周书·世俘解》原本名《明明》，此当是编诗者因《小雅·小明》而易名为《大明》，与诗义无关。诗一章言天辅有德，使殷失统；二章言文王之生；三章言文王之德；四、五章言文王的婚礼；六章言武王之生；七、八章言武王伐商。张以诚引吴师道云："此诗明一家祖孙、父子、夫妇、妇姑皆有圣德，而又有将帅之贤、师众之盛。至于天命之保佑，昭事之聿怀，天与圣人又相与为一。诗人形容之备，莫过于此。"

思 齐

思齐大任①，文王之母。思媚周姜②，京室之妇③。大姒嗣徽音④，则百斯男⑤。

惠于宗公⑥，神罔时怨⑦，神罔时恫⑧。刑于寡妻⑨，至于兄弟，以御于家邦⑩。

雝雝在宫⑪，肃肃在庙⑫；不显亦临⑬，无射亦保⑭。

肆戎疾不殄⑮，烈假不瑕⑯。不闻亦式，不谏亦入⑰。

肆成人有德，小子有造⑱。古之人无斁⑲，誉髦斯士⑳。

【注释】

①思齐：美其端庄之语。思，发语词。齐，通"斋"，端庄。大任：即太任，王季之妻，文王之母。

②媚：美好。周姜：即太姜，古公亶父之妻，王季之母。

③京室：犹周室，即周王室。

④大姒：即太姒，文王之妻。嗣徽音：继承美誉。徽音，美誉。

⑤则：乃。百：虚数，言其多。斯：其。男：男孩。这里所谓的"男"并不只是指儿子，乃是指子孙。金文恒见"百子千孙"之类祝嘏语。此处当是颂其子孙旺盛。

⑥惠于宗公：旧以为言文王能顺从于先公。疑当指周室"三母"有妇德，能顺从先公先王。惠，亲顺。宗公，指先公。

⑦神：指祖宗之神。罔：无。时：或，所。怨：怨恨。

⑧恫（tōng）：伤痛。

⑨刑：通"型"，典范。寡妻：适（嫡）妻。此处指周室三母。

⑩御：治理。

⑪雝雝：和谐貌。宫，宫室。

⑫肃肃在庙：此指太任、周姜与太姒之画像在宫中者，雝雝和蔼（牟庭说）；其神主在庙中者，肃肃清静。

⑬不显：伟大，光辉。临：照临，临视。

⑭无射：当为"无斁"之音转，即怜爱、慈爱之意。或以为"无厌"。言周室三母慈爱，保佑周人。

⑮肆：故，所以。戎疾：大难。一说西戎的祸患。不殄：不绝。

⑯烈假：大业。烈，业。假，大。一说恶疾。瑕：此二句旧解多歧。揣其意当是承上章言，因"三母"护佑，故周大难不灭，大业不假。瑕，通"假"，《说文》："假，非真也。"一说瑕同"遐"，指周代事业宏大久远。

⑰不闻亦式，不谏亦入：二句朱熹解为：虽事之无所前闻，而亦无不合于法度；虽无谏诤之者而未尝不入于善。今人则多据马瑞辰说，以为此言闻善言则用之，进谏则采纳之。不、亦皆语词。似以朱说为善。式，法度。或以为"不"为语辞。式训"用"。则此句为听到了好意见立即采用。

⑱小子：指青少年。造：作为，造就。

⑲古之人：当仍指周三母。无斁（yì）：当与前"无射"同意。

⑳誉：训为"称誉"、"赞誉"。因今之人"有德"、"有造"，故为神所称誉。此是祭者想象中的情景。

【赏析】

本诗是周人祭祀周室开国三母（太任、太姜和太姒），赞颂其美德的歌。

此诗主旨是歌颂"三母"有德于周人。前言"三母"，后言"古之人"，正见文章呼应之法。一章言周室三母之功，二章言"三母"之德为周人典范，三章言"三母"监临保佑周人，四章言三母赐福于周，五章言三母之神称誉髦士。本诗格调庄重，以其直颂先祖母之德，直述先祖之事，是《大雅》正格。

灵 台

经始灵台^①，经之营之。庶民攻之^②，不日成之。
经始勿亟^③，庶民子来^④。王在灵囿，麀鹿攸伏^⑤。
麀鹿濯濯^⑥，白鸟翯翯^⑦。王在灵沼^⑧，於牣鱼跃^⑨。
虡业维枞^⑩，贲鼓维镛^⑪。於论鼓钟^⑫，於乐辟廱^⑬！
於论鼓钟，於乐辟廱！鼍鼓逢逢^⑭，矇瞍奏公^⑮。

【注释】

①经：经度。始：高亨以为借为"治"。灵台：台观名，其址在今陕西西安西北。《括地志》说：灵台唐时尚存，孤高二丈。

②攻：治，建造。

③亟：同"急"。

④庶民子：指庶民之子，意思是说大人小孩都参加了建造灵台的劳动，表示周王甚得民心。或以为"子来"如子为父事而来那般积极。

⑤麀（yōu）：母鹿。攸伏：攸，所。伏，伏卧。此是指园林中鹿群悠闲状态。

⑥濯濯：肥美貌。

⑦白鸟：指白鹭或白鹤。翯翯（hè）：洁白光泽貌。

⑧灵沼：灵台所在地的池塘，因在灵台下，故称曰"灵沼"。

⑨於：美叹声。牣（rèn）：满。言池中满是鱼在跳跃。

⑩虡（jù）：悬挂钟磬木架的直柱子。业：虡所架横木上的大版，刻如锯齿状，用以悬挂钟鼓磬等乐器。维：与，和。枞（cōng）：又称"崇牙"。《孔疏》："悬钟磬之处，又以彩色为大牙，其状隆然，谓之崇牙。"

⑪贲（fén）鼓：大鼓。贲，借为"鼖"。镛：大钟。

⑫论：通"伦"，次序。此指钟鼓排列有序。

⑬辟廱：周王朝贵族及子弟举行礼乐大典及接受教育的地方。或以为文王离宫名，与学校而言的"辟廱"者不同。

⑭鼍（tuó）鼓：鼍皮蒙的鼓。鼍，即扬子鳄，皮坚厚，可以制鼓。逢（péng）逢：鼓声。

⑮矇瞍：盲人，古代乐师常由盲人充任。公：事。一说通"颂"。指乐师演奏颂歌。

【赏析】

这首诗重点写周王园囿之乐，为了表现这种游乐有别于殷商帝王的淫乐，所以开始追述了建台时百姓踊跃参加修建的情形。

园囿中除有灵台、池沼、辟廱等人工建筑之外，还有众多的鸟兽鱼等。古人绘辟廱图，往往绘得很秀气，很有规矩。但据诗中的情况看，这是一片很大的地方，应该是水傍草木茂盛之处，或如水洲，辟廱、灵台即是洲上的建筑。古人说辟廱周围有水环绕，当就是指水洲之类的地方。这里是一定时节中的游乐之所，也是族中子弟集训的地方，一些礼乐大典也在这里举行，故有辟廱为学校之说。周人建国后屡屡教训子弟不忘殷商的教训，所以这首诗在叙述园囿之乐前，追述了建园筑台时百姓乐于参加修建工程的情形，这是孟子解诗的依据。所以，灵台及其附属建筑可能建于西周初期，但诗不必作于西周初期，乃后王借追怀往事表现自己的游乐不违背先祖之意而已。孟子的解说，不过是依据诗中描写所作的发挥。

诗重在写园囿之乐，故全诗充满了快乐的气氛。一章言灵台功毕之速，以见民之乐事于此。二章言民乐事，王乐息，鹿乐处，见万物祥和气象。三章伸言鸟兽自得景象。后二章言辟廱之乐。陈仅说："《灵台》无句不韵，读者讽诵其音节，盱衡其气象，直是一片太和元气，鼓荡弥纶。觉宇宙间无非喜气，心腔中全是乐意，鼓之舞之以尽神。诗所以贵于诵也。"

文王有声

文王有声，遹骏有声①，遹求厥宁。遹观厥成。文王烝哉②！
文王受命，有此武功；既伐于崇③，作邑于丰④。文王烝哉！
筑城伊淢⑤，作丰伊匹。匪棘其欲⑥，遹追来孝。王后烝哉⑦！
王公伊濯⑧，维丰之垣。四方攸同，王后维翰⑨。王后烝哉！
丰水东注，维禹之绩。四方攸同，皇王维辟⑩。皇王烝哉！
镐京辟雍⑪，自西自东，自南自北，无思不服⑫。皇王烝哉！

考卜维王，宅是镐京⑪。维龟正之，武王成之。武王烝哉！

丰水有芑⑭，武王岂不仕⑮！诒厥孙谋⑯，以燕翼子。武王烝哉！

【注释】

①遹（yù）：语气助词。

②烝（zhēng）：君道。

③崇：古崇国。

④丰：故地在今陕西西安沣水西岸。

⑤淢（xù）：即护城河。

⑥棘：此处为"急"义。

⑦王后：第三、四章之"王后"同指周文王。

⑧公：同"功"。濯：本义是洗涤，此处指"光大"义。

⑨翰：主干。

⑩辟：君。

⑪镐：周武王建立的西周国都，故地在今陕西西安沣水以东的昆明池北岸。辟雍（bì yōng）：两周王朝所建天子行礼奏乐的离宫。

⑫无思不服：无不服。

⑬宅：用作动词，定居。

⑭芑（qǐ）：芑草。

⑮仕：指建功立业。

⑯诒厥：传授。

【赏析】

《文王有声》是一首在大型宴会上唱的雅歌。它主要描述了周文王伐崇城之后在丰邑建都，周武王伐商之后在镐地建都，这两次周国历史上的建都大事。

这首诗在艺术表现上非常有特色，它按照时间的先后顺序进行了谋篇布局。全诗共八章，前四章写周文王迁丰，后四章写周武王营建镐。先写周文王后写周武王，因为他们是父子，所以一前一后的描写也不容易混淆。同时，本诗开篇的第一句就点出了周武王的功业是由其父周文王奠定的。

在写文王和武王时，虽然写的都是迁都的事情，但是却完全没有重复，文王迁丰、武王迁镐，在两者的描写上各有侧重。方玉润是这样评价的："言文王者，偏曰伐崇'武功'，言武王者，偏曰'镐京辟廱'，武中寓文，文中有武。不独两圣兼资之妙，抑亦文章幻化之奇，则更变中之变矣！"

诗人写周文王迁都于丰时，用了"既伐于崇，作邑于丰"、"筑城伊淢，作丰伊匹"、"王公伊濯，维丰之垣"等诗句，在叙事中抒情。写周武王迁镐京时，用了"丰水东注，维禹之绩"、"镐京辟雍，自西自东，自南自北，无思不服"、"考卜维王，宅是镐京。维龟正之，武王成之"等诗句，同样是在叙事中抒情。本诗的比兴手法运用得十分巧妙，有很强的感染力。

"王公伊濯，维丰之垣。四方攸同，王后维翰"是以丰邑城垣的坚固来指代周文王的屏障的牢固。"丰水有芑，武王岂不仕"是用丰水岸芑草的繁茂景象来指代周武王是一个能培植人才、使用人才的君王。

最后一章"丰水有芑，武王岂不仕！诒厥孙谋，以燕翼子"点明了周武王完成灭殷的统一大业之后，西周王朝刚刚建立，百废待兴，周武王的子孙面临如何巩固基业的问题，起到了画龙点睛的作用。

生民之什

生 民

厥初生民，时维姜嫄。生民如何？克禋克祀①，以弗无②子。履③帝④武⑤敏⑥，歆⑦，攸介攸止⑧；载震⑨载夙⑩，载生载育，时维后稷。

诞弥⑪厥月，先生如达⑫。不坼⑬不副⑭，无菑⑮无害。以赫⑯厥灵，上帝不宁。不康禋祀，居然生子！

诞寘之隘巷⑰，牛羊腓字⑱之。诞寘之平林⑲，会伐平林；诞寘之寒冰，鸟覆翼⑳之。鸟乃去矣，后稷呱㉑矣。实覃实讦㉒，厥声载路㉓。

诞实匍匐，克岐㉔克嶷㉕，以就口食。蓺㉖之荏㉗菽，荏菽旆旆㉘，禾役穟穟㉙，麻麦幪幪㉚，瓜瓞唪唪㉛。

诞后稷之穑，有相之道㉜。茀厥丰草，种之黄茂。实方实苞，实种实褎，实发㉝实秀㉞，实坚实好，实颖㉟实栗，即有邰㊱家室。

诞降嘉种，维秬㊲维秠㊳，维穈㊴维芑。恒之秬秠，是获是亩；恒之穈芑，是任㊵是负，以归肇祀。

诞我祀如何？或舂或揄㊶，或簸或蹂㊷；释㊸之叟叟㊹，烝之浮浮㊺。载谋载惟㊻，取萧祭脂，取羝㊼以軷㊽，载燔载烈。以兴嗣岁㊾。

卬盛于豆，于豆于登㊿。其香始升，上帝居歆。胡(51)臭亶时(52)。后稷肇祀，庶无罪悔，以迄于今。

【注释】

①祀：用升烟来祭祀。

②弗无：无不。

③履：践踏。

④帝：指后稷。

⑤武：足迹。

⑥敏：脚拇趾。

⑦歆：欣然、欢喜。

⑧攸介攸止：别居而独处。介，休息；止，止吸。

⑨震：通“娠”，怀孕。

⑩夙：通"孕"指怀孕。

⑪弥：满。指怀胎期满。

⑫达：通"蛋"。

⑬坼：开、分裂。

⑭副：分离。

⑮菑：通"灾"，灾难。

⑯赫：显现。

⑰隘巷：狭窄的小巷。

⑱腓字：袒护、爱护。腓，通"庇"；字，爱。

⑲平林：平原上的树林。

⑳覆翼：指用翅膀覆盖着。

㉑呱：婴儿的哭声。

㉒实覃实讦：指哭声非常洪亮。

㉓载路：满路。

㉔岐：举踵。

㉕嶷：直立。

㉖蓺：通"艺"。种植的意思。

㉗荏：通"戎"。农作物名。

㉘旆旆：指植物的枝叶茂盛。

㉙穟穟：禾苗美好的样子。

㉚幪幪：茂盛的样子。

㉛唪唪：果实丰硕的样子。

㉜有相之道：自有他的看法。

㉝发：禾苗拔节。

㉞秀：吐穗。

㉟颖：禾穗下垂的样子。

㊱邰：有养的意思，这里指姜嫄的国家。

㊲秬：黑黍。

㊳秠：黑黍的一种。

㊴穈：赤苗的嘉禾，是谷中的一种。

㊵任：抱。

㊶揄：舀取。

㊷蹂：通揉。用手、脚搓米。

㊸释：淘米。

㊹叟叟：淘米时发出的声音。

㊺浮浮：蒸饭的热气上升的样子。

㊻惟：思考。

㊼羝：公绵羊。

㊽軷：古代祭祀道路的神。

㊾以兴嗣岁：等待丰收的新年。

㊿豆、登：食器。木制的叫豆，瓦制的叫登。

(51)胡：大。

(52)亶时：确实好。

【赏析】

这是一篇周人陈述始祖后稷诞生经过及播种五谷的神话史诗，诗中叙述了后稷从其母受孕到出生、治家的全过程。

本诗共分八章，第一章、第二章讲述了周人追溯起源、周人的始祖是如何诞生的，直到胎满十个月后稷呱呱坠地。第三章、第四章分别讲述了后稷开始匍匐爬行、逐渐站立行走，并开始学会种豆谋食、生存。第五章、第六章讲述了后稷觉察到种庄稼的窍门，于是便取得了丰硕的成果，连上帝都撒下良种。第七章、第八章叙述了祭祀的方法、步骤以及祭祀时的盛况，以祈祷明年有个好的收成。后稷安逸地享受着供品，人们过着平平安安的生活。

假乐

假乐君子①，显显令德②。宜民宜人，受禄于天。保右命之③，自天申之。

干禄百福④，子孙千亿。穆穆皇皇⑤，宜君宜王。不愆不忘⑥，率由旧章⑦。

威仪抑抑⑧，德音秩秩⑨。无怨无恶，率由群匹⑩。受福无疆，四方之纲。

之纲之纪，燕及朋友⑪。百辟卿士⑫，媚于天子⑬。不解于位⑭，民之攸塈⑮。

四书五经

【注释】

①假：通"嘉"，美好。君子：指成王。

②令德：美德。

③右：通"佑"。

④干：求。

⑤穆穆：肃敬。皇皇：光明。

⑥愆（qiān）：过失。

⑦率：循。由：从。

⑧抑抑：庄美的样子。

⑨秩秩：有条不紊的样子。

⑩群匹：众臣。

⑪燕：通"宴"。

⑫百辟（bì）：众诸侯。

⑬媚：爱。

⑭解：通"懈"，怠慢。

⑮塈（jì）：安宁。

【赏析】

第一节第一句的"假（嘉）乐"，直接说出了本诗的主题。"显显令德"则直截了当地赞扬周宣王是一个德行品格都十分高尚的人。后面的四句都是对他的赞美之词，像是尊民意顺民心，皇天授命，赐以福禄等。

第二节顺着第一节的势头继续赞美周成王，朱熹在《诗集传》中评论这一节时说："王者干禄而得百福，故其子孙之蕃，至于千亿。嫡为天子，庶为诸侯，无不穆穆皇皇，以遵先王之法。"所以，这一节主要歌颂成王将能够德荫子孙，受禄千亿，是一个"不愆不忘"的人，能够听从大臣们的建议和劝谏。

第三节继续将劝勉之意加以延伸，一方面热烈地赞美成王有着美好的仪容、高尚的品德，所以没有人对他心怀怨恨；另一方面又说周成王是一个能够"受福无疆"的人，既有享不尽的福禄，同时又能够成为天下臣民、四方诸侯的"纲纪"，任举众贤。

第四节的内容紧接着前文，主要是为了警诫赴宴的"百辟卿士"，这一节勾勒出周成王举行冠礼时的活动场景。成王是一个礼待诸侯的人，所以他宴饮群臣；因为周成王的礼贤下士，所以现场是情意融融的。但是唱词的人要求百官公卿、朝廷大臣们做到，"爱戴天子举杯敬酒忙"和"勤于职守工作不懈怠"两不误，只有这样才能使国民安居乐业，不再流离失所。这样的要求其实不单是对臣子，同时也是对君王，要他顺从民意，重整天下纲纪。全诗虽然篇幅短小，但是其中确是满注真情，美溢于辞，令人回味无穷。

公 刘

笃①公刘，匪居匪康，迺埸迺疆②。迺积迺仓③，迺裹糇粮，于橐于囊④，思辑⑤用光。弓矢斯张，干戈戚扬⑥，爰方启行⑦。

笃公刘，于胥⑧斯原，既庶既繁。既顺迺宣⑨，而无永叹。陟则在巘⑩，复降在原。何以舟⑪之，维玉及瑶，鞞琫容刀⑫。

笃公刘，逝彼百泉，瞻彼溥原。乃陟南冈，乃觏于京，京师之野。于时处处，于时庐旅⑬。于时言言，于时语语⑭。

笃公刘，于京斯依，跄跄济济⑮。俾筵俾几，既登乃依⑯，乃造其曹⑰。执豕于牢，酌之用匏⑱。食之饮之，君之宗之。

笃公刘，既溥既长，既景乃冈⑲。相其阴阳⑳，观其流泉。其军三单㉑。度㉒其隰原，彻㉓田为粮。度其夕阳㉔，豳居允荒。

笃公刘，于豳斯馆，涉渭为乱㉕。取厉㉖取锻㉗。止基迺理㉘，爰众爰有㉙。夹其皇涧，溯其过㉚涧，止旅迺密㉛，芮鞫之即㉜。

【注释】

①笃：忠厚。发语词。

②迺：于是。埸：地界。

③积：露天积粮。指粮囤。

④囊：包装。

⑤辑：和睦、团结。

⑥戚扬：斧钺，小斧大斧。

⑦爰：发语词。方：开始。

⑧胥：观看、视察。

⑨宣：通"畅"，舒畅。

⑩巘：大山旁的小山，这里泛指山。

⑪舟：环绕。

⑫鞞琫：刀鞘上的装饰物。也用来指刀鞘。容刀：装饰着刀。

⑬庐、旅：古代同声通用。寄居的意思。

⑭语语：闹闹嚷嚷、欢声笑语。

⑮跄跄：步伐快。济济：整齐的样子。

⑯依：依仗，凭依。

⑰造：告诉。曹：众。

⑱匏：葫芦切开后做酒器用。

⑲景：日影。冈：山冈。相：看。

⑳阴阳：山北水南为阴，山南水北为阳。

㉑三单：三面的野地。指轮流当兵。

㉒度：测量。

㉓彻：治；开垦。

㉔夕阳：指山的西边。

㉕乱：横渡。

㉖厉：通"砺"，磨刀石。

㉗锻：冶炼金属的原料。

㉘止基乃理：止基，锄头；理，治成。

㉙众：指人口增加。有：指物产丰富。

㉚皇、过：涧名。

㉛旅：众。密：密集、安定。

㉜芮：水名。鞠：究，指穷尽之处。

【赏析】

这首诗是周人自述公刘迁徙，定居并发展农业的历史。

本诗共六章，第一章写周人准备好了粮食、耕种好了田地、带上了弓箭准备出发。第二章写迁徙的途中边走边视察当地的风土人情。第三章写找到了一个适宜安居的地方，于是大家商量、合计。第四章写安居后，大家坐下来宴饮的情形，杀猪宰羊、美酒好菜，一片欢欣雀跃的景象。第五章写定居后感觉确实不错，这是个非常富饶的地方，他们开始划分田地，播种粮食。第六章写大家纷纷找来了石料开始盖房子，渐渐地来这里居住的人越来越多。

本篇是关于先周历史中最重要的一篇资料，也是《诗经》中比较重要的一篇，它记载了周历史上最大的一次民族迁徙。文风井然优美，气势恢弘。

民 劳

民亦劳止①，汔可小康②。惠此中国③，以绥四方④。无纵诡随⑤，以谨无良⑥。式遏寇虐⑦，憯不畏明⑧。柔远能迩⑨，以定我王。

民亦劳止，汔可小休。惠此中国，以为民逑⑩。无纵诡随，以谨惛怓⑪。式遏寇虐，无俾民忧。无弃尔劳⑫，以为王休⑬。

民亦劳止，汔可小息。惠此京师，以绥四国。无纵诡随，以谨罔极⑭。式遏寇虐，无俾作慝⑮。敬慎威仪，以近有德。

民亦劳止，汔可小愒⑯。惠此中国，俾民忧泄。无纵诡随，以谨丑厉⑰。式遏寇虐，无俾正败⑱。戎虽小子⑲，而式弘大⑳。

民亦劳止，汔可小安。惠此中国，国无有残。无纵诡随，以谨缱绻㉑。式遏寇虐，无俾正反㉒。王欲玉女㉓，是用大谏㉔。

【注释】

①止：语气助词。

②汔（qì）：求得。康：安康，安居。

③惠：爱。中国：周王朝直接统治的地区，也就是"王畿"，相对于四方诸侯国而言。

④绥：安。

⑤纵：放纵。诡随：诡诈欺骗。

⑥谨：指谨慎提防。

⑦式：发语词。寇虐：残害掠夺。

⑧憯（cǎn）：曾，乃。

⑨柔：爱抚。能：亲善。

⑩逑：聚合。

⑪惛恍（hūn náo）：喧嚷争吵。

⑫尔：指在位者。劳：劳绩，功劳。

⑬休：美，此指利益。

⑭罔极：没有准则，没有法纪。

⑮慝（tè）：恶。

⑯憩（qì）：休息。

⑰丑厉：恶人。

⑱无俾正败：无使正道败坏。

⑲戎：你，指在位者。小子：年轻人。

⑳式：作用。

㉑缱绻（qiǎn quǎn）：固结不解，指统治者内部纠纷。

㉒正反：政治颠倒。

㉓玉女（rǔ）：成就你。

㉔是用：是以，因此。

【赏析】

　　第一节是在论证天下的形势，"民亦劳止，汔可小康。"这两句在说人民已经很劳苦了，他们想要求短暂的安康都不可能。第二节诗人提出了恤民抚内的主张。他希望人们能在"民亦劳止"的基础上，稍稍休息，希望君王不要过度劳民伤财，那样会使人民铤而走险，进而叛变。这种观点也就是要"与民休养生息"。他希望周厉王能够用仁德的心爱护百姓，让他们能够安居乐业。第三节诗人强调要保全京师。因为京师是一个国家政治经济的中心，它的安定对于稳定全国的形势十分重要。第四节诗人告诉周厉王国家兴旺时，就一定有忠臣；国家将要灭亡时，就一定会妖孽横生。现在朝政已经被小人摆弄得腐败不堪了，他希望周厉王能够远小人而近贤臣，用仁德的心爱护百姓。只有这样，国家才能再次好起来。最后规劝竟然变成了指责。第五节诗人希望周厉王不要让周氏的王朝就这样的丧弃了，而是能够像"莹玉般光耀又纯美"。他希望自己的劝谏能够让君王和同僚觉醒，大家共同为国分忧"国无有残"与"以谨惛恍"、"以谨罔极"、"以谨丑厉"、"以谨缱绻"这几句，就是围绕着恤民、保京、防奸、止乱这几个方面来说的。

《民劳》一诗表现了召穆公对国家的期望，他与民众同命，深恶痛绝那些奸邪之臣。他痛恨周厉王的残暴专制，希望通过自己的劝谏改善当时的现状，可见其是一位忠肝义胆之人。

荡之什

桑柔

菀彼桑柔①，其下侯旬②。捋采其刘③，瘼此下民④。不殄心忧⑤，仓兄填兮⑥！倬彼昊天⑦，宁不我矜⑧。

四牡骙骙⑨，旟旐有翩⑩，乱生不夷，靡国不泯⑪。民靡有黎⑫，具祸以烬⑬。於乎有哀⑭，国步斯频⑮！

国步蔑资⑯，天不我将⑰。靡所止疑⑱，云徂何往？君子实维⑲，秉心无竞⑳。谁生厉阶㉑？至今为梗㉒！

忧心慇慇㉓，念我土宇㉔。我生不辰㉕，逢天僤怒㉖。自西徂东，靡所定处㉗。多我觏痻㉘，孔棘我圉㉙！

为谋为毖㉚，乱况斯削㉛。告尔忧恤㉜，诲尔序爵㉝。谁能执热，逝不以濯㉞？其何能淑？载胥及溺㉟。

如彼遡风㊱，亦孔之僾㊲。民有肃心㊳，荓云不逮㊴。好是稼穑㊵，力民代食㊶。稼穑维宝，代食维好。

天降丧乱，灭我立王㊷。降此蟊贼㊸，稼穑卒痒。哀恫中国，具赘卒荒㊹。靡有旅力㊺，以念穹苍㊻。

维此惠君㊼，民人所瞻。秉心宣犹㊽，考慎其相㊾。维彼不顺㊿，自独俾臧(51)，自有肺肠(52)，俾民卒狂(53)。

瞻彼中林，甡甡其鹿(54)。朋友已谮(55)，不胥以穀(56)。人亦有言：进退维谷(57)。

维此圣人，瞻言百里；维彼愚人，覆狂以喜。匪言不能，胡斯畏忌？

维此良人，弗求弗迪(58)；维彼忍心(59)，是顾是复(60)。民之贪乱(61)，宁为荼毒(62)。

大风有隧(63)，有空大谷。维此良人，作为式穀(64)；维彼不顺，征以中垢。

大风有隧，贪人败类(65)。听言则对(66)，诵言如醉(67)。匪用其良(68)，覆俾我悖(69)。

嗟尔朋友(70)，予岂不知而作？如彼飞虫(71)，时亦弋获(72)。既之阴女(73)，反予来赫⑭。

民之罔极⑮，职凉善背⑯。为民不利，如云不克。民之回遹⑰，职竞用力⑱。

民之未戾⑲，职盗为寇⑳。凉曰不可㉑，覆背善詈㉒。虽曰匪予㉓，既作尔歌㉔。

【注释】

①菀（wǎn）：茂盛貌。桑柔：即"柔桑"，指柔嫩的桑枝。

②其下侯旬：此句是说因桑叶浓密，桑下光线幽暗。旬，借为"玄"，黑也。

③刘："条"之借字，指树之枝条。

④瘼（mò）：病，疾苦。下民：下层百姓。

⑤不殄：不绝。

⑥仓兄：通"怆怳"，悲伤失意貌。填：通"陈"，长久。

⑦倬（zhuō）：光明而广大貌。

⑧宁：何。矜：怜悯。

⑨骙骙（kuí）：马奔驰不停息貌。一说强壮貌。

⑩旐旒：画旗。有翩：即"翩翩"，旌旗翻飞貌。

⑪泯：灭。一说训"乱"。

⑫黎：旧有齐、众、黑等训。疑当借为"犁"，此句与下文"稼穑卒痒，具赘卒荒"相呼应，是说因战乱，田地荒芜，无人耕种。

⑬具：同"俱"。烬：本指火烧剩的余木，这里是指人们俱遭战祸，剩余无几。

⑭於乎：呜呼，哀痛之声。

⑮国步：国家命运。频：急。

⑯蔑资：无止，或读为"无次"，以为此句是说国家秩序大乱。

⑰将：扶助。

⑱疑：定，定息。

⑲维：为。一说通"惟"，训"思"。

⑳秉心：存心。无竞：旧说"无争"。言不同人争权夺利。一说字通"竟"，言无穷竟。

㉑厉阶：祸端。

㉒梗：病，灾害。

㉓慇（yīn）慇：心痛貌。

㉔土宇：土地房屋。

㉕不辰：不时，指出生不是时候。

㉖僤（dàn）怒：疾怒。

㉗定处：安身之处。

㉘觏瘠（mín）：遇到灾难。于省吾以为当读作"媾婚"，幽王之难，正出于婚媾之国。

㉙孔棘：甚急。圉：边疆。

㉚谋：计划。毖：谨慎。

㉛乱况：祸乱状况。斯：则，乃。削：减少。

㉜忧恤：忧虑，指忧虑国事。

㉝序爵：予爵，即给予爵位。一说"序贤能之爵"。

㉞逝不：何不。濯：当指沐浴冲澡。一说此连句指手抓滚烫的东西，要用水冲以降温。

㉟载：则。胥：相，相率。溺：淹死。

㊱遡风：迎着风，指逆风而行。

㊲僾（ài）：呼吸困难貌。

㊳肃心：进取心。一说肃慎之心。

㊴荓（pīng）：使。不逮：不及。指不能实现。

㊵好：喜爱。稼穑：指农业劳动。一说当读作"家啬"，指居家吝啬之人。

㊶力民：指尽人之力耕作。代食：代替做官食禄。

㊷立：同"位"。立王，即在位之王。此句指厉王被推翻之事。

㊸蟊贼：吃苗根的害虫。这里当泛指天灾人祸。

㊹具：俱，都。赘：通"缀"，接连。荒：灾荒。

㊺旅力：体力。

㊻念：当读为"惗"，告也，告得失。穹苍：苍天。

㊼惠君：通情达理的君主，即有道之君。

㊽秉心：持心，存心。宣犹：光明之道。

㊾慎：读为"审"，审定也。相：相辅。

㊿不顺：悖理，指无道之君。

(51)臧：善。一说自以为是。

(52)自有肺肠：指想法与众不同，别具一副心肝。

(53)卒狂：全都狂乱。

(54)甡甡（shēn）：众多貌。

(55)谮：不信任。一说：谮，谗也。

(56)胥：相。以：与。穀：善。

(57)谷：通“欲”，谓朋友之间进退维其所欲，不以礼法自持，恣意所为。旧说谷训“穷”，以为此句言进退两难。

(58)弗求弗迪：一说此句言对善人不寻求不进用。迪，进用。

(59)忍心：即有残忍之心的人。

(60)顾：顾念（总回头看着，生怕丢掉）。是：这个，指利禄官爵。复：与“顾”当为同义，关心。一说此句指瞻顾反复无常德。

(61)贪乱：欲乱。

(62)宁：宁愿。荼毒：苦。

(63)隧：道。一说此连下句是说大风则必有道，大谷则必空旷。

(64)式穀：用善。言良人之作为，皆用以善道也。

(65)贪人：贪赃枉法之人。败类：残害同类。一说：类，指善人。

(66)听言：听，当读为“圣”，“圣”、“听”古音近相通。“圣言”即明哲之言。对：“怼”之借字，恨。

(67)诵言，即颂赞之言。言颂赞之言如美酒，使他陶醉。诵，通“颂”。

(68)良：指善人。一说“良言”。

(69)覆：反。俾：使。悖：旧训“悖逆”，林义光《诗经通解》读为“颠沛”之“沛”，谓：“不用善言，反使我颠沛也。”

(70)嗟尔：犹“嗟乎”，叹呼声。

(71)飞虫：指飞鸟。古鸟兽皆可称虫。

(72)弋获：射中捕获。马瑞辰云：“诗以飞鸟之难射，时亦以弋射获之；喻贪人之难知，时亦以窥测得之耳。”

(73)既：已经。之：语助。旧训“往”。阴，通“谙”，知悉，了解。女：汝。

(74)赫：字亦作“嚇”，吓。“反予来赫”即“反来赫予”的倒文。是说：我知道了你的底细，你反来威吓我。

⑦罔极：无准则。此句百姓不守正道，犯上作乱。

⑦职：常，只。凉：刻薄。或以为"职凉"同"职谅"、"职竞"，有"简直是"、"仅只是"之意。可能是当时的熟语。

⑦回遹（yù）：邪僻。

⑦竞：强，争。用力：任用暴力。

⑦未戾：没有安定。戾，定。一说：戾，善也。

⑧职盗为寇：指百姓在动乱中逃亡而相结为寇。或以为此句指贪官像盗贼般对百姓抢掠。

⑧凉：郑玄读"谅"，确实。言这样下去，确实感到不行。

⑧覆：反而。背：背后。詈（lì）：骂。

⑧匪予：非予，即不以我为然。林义光以为"匪"通"诽"，指诽谤。

⑧既作尔歌：终为你们而歌。既，终。

【赏析】

这首诗是西周卿士芮良夫（芮伯）所作，旨在指出王朝必然倾覆的弊端和黑暗。写作时间大约在周厉王被流放到彘以后，时当大乱未已，百姓流窜，而朝臣仍然为非作歹。作者沉痛而剀切地陈辞，忠愤之情溢于言表。

《毛序》说："《桑柔》，芮良伯刺厉王也。"这个记载是比较可信的。《左传》文公十三年，即称此为"芮良夫之诗"。王符《潜夫论·过利篇》也有类似的记载。据郑玄说："芮伯，畿内诸侯，王卿士也，字良夫。"此诗当作于周厉王被国人逐出周京、流亡于彘之后。据史载，周厉王在位时，暴虐侈傲，国人怨声载道。厉王不但不收敛，反而还派"特务"（巫），使监谤者，造成"国人莫敢言，道路以目"的恐怖局势。最终导致了国人造反。此诗重在忧乱，同时也揭露了厉王朝政昏民怨的现状。一章叹民之困，二章伤国之乱，三章质祸之根，四章忧生不逢辰，五章言救乱之道，六章言贤者归耕，七章自伤救世无力，八章斥君之昏，九章伤朋友之道倾，十章斥群僚不敢进言，十一章言失民心，十二章斥小人之行，十三章斥王之不能用贤，十四、十五章斥同僚之行，十六章言作诗之由。沈守正云："芮伯世臣，忠愤郁积，又值监谤之世，欲抑则不欲，欲直则不能，故情旨沉绵，不自知其凄婉；文词详娓，不自厌其重复。读者当得其言外之感，不可分章摘句以求之。"这种情形在《离骚》中，也能看得到。盖忧愤郁结于心，沉重的心理负担不能得到排解，亦犹农村老妪整日喋喋于琐细中，盖人情相去不远。

嵩　高

嵩高维岳①，骏极于天②。维岳降神，生甫及申③。维申及甫，维周之翰④。四国于蕃⑤，四方于宣⑥。

亹亹申伯⑦，王缵之事⑧。于邑于谢⑨，南国是式⑩。王命召伯⑪，定申伯之宅。登是南邦⑫，世执其功⑬。

王命申伯：式是南邦，因是谢人，以作尔庸⑭。王命召伯：彻申伯土田⑮。王命傅御⑯：迁其私人⑰。

申伯之功⑱，召伯是营。有俶其城⑲，寝庙既成⑳。既成藐藐㉑，王锡申伯：四牡跷跷㉒，钩膺濯濯㉓。

王遣申伯，路车乘马㉔。我图尔居，莫如南土。锡尔介圭㉕，以作尔宝。往近王舅㉖，南土是保。

申伯信迈㉗，王饯于郿㉘。申伯还南，谢于诚归㉙。王命召伯，彻申伯土疆。以峙其粻㉚，式遄其行㉛。

申伯番番㉜，既入于谢，徒御啴啴㉝。周邦咸喜，戎有良翰㉞。不显申伯㉟，王之元舅㊱，文武是宪㊲。

申伯之德，柔惠且直。揉此万邦㊳，闻于四国。吉甫作诵㊴，其诗孔硕㊵，其风肆好㊶，以赠申伯。

【注释】

①嵩：山高大貌。岳：岳山，指太岳山。姜姓为太岳之胤。

②骏：通"峻"，高大。极：至。

③甫：读作"吕"，吕、申都是姜姓之国。

④翰：栋梁。

⑤于：为。蕃：为藩篱，屏障。

⑥宣：马瑞辰以为通"垣"，指垣墙。

⑦亹（wěi）亹：勤勉貌。

⑧缵：继续。一说"赞扬"。或以为通"践"，任用。之：其，指

申伯。

⑨谢：邑名。

⑩南国：周之南的国家称"南国"。式：法，榜样。

⑪召伯：召虎，即召穆公，宣王大臣。

⑫登：建成。南邦：指谢邑。

⑬执：守成。言世代守其成。

⑭庸：借为"墉"，城。一说：庸，功也。

⑮彻：治理。

⑯傅御：犹"保介"，是周王的侍从保卫人员。

⑰私人：家臣。一说指富人。言将营新邑，迁富人以实之。

⑱功：事，指筑城、彻田等工作。

⑲有俶（chù）：厚貌，因此有美好之意。

⑳寝庙：前曰"庙"，后曰"寝"。

㉑藐藐：美盛貌。

㉒蹻（jué）蹻：强壮貌。

㉓钩膺：马胸前颈上的带饰。濯濯：光泽鲜明貌。

㉔路车：诸侯坐的一种车。乘马：四匹马。

㉕介圭：大圭，古代玉制的礼器。

㉖近：语助词，犹"哉"。王舅：申伯是宣王的母舅，故称王舅。

㉗信：再宿。此言申伯再宿而行。

㉘饯：备酒送行。郿：地名，在今陕西眉县东北。

㉙谢于诚归：即"诚归于谢"。

㉚以：犹"乃"，于是。峙：通"偫"，储备。粻（zhāng）：粮食。
言积蓄粮草，准备出发。

㉛遄（chuán）：迅速。

㉜番番（bō）：勇武貌。

㉝徒御：指随行人马。啴啴（tān）：众盛貌。

㉞戎：你，指宣王。一说指谢地之人。良翰：好栋梁。

㉟不显：英明伟大。

㊱元舅：大舅父。

㊲文武：指文韬武略。宪：表率，模范。

㊳揉：安抚。

㊿㉟ 吉甫：即尹吉甫，周宣王卿士。诵：歌，指这篇诗。

⑩ 孔硕：甚大，即诗篇幅长。按：古代书写工具不便，故人多为短文。像此八章，章八句，共五百多字，在当时确属长篇大作了。

㊶ 风：曲调。肆好：极好。

【赏析】

周宣王的舅舅申伯被封于谢，临走时，宣王率群臣饯行，尹吉甫作了这首诗赠送他。

朱熹说："宣王之舅申伯出封于谢，而尹吉甫做诗以送之。"申伯是厉王之妻申后的兄弟，宣王的母舅。周宣王时，申伯久留京师。宣王加封地于他，并为他建城池和宗庙。尹吉甫的饯行诗，纯为颂扬之辞。一章举其德业之盛为封谢张本，二章道其封谢之意，三章述其封谢之命，四章言封国成而锡予之，五章言遗以就封而期望之，六章言饯之而速于行，七章豫道其入谢之事，八章表作诗之意。

无申伯则无宣王，无宣王则无周之中兴，申伯之功高势崇，德厚望重，也只有"嵩高维岳，峻极于天"两句形容得出。所以方玉润分析说："一章起笔峥嵘，与岳势竞隆。后世杜甫呈献巨篇，专学此种。"下面进入实写，细致周密的安排，更显得宣王对申伯不独政治上倚重，而且情感上也依恋。方玉润接着说："二、三、四、五中间四章，皆王遣臣代其经营而锡予之，处城郭、宗庙、宫室、车马、宝玉，以及土田、赋税之属，无不具备；且傅御迁其家人，则宠荣者至矣。六章始入饯行正面，更为备行粮，是何等周密。七章人谢乃文章后路应有之意。八章结尾点明作意，并表其功德之盛，非徒以亲贵邀宠者，此诗人自占身份处。"所谓"自占身份"，是说吉甫对申伯的评价完全站在客观公正的立场，也表明吉甫本人在王朝中的地位和他崇高的价值追求——他有资格、有能力作诗为申伯送行，有资格、有能力对申伯做出公正的评价。

江 汉

江汉浮浮①，武夫滔滔②。匪安匪游③，淮夷来求④。既出我车，既设我旟⑤。匪安匪舒⑥，淮夷来铺⑦。

江汉汤汤⑧，武夫洸洸⑨。经营四方⑩，告成于王。四方既平，王国庶定⑪。时靡有争，王心载宁。

江汉之浒，王命召虎：式辟四方，彻我疆土。匪疚匪棘⑫，王国来极⑬。于疆于理，至于南海。

王命召虎：来旬来宣⑭，文武受命，召公维翰⑮。无曰予小子⑯，召公是似⑰。肇敏戎公⑱，用锡尔祉⑲。

釐尔圭瓒⑳，秬鬯一卣㉑。告于文人㉒，锡山土田㉓。于周受命㉔，自召祖命㉕。虎拜稽首：天子万年㉗！

虎拜稽首：对扬王休㉘，作召公考㉙，天子万寿！明明天子㉚，令闻不已㉛。矢其文德㉜，洽此四国㉝。

【注释】

①江汉：长江与汉水。浮浮：水漂流貌。

②武夫：指出征将士。滔滔：顺流而下貌。旧认为：江汉之广大，武夫之众强，所不待言。故以江汉众强似武夫，武夫广大似江汉，互释之。

③安：安逸。游：游乐。

④淮夷：指淮水流域江苏近海一带的夷族。来求：是求。

⑤设：树起。旐：画有鸟隼的旗。

⑥舒：通“豫”，乐也。

⑦铺：当读为“搏”，击。

⑧汤汤（shāng）：水势浩大貌。

⑨洸洸（guāng）：威武貌。

⑩经营：指往来奔走。当时江汉之间小国尚多，淮夷倡乱，或附和或观望，必非一国，此言经营四方，是说既战而胜，往来奔走于四方叛乱之国。

⑪庶定：差不多可安定。庶，庶几，差不多。定，安定。

⑫匪：不。疚：病。棘：急。

⑬来极：是极。极，准则。

⑭旬：巡。宣：示。以下是宣王册命的内容，这句是要他巡视邦国（参马瑞辰说）。

⑮召公：召公奭，文王之子，召虎的先祖。翰：桢干，栋梁材。

⑯小子：年轻人。

⑰似：通"嗣"，继承。

⑱肇：长。敏：通"武"，继。戎：你。公：祖。

⑲祉：福禄。

⑳釐：通"赉"，赏赐。圭瓒：玉柄酒勺。

㉑秬鬯（jù chàng）：用黑黍与郁金香草酿成的酒。卣（yǒu）：盛酒器，似壶，有曲柄。或以为"卣"字不合韵，疑当为"尊"之误。

㉒文人：指有文德的先人。或以为指文王。

㉓锡：赏赐。

㉔周：岐周。一说指王都。指在周祖庙受册命。

㉕自：用。召祖：指召虎祖先召康公，言宣王用召康公受命之典册命穆召公，表示尊重。

㉖拜稽首：即行跪拜礼。拜，拜手，低头双手至地。稽首，磕头。

㉗天子万年：这是召虎感谢之言。

㉘对扬：答谢、称扬之意。休：美。即美德，美意。

㉙考：郭沫若以为"考"为"簋"之假借字。簋，古代食器。此句是说召虎作祭祀召公奭的铜簋。

㉚明明：有道之貌。王念孙以为"勉勉"之音转，即勤勉。

㉛令闻：美好声誉。

㉜矢：施，陈。一说"宽缓"。

㉝洽：协和。

【赏析】

这是一首歌颂召虎奉宣王之命南平淮夷之乱获得成功的诗。

前三章叙召公经略江汉之事，后三章叙召公复命受赐并作簋铭功事。全诗就像一篇用韵文写的簋铭，所以方玉润说，《江汉》是"召穆公平淮铭器"。今传世有《召伯虎簋》，所记与诗为同一事，而辞则有别。二者自然为同期之作。但铭文实少诗作那种飞扬浩荡之势。

一章言水陆二军伐淮夷，二章言成功而归，三章命其疆理四方，四章命其承祖业，五章言拜受策命，六章言纪恩铭勋。陈仅《诗诵》云："《烝民》诗精微博大，无一点浪墨浮烟；《江汉》诗飞扬秀发，精采百倍。"

常 武

赫赫明明①，王命卿士②。南仲大祖③，大师皇父④。"整我六师⑤，以修我戎⑥。既敬既戒⑦，惠此南国⑧。"

王谓尹氏⑨："命程伯休父⑩，左右陈行⑪。戒我师旅，率彼淮浦⑫，省此徐土⑬。"不留不处⑭，三事就绪⑮。

赫赫业业⑯，有严天子⑰。王舒保作⑱，匪绍匪游⑲。徐方绎骚⑳，震惊徐方。如雷如霆㉑，徐方震惊。

王奋厥武㉒，如震如怒。进厥虎臣㉓，阚如虓虎㉔，铺敦淮渍㉕，仍执丑虏㉖。截彼淮浦㉗，王师之所㉘。

王旅啴啴㉙，如飞如翰㉚，如江如汉，如山之苞㉛，如川之流。绵绵翼翼㉜，不测不克，濯征徐国㉝。

王犹允塞㉞。徐方既来，徐方既同，天子之功。四方既平，徐方来庭㉟。徐方不回㊱，王曰还归。

【注释】

①赫赫：威严的样子。明明：明智的样子。

②卿士：周朝廷执政大臣。

③南仲：人名，宣王主事大臣。大祖：太祖。

④大师：职掌军政的大臣。皇父：人名，周宣王太师。

⑤整：治。六师：六军。周制，王建六军。一军一万二千五百人。

⑥修我戎：整顿我的军备。

⑦敬：警惕。

⑧惠：爱。

⑨尹氏：此指尹吉甫。

⑩程伯休父：人名，宣王时大司马。

⑪陈行：列队。

⑫率：率领。

⑬省：察视。徐土：指徐国。

⑭不：二"不"字皆语助词，无义。留：同"刘"，杀。处：安。

⑮三事：三卿。绪：业。

⑯业业：前行的样子。

⑰有严：严严，威严的样子。

⑱舒：舒徐。保：安。作：起。

⑲绍：舒缓。游：优游。

⑳绎骚：骚动。

㉑霆：打雷。

㉒奋厥武：奋发用武。

㉓虎臣：猛如虎的武士。

㉔阚（hǎn）如：虎怒的样子。虓（xiāo）：虎啸。

㉕铺：大。敦：屯聚。此处指陈列。濆（fén）：大堤。

㉖仍：就。丑虏：对敌军的蔑称。

㉗截：断绝。

㉘所：处。

㉙嘽（tān）嘽：人多势众的样子。

㉚翰：指鸷鸟。

㉛苞：指根基。

㉜翼翼：壮盛的样子。

㉝濯：大。

㉞犹：谋略。允：诚。塞：实，指谋略不落空。

㉟来庭：来王庭，指朝觐。

㊱回：违。

【赏析】

诗的首章以生动传神的字句传达了宣王任命将领率部出征的非凡场面。两个叠字"赫赫明明"，形象地突出了宣王的王者威仪。宣王任命了南仲，让其整顿六军士气，发布安民指令。这一系列的活动就充分显示了宣王出征之前所进行的精心准备。第二章接着又叙述宣王任命司马、细查敌情、速战回朝的战前训示。第三章诗人又用"赫赫业业"表现了宣王非凡的举止气度，连用叠字，使诗歌在节奏上有了一种独特的音乐美。

这首诗中最能体现王师势如破竹的王者风范的描写在第五章，诗人以充沛的感情，铺陈扬厉，一气呵成，连用数个排比，如同浩荡之水，倾泻而出，令人目不暇接，震撼不已，将王师的勇猛无敌、迅疾敏捷描述得十分形象生动。以叠字"啴啴"比喻王师盛大之貌，"如飞如翰"则是说王师行动迅捷变幻莫测，如凌空高飞，风驰电掣。王师"如江如汉"汹涌奔腾，锐不可当。接下来诗又从静和动两方面着笔，用"如山之苞"写王师驻扎如山环抱，稳如山岳不可撼动；以"如川之流"写王师行军如江河奔泻，气势如虹；动静相结合，所谓"静如山、动如川"。"绵绵翼翼"又连用双声连绵词，形容王师浩大密集、连绵不绝。

召旻

旻天疾威^①，天笃降丧^②。瘨我饥馑^③，民卒流亡。我居圉卒荒^④。
天降罪罟^⑤，蟊贼内讧。昏椓靡共^⑥，溃溃回遹^⑦；实靖夷我邦^⑧。
皋皋訿訿^⑨，曾不知其玷。兢兢业业，孔填不宁^⑩。我位孔贬^⑪。
如彼岁旱，草不溃茂^⑫，如彼栖苴^⑬。我相此邦^⑭，无不溃止^⑮。
维昔之富不如时^⑯，维今之疚不如兹^⑰。彼疏斯粺^⑱，胡不自替^⑲？职兄斯引^⑳。
池之竭矣，不云自频^㉑。泉之竭矣，不云自中。溥斯害矣^㉒。职兄斯弘^㉓，不灾我躬^㉔！
昔先王受命^㉕，有如召公^㉖，日辟国百里。今也日蹙国百里^㉗。於乎哀哉^㉘！维今之人，不尚有旧！

【注释】

①旻（mín）天：此泛指天。疾威：暴虐。
②天笃降丧：天降灾荒使人丧。
③瘨（diān）：灾病。
④居圉（yǔ）：居住之处。
⑤罪罟（gǔ）：罪网。
⑥昏椓（zhuó）：《郑笺》："昏、椓皆奄人也。"靡共：不供职。共，通"供"。
⑦溃溃：昏乱。回遹：邪僻。
⑧靖夷：想毁灭。
⑨皋皋：欺诳。訿（zǐ）訿：懒惰。

⑩孔：很。填（chén）：长久。

⑪贬：指职位低。

⑫溃：遂。

⑬苴（chá）：水中草。

⑭相：察看。

⑮止：语气词。

⑯时：是，此，指今时。

⑰疚：贫病。

⑱疏：糙朱。粺（bài）：精米。

⑲替：废，退。

⑳职：主。兄（kuàng）："况"的假借。引：延长。

㉑频：滨。

㉒溥（pǔ）：普遍。

㉓弘：大。

㉔不灾我躬：灾害怎不向我来。

㉕先王：指武王、成王。

㉖召公：周武王、成王时的大臣。

㉗蹙（cù）：收缩。

㉘於乎：同"呜呼"。

【赏析】

全诗包括三部分内容：忧国，斥奸邪，自伤身世。从开篇到结尾，逐渐展开，但是又并非截然分开，三部分内容既有一定的顺序排列，又是分散各章。

开篇五句极力铺陈，铺叙天灾的残酷和民生的痛苦，尽管慑服于"旻天疾威"，表现出一种无可奈何，同时又掩饰不了对于"天笃降丧"的强烈不满，敢怒而不敢言。

天灾只是一方面，诗人从第二章开始就转向了人祸，一针见血地指明朝中那些只顾私利终日诋毁无辜的奸佞将致使周王朝毁灭。"瘨我饥馑，民卒流亡"不过是诗人不好明说王政得失的委婉表达，实际上"蟊贼内讧"、"昏椓靡共"才是"民卒流亡"、生灵涂炭的真正原因。第三章开始诗人似乎不再避讳，直言君王昏庸不明导致了奸佞得势，忠臣遭贬谪，出现"我相此邦，无不溃止"的危险局面。

　　诗人沉痛感情变得愈发激烈，抚今追昔，通过古今对比，显示出了西周社会每况愈下的国势——小人当道，国家必亡。诗人清醒地认识到了奸佞贼臣的危害，同时也超越自身的阶级和时代，看清了"池之竭矣，不云自频。泉之竭矣，不云自中"，即国力渐微的根本原因。那时的周朝就如同泉源枯涸，不可能再有汩汩流水，只能被新的朝代所取代，由此也会使得世风日下、国势倾颓，寥寥无几的贤臣良将已经无力回天。正是因为诗人清晰地认识到了这一点，所以他才会痛心疾首，沉痛哀叹："昔先王受命，有如召公，日辟国百里。今也日蹙国百里。"诗人末句"维今之人，不尚有旧"发人深省，如千钧之力，戛然而止，点明国势倾颓的真正原因。

　　忧国忧民和斥奸邪是诗人在诗歌中突出的重点，对自身的担忧只是次要的。第三章哀叹自己就就业业，职位不升反降，第六章则写出了诗人的恐惧，担心灾难的扩大殃及自身，当联想到将来时，诗人更是心急如焚。

　　全诗既有诗人的慷慨陈词，对奸佞贼臣的冷嘲和责骂，也有对君主昏庸不明的不满，表现出对国家前途的担忧，同时对自身的身世也表现出了恐惧。

〔周颂〕

清庙之什

清 庙

於穆①清庙②，肃雍显相③。济济多士，秉文之德。对越在天④，骏⑤奔走在庙，不显不承⑥，无射⑦于人斯。

【注释】

①穆：深远。

②清庙：清静的庙，此处指文王的庙。

③肃雍显相：肃，敬重；雝，相助。

④对越在天：顺承而发扬文王在天的旨意。

⑤骏：急速。

⑥不显不承：两"不"字都作"丕"字解，大的意思。

⑦射：厌弃。

【赏析】

这是一首乐章。

清庙是颂的首篇。"四始"是《国风》的《关雎》，《小雅》的《鹿鸣》，《大雅》的《文王》，《颂》的《清庙》四篇，其中"清庙"算是四始的最后一篇，颂的代表。《清庙》的内容很简单，只是要文王的子孙和诸侯继承文王的美德而已：

"哦，在这个深远而肃静的宗庙里，恭祭文王，助祭的公卿诸侯，都很肃静而雍和；而与祭的人又都济济一堂。大家都能秉承着文王的美德，发扬文王在天之灵的旨意；而又能敏速地奔走在庙中的祭祀中，这样大大地显现了文王的德行，大大地顺承了文王的意旨，文王的神灵自然很喜欢，不会厌弃我们了。"

历代研究《诗经》的学者，都说"清庙"是周公既营建东都洛邑，率诸侯来祭祀文王的乐歌。而以宗庙祭祀的庞大盛况，歌颂文王的美德，所以为周颂的首篇。

维天之命

维天之命①，於穆不已②。於乎不显③，文王之德之纯④！假以溢我⑤，我其收之⑥。骏惠我文王⑦，曾孙笃之⑧。

【注释】

①维：语助词。一说"思念"。

②於（wū）穆：呜呼美哉。见《清庙》注。不已：不止。指天道运行无止。

③不显：伟大。见《文王》注。

④德之纯：言德之美。纯，大，美。或以为"德"当读为"得"，"纯"读"屯"，言文王得天命甚艰难。

⑤假以溢我：《左传》引作"何以恤人"，当从。恤，安也。

⑥收：受，接受。

⑦骏惠：顺的意思。

⑧曾孙：后代子孙，指后王。笃：通"敦"，勉也。

【赏析】

作为祭祀礼敬文王的诵辞，首二句之所以先言天命之不已，正是因为文王承受天命创立了周族大业；而文王之所以独受上天关怀，在于文王之德——天命总是倾向于有德之人；而所谓"德"、"文德"，中心或关键在于对人民百姓的关怀和爱护。这和《尚书》反复言及的"敬天保民"的思想是完全一致的。于是，三、四句转向对文王美德的赞颂；五、六句言后世子孙承受文王之德泽。最后两句言当遵行文王之德行。起、承、转、合，结构甚严紧。陆化熙《诗通》说："通诗只重在赞文王之德上，以'纯'字作骨，'骏惠'字，'笃'字，俱根'纯'字来。"这个评论，看到了本诗的关键。

烈 文

烈文辟公①，锡兹祉福②，惠我无疆③，子孙保之。无封靡于尔邦④，维王其崇之⑤。

念兹戎功⑥，继序其皇之⑦。无竞维人⑧，四方其训之⑨。不显维德⑩，百辟其刑之⑪。於乎前王不忘！

【注释】

①烈文：《待轩诗记》："烈言其功，文言其德。"辟公：指助祭诸侯。与下文"百辟"同。

②锡（cì）：赐予。兹：此。祉：福。

③惠：爱。一说"顺"。无疆：无穷。

④封：大。靡：累。大累，即大罪。一说"封"指专利敛财，"靡"指奢侈。

⑤崇：立。一说"崇"，尊尚也。

⑥戎功：大功。

⑦继序：指继承祖业。皇：光大。

⑧竞：强。

⑨训：服从。一说训"效"。

⑩不显：伟大。

⑪刑：通"型"，模范。

【赏析】

成王即位之初，举行祭祀祖先的大典，诗中叮嘱与祭者，不要忘记前辈君王的功绩德行。

从诗中"念兹戎功"一句看，应该是成王初年祭祀先祖的诗。参加祭祀者都是前王定天下的诸侯，所以说"戎功"。陆化熙说："只是念助祭之功，而前述其在国，后勉以不忘。语气蔼然。""无封靡于尔邦"以下八句，类似后世散文中的骈文句法，蔼然的口气尤其明显，故邓翔《诗经绎参》说："此篇如《书》之诰谕体。"

天 作

天作高山^①，大王荒之^②。彼作矣^③，文王康之^④。彼徂矣岐^⑤，有夷之行^⑥。子孙保之。

【注释】

①作：生，造就。高山：指岐山。在今陕西岐山东北。周自文王之祖古公室父由豳迁于岐山之下后，才开始强大起来。

②大王：即文之祖古公亶父，武王时，追尊为大（太）王。荒：有。

③作：始。

④康：读为"赓"，继续。

⑤徂：通"阻"，险阻。

⑥夷：平坦。行：道路。于省吾以为当作"彼沮以岐，有夷之行"，意即沮水之侧与岐山之下有坦夷之道。

【赏析】

这是周王祭祀岐山的诗。

古代权威学者以为是祭祀先王先公或祭祀太王的诗，从诗意来看，虽然提到太王和文王，但主要对象是"岐"而不是"王"——虽有太王和文王，但如无这座"天造"的高山，周族何所凭依？从这里我们同样地看到周初人心目中"天命"与"人德"的关系。季本等人就认为此是祭山的乐歌。

昊天有成命

昊天有成命^①，二后受之^②。成王不敢康^③，夙夜基命宥密^④。於缉熙^⑤，单厥心^⑥，肆其靖之^⑦。

【注释】

①昊天：苍天。成命：既定的天命。

②二后：二王，指周文王与周武王。

③康：安乐，安宁。

④夙夜：日夜，朝夕。基命：王者始承的天命。宥（yòu）密：宽仁宁静。

⑤於（wū）：叹词，有赞美之意。缉熙：光明。

⑥单：忠厚。厥：其，指成王。

⑦靖：安定。

【赏析】

《毛诗序》认为本诗的目的是祭祀天地，但多数人不同意《毛诗序》的说法，认为此乃祭祀成王的诗。从诗的内容来看，除了一、二两句，余下五句都是直接叙述成王之德的，说成祭天地确实不妥。

首二句是全诗的引子，先从高高在上的"昊天"起笔，指出上天有成命，文王和武王受命于天，灭殷商，建西周。祭祀成王却不从成王下笔，先言上天，次言文、武二王。这是因为，成王受文王和武王之命，而文、武二王又受天之命，开篇如此写法正可表示成王与文、武二王一脉相承，顺承天意。

之后五句是诗的主体，赞颂成王之德。"成王不敢康，夙夜基命宥密"是说成王即位后，不敢贪图安逸，日夜为保国安民而深谋远虑。

在两句平实的叙述后，诗人突然发出一声"於缉熙"的赞叹，情感顿时扬起。"缉熙"为连绵词，作光明解。成王在位期间励精图治，使得国家安定富强，成功继承了文、武二王的光明功绩，因此后人发出"於缉熙"的赞叹，肯定了成王的光明之道。

成王之后，康王继续精心治国，西周在成、康统治期间达到鼎盛时期，史称"成康之治"。《史记·周本纪》记载："成、康之际，天下安宁，刑措四十余年不用。"成王之所以谥号为"成"，也正是因为他是西周的守成之君。

诗以简洁的语言概括了成王巩固江山、安定天下的功绩，朴素而不失庄重。短短七句颂辞充分表达了对成王的赞美之意。

时 迈

时迈其邦①，昊天其子之②。实右序有周③，薄言震之④，莫不震叠⑤。怀柔百神⑥，及河乔岳⑦。允王维后⑧，明昭有周⑨，式序在位⑩。载戢干戈⑪，载櫜弓矢⑫。我求懿德⑬，肆于时夏⑭。允王保之⑮！

【注释】

①时：按时。迈：巡视。邦：国。

②昊天：苍天，皇天。子之：以之为子，谓使之为王也。

③实：语助词。一说指"实在，的确"。右：同"佑"，保佑。序：顺，顺应。有周：即周王朝。

④薄言：发语词，有急追之意。震：威严。之：指各诸侯邦国。

⑤震叠：震惊慑服。

⑥怀柔：安抚。百神：泛指天地山川之众神。此句谓祭祀百神。

⑦及：指祭及。河：此指河神。乔岳：此指山神。

⑧允：诚然，的确。王：周武王。维：犹"为"。后：君。

⑨明昭：即"昭明"，显著，此为发扬光大的意思。

⑩式：发语词。序在位：合理安排在位的诸侯。

⑪载：犹"则"，于是，乃。戢：聚拢。干，盾。干戈：泛指兵器。

⑫櫜（gāo）：古代盛衣甲或弓箭的皮囊。此处用为动词。

⑬我：周人自谓。懿：美。懿德：美德，指文治教化。

⑭肆：于是。时：犹"是"，这、此。夏：中国。指周王朝统治的天下。

⑮保：指保持天命、保持先祖的功业。

【赏析】

《时迈》是武王灭商后，巡守邦国而告祭上天及山川的乐歌。所谓柴望是指柴祭、望祭，柴祭即燔柴以祭天地，望祭即遥望而祭山川。

全诗从"时迈其邦"到"及河乔岳"为第一层，"允王维后"以后为第二层。

第一层写武王既得天命，巡守天下。"时迈其邦，昊天其子之"，此为诗的开头，"迈"为巡守之意。武王灭商建周，分封诸侯，一切都是合乎天意的。周人认为周王的位置和权力是上天赐予的，周王巡守诸侯国是"为天远行"。周天子巡守诸侯国时会举行祭祀，目的就是借天命震慑天下，为天子行使权力树立威望。"昊天其子之"一句是说，上天把周王当作自己的儿子，其实是昭告天下，周朝顺应天命，有天威相助。此二句气势颇壮，写出周朝初建时天下安定、万邦臣服的盛大气象。第三句"实右序有周"承接首二句而来，既然周朝顺乎天命，那么当然会得到上天的保佑了。

巡守诸侯意在使各诸侯国更加效忠周王室，所以祭祀时显示王威是必要的，"薄言震之，莫不震叠"的作用就是如此。武王率领周人一举消灭殷商，又兴立大周，有这等伟大功绩在身，谁不为之震慑？"怀柔百神，及河乔岳"两句进一步强调了武王的威慑力，由于武王德行光明，连山川百神都为之感动，欣然接受他的祭祀。对武王的德行和威信进行充分的展示后，作者很自然地得出"允王维后"的结论，盛赞武王不愧为天下之君。

天命赋予武王拥有天下的权力，武王就必须保住天命。虽然武王已得天命，但如若不谨慎治理国家，终将失去上天的庇佑。诗的第二层写的即是武王如何保住天命。周人已成为中原的统治者，诸侯"式序在位"，大局已定。天下经过长期的动荡急需一个安定的环境来休养生息，增强国力。"载戢干戈，载櫜弓矢"是说把武器全部收起来，表示战争已经结束，不再需要武功。对初建政权的周朝来说，寻求治国良方是当务之急。所以武王说"我求懿德，肆于时夏"，即是希望求得治理国家的美好德行，并将之施行于天下。武王以非凡的武功消灭了殷商，建立了大周，又具备治理天下所需的德行，所以诗的最后一句称颂"允王保之"，赞叹武王能保持天命，继承祖德。

本诗结构紧密，层次清晰，重点歌颂了武王的武功和文德，再次展示了大周初建时的自信，使人看到了上升时期的周人的雄心壮志，字里行间充溢着深挚而敬慕的感情，从头至尾不用韵，语意参差，错落有致。

思 文

思文后稷①，克配彼天②。立我烝民③，莫匪尔极④。贻我来牟⑤，帝命率育⑥。无此疆尔界，陈常于时夏⑦。

【注释】

①文：文德，即治理国家、发展经济的功德。后稷：周人始祖，姓姬氏，名弃，号后稷。

②克：能够。配：配享，即一同受祭祀。

③立：通"粒"，米食。此处用如动词，养育。烝民：众民。

④极：无量功德。

⑤贻：赐予。来：小麦。牟：大麦。

⑥帝命率育：上天命令与民种育相连。

⑦陈：遍布。常：此指农政。时：此。夏：中国。

【赏析】

《思文》所属的周颂是产生于西周早期的作品，这个时期是周朝刚刚建国，在这样特定的历史时期中，人们最愿意称颂的就是周代的先王们。《思文》篇幅的简短，正是当时政治清明的一种表现。大多数学者认为本文的作者是周公。对于人们来说，歌颂盛朝的颂歌，其作者是盛朝的大圣人，这是无可争议的事情，所以在《诗经》中，有很多的诗篇其作者都被认为是周公。周公作为一个辅佐了文王、武王、成王三代君王的大臣，他见证了国家的兴盛和繁荣，可以说周公是一个功勋卓著的人。

在古时候，祭祀上天的祭祀活动都是在南郊举行的，所以"思文后稷，克配彼天"的祭祀也在郊外。古代的祭祀首先是先王配享，因为被视为天子的君王有着至高无上的权力，他们身份高贵可以实现和上天之间的沟通，这是在进一步表明王权天授的观点。所以在那个时期祭祀活动都是为了巩固政权的一种手段，也就说原本空泛的祭天活动变成了具有重大意义的政治活动。这种祭祀活动对于稳定人心、统一思想、凝聚力量有着十分重要的作用。在祭祀的现场通过反复的吟唱这首诗歌会使得祭祀的会场气氛变得十分庄严，让人们仿佛沐浴在一种庄严肃穆的氛围之中。他们将参与盛典的自豪感和肩负上天使命的责任感完美地融合在了一起。

文中"天"、"帝"两字形成了一种紧扣和呼应的感觉。通过对于天人沟通的描写彰显了君王的威信。

作为一个已经君临天下的王朝，西周的"无此疆尔界，陈常于时夏"是在向天下预示自己的权威，但同时又有一种秉承天命、子育万民的怀柔之感，具有很强的感染力。

臣工之什

臣 工

嗟嗟臣工①，敬尔在公②。王釐尔成③，来咨来茹④。嗟嗟保介⑤，维莫之春⑥，亦又何求⑦？如何新畬⑧？於皇来牟⑨，将受厥明⑩。明昭上帝⑪，迄用康年⑫。命我众人⑬，庤乃钱镈⑭，奄观铚艾⑮。

【注释】

①嗟嗟：重言以加重语气。臣工：群臣百官。

②敬尔：尔敬。在公：为公家工作。

③釐：通"赉（lài）"，赐。成：指收成。

④咨：询问、商量。茹：度。

⑤保介：田官。

⑥莫（mù）：古"暮"字，莫之春即暮春，是麦将成熟之时。

⑦又：有。求：需求。

⑧新畬（yú）：新田，熟田。

⑨皇：美盛。来牟：麦子。

⑩厥：其，指代将熟之麦。明：收成。

⑪明昭：明明，明智而洞察。

⑫迄用：至今。康年：丰年。

⑬众人：庶民们，指农人。

⑭庤（zhì）：储备。钱（jiǎn）：农具名，掘土用。镈（bó）：农具名，除草用。

⑮奄观：尽观，即视察之意。铚（zhì）：农具名，一种短小的镰刀。艾：割。

【赏析】

这是一首跟农业有关的乐歌，也是《周颂》里首篇写农事的乐歌。周部族是古老的农耕民族，历代重视农业生产。西周建立后，更是将农业视为立国之本。

一般认为此诗产生在周成王时期，因此诗中的"王"应为周成王。诗共十五句，皆为成王对群臣及农官重视农业的告诫。前四句是周王对群臣说的话："嗟嗟臣工，敬尔在公。王釐尔成，来咨来茹。""嗟嗟臣工，敬尔在公"。周王首先肯定了群臣在各自职位上的表现，对他们的恪尽职守予以赞许。做好本职工作当然很好，但是周王还希望众臣能够多多关心农业。农业生产是全国上下的大事，"臣工"（公卿大夫和诸侯）虽然不亲自耕地，但作为国家的统治阶层，应当时常关心农事，以身作则，这样才能有利于农业的发展。

"於皇来牟，将受厥明。"周王看到麦田里长势喜人的麦子，不禁发出"於皇来牟"的赞叹，并由此得出将大获丰收（将受厥明）的结论。农业能够获得丰收，除了得益于人们的辛勤耕耘，也要有风调雨顺的气候保障。周人敬天，看到庄稼如此茁壮，当然不免感激一番降施雨露的上天，所谓"明昭上帝，迄用康年"是也。说得再多，最重要的还是农夫们的实际耕作，于是最后周王对农官说："命我众人，庤乃钱镈，奄观铚艾。"如今才到暮春，麦子成熟在夏秋之际，虽然还有几个月才到收获季节，但周王似乎生怕误了农时，便早早催促农官，叫农夫赶紧准备收割的农具，以待麦熟时及时收获。

全诗篇幅不长，却对群臣、农官、农夫都一一作了嘱咐，而涉及方面虽广，却不显杂乱，由上至下，层次分明，井然有序。诗的内容详略有当，虽告诫之人甚多，却将重点放在对农官的嘱咐上；而在告诫农官时，又只是提出"亦又何求？如何新畲？"两个极为简单却十分值得注意的问题，逻辑严密而简洁精练的语言中足见周王对农业的重视程度之深。

振 鹭

振鹭于飞①，于彼西雝②。我客戾止③，亦有斯容④。在彼无恶，在此无斁⑤。庶几夙夜⑥，以永终誉⑦。

【注释】

①振：振振，群飞貌。鹭：白鹭，水鸟，白色，故又谓之白鸟。好群飞鸣。

②西雝（yōng）：辟雝，因在西郊，故得名"西雝"。

③客：指来朝的诸侯。旧说指夏商二王之后，周王以客待之，而不敢以为臣，故称"客"。戾：至。止：语气词。

④斯容：此容，指白鹭高洁的仪容。这是说来客像白鸟一样的高洁。

⑤无斁（yì）：无厌。见《葛覃》注。

⑥庶几：差不多，表示希望之意。夙夜：指早起晚睡，勤于政事。

⑦永：长。终誉：即"盛誉"。终，与"众"古通，盛也。

【赏析】

宋、杞是殷人的后代，这是一篇专门招待宋、杞两国国君来京城助祭的歌，周王以客礼相待，希望他们能够永远臣服周廷。

古代学者皆以为"客"指"二王之后"，即所谓夏、商国君的后代，在周为杞和宋两家诸侯。但诗中没有直说，盖由"客"字推测而来（把前代胜国君主的后代封于某地，他们朝见时王，时王以客礼相待），且诗中言"在彼无恶"，隐指他们对周王朝的臣服。高侪鹤云："尊之曰'客'，亲之曰'我客'，爱敬兼至也。'斯'指鹭之洁白，言在彼在此，无恶无斁，总为先代之后申其爱敬之说。'庶几'二字有欣、勉二意，深见立言之妙。""庶几"一词表现了周王十分微妙的心理，不止是欣慰和勉励，还有希望和责任，但不容质疑的态度已在其中，而口吻宽缓，对方也易于接受。所谓"一字见精神"。

丰　年

丰年多黍多稌①，亦有高廪②，万亿及秭③。为酒为醴④，烝畀祖妣⑤，以洽百礼⑥，降福孔皆⑦。

【注释】

①丰年：丰收之年。黍、稌（tú）：黍子与稻子。

②高廪：高大的米仓。

③万亿及秭（zǐ）：周代十千为万，十万为亿，十亿为秭。此极言收获之多。

④醴（lǐ）：甜酒。此是指用收获的稻黍酿造成清酒与甜酒。

⑤烝：献。畀：给予。祖妣：指男女祖先。

⑥洽：配合。百礼：指名目繁多的祭礼。一说指各种规定。

⑦孔皆：很普遍。皆，普遍。一说"皆"通"嘉"，训"美"。

【赏析】

每一年的秋冬，周王朝要举行对天地群神大规模的"报祭"，既报答群神的保佑之恩，也祈求来年的好收成，丰收年更是如此。这首诗就是"报祭"的颂辞。

既是丰收年秋冬"报祭"的颂辞，自然首先向神灵报告丰收的情形，所以首先说丰年的景象。并表明献给神灵的美酒就是用这粮食酿造的，以表示对先祖群神的报答。诗中说到"百礼"，所以学者们认为此是祭"祖妣，，兼祭上帝群神的乐歌。诗虽简短，而丰收喜庆之气象则宛然可见。邓翔《诗经绎参》曰："此篇文体之最平者，祝颂之恒词也。"

潜

猗与漆沮①，潜有多鱼②。有鳣有鲔③，鲦鲿鰋鲤④。以享以祀⑤，以介景福⑥。

【注释】

①猗与：赞叹词，相当于"啊哟"。漆沮：水名。

②潜：当从《韩诗》和《鲁诗》作涔（cén），把木柴堆在水中供鱼栖息叫涔。辽东人在五十多年前的冬春二季节还用此法捕鱼，俗称鱼窝。一般是把不太大的树连枝带叶地投入河水较深水流也较稳定的水湾内，鱼类、虾类（小龙虾，东北人俗称之为"蝲蛄"或"蝲鲭"，盖满语也）自然会大群、分层地聚集其中，冬渔甚便。

③鳣（zhàn）：又叫黄鱼、蜡鱼。似鳝而短鼻，口在颔下，无鳞。据《本草纲目》说，这种鱼大者可达一、二千斤重。鲔（wěi）：鲟鱼，长一、二丈。

④鲦（tiáo）：鱼名，又叫白鲦。长仅数寸，状如柳叶，鳞细而整，洁白可爱。鲿：又名黄鲿鱼、黄颊鱼。尾微黄，大者长尺七八寸许。

鳏，又名鲇鱼。大首偃额，大口大腹，大者可达三四十斤。

⑤享：祭献。

⑥以介景福：以求大福。介，祈求。景，大也。

【赏析】

这首诗是向宗庙献鱼祭祀的歌。

鱼是宗教崇拜的对象，用以祭祀宗庙，原本的意义在于祈求多子多孙。在古代"人类本身的再生产"，是个至关重大的问题。一个部族，一个国家，其繁盛与衰败，首先就看人口的多少，所以，多子多孙，就是吉祥。"多"的意义再行泛化，则财富、土地无所不包，"鱼"这一意象也就渐渐成为广泛意义上的幸福和吉祥的象征物。则年画、剪纸民间艺术之多鱼，随处可见。现今在产鱼甚少、甚至根本不产鱼的西北地区，逢年过节，往往以木鱼摆在筵席上，更是最有说服力的证明，此乃远古习俗之遗留。

载 见

载见辟王①，曰求厥章②。龙旂阳阳③，和铃央央④。鞗革有鸧⑤，休有烈光⑥。

率见昭考⑦，以孝以享⑧，以介眉寿⑨，永言保之⑩。思皇多祜⑪，烈文辟公，绥以多福⑫，俾缉熙于纯嘏⑬。

【注释】

①载：始。一说：则，乃。辟王：君王。

②曰：同"聿"，发语词。厥章：其章。章，典章制度。

③龙旂：有蛟龙图案的旗帜。阳阳：当读为"扬扬"，旗飘动飞扬之貌。

④和：挂在车轼上的铃称"和"。铃：挂在车衡上的铃称"铃"。一说铃指旂上的铃。央央：和声之盛貌。

⑤鞗（tiáo）革：马缰头的铜饰。有鸧（qiāng）：即"鸧鸧"，铜饰貌。一说铜饰相击之声。

⑥休：美。有：又。烈光：光亮。

⑦率：带领。昭考：皇考。

⑧孝：与"享"同，都是献祭的意思。

⑨介：通"匄"，求。

⑩永言：永焉，长久貌。

⑪思：发语词。皇：大。一说"皇"读"况"，训"赐"。祜：福。

⑫绥：安抚。一说赐也。

⑬俾：使。缉熙：光明，显耀。纯嘏：大福，美福。

【赏析】

本诗写的是成王新即位，诸侯前来朝见新王，并参加助祭活动。

古代学者或以为这首诗写的是诸侯第一次朝拜武王庙，或以为是诸侯到武王庙来助祭的诗，或以为是诸侯本为来朝拜周天子，但朝见时正赶上祭祀，于是执行助祭工作，这诗则主要写的是助祭。从诗的内容看，开始即言来京"载见"（始见）周王，并说到"曰求厥章"，大概是探求新王即位，看一下中央政府有什么新的政策，所以今世学者或以为写的是成王刚刚即位的事。《诗义会通》引旧评云："起层不急于入助祭，舒徐有度。末以长句作收。"长句节奏长，大节奏上就显示出那愿望的久长。

有 客

有客有客①，亦白其马②。有萋有且③，敦琢其旅④。有客宿宿⑤，有客信信⑥。言授之絷⑦，以絷其马。薄言追之⑧，左右绥之⑨。既有淫威⑩，降福孔夷⑪。

【注释】

①客：指宋微子。

②亦白其马：他用白马驾车乘。

③有萋有且（jū）：即"萋萋且且"，此指随从众多。

④敦琢：意为雕琢，引申为选择。旅：通"侣"，指伴随微子的宋大夫。

⑤宿：一宿曰宿。

⑥信：再宿曰信。或谓宿宿为再宿，信信为再信，亦可通。

⑦絷（zhí）：拴马索。

⑧薄言：语助词。追：饯行送别。

⑨绥：安定。

⑩淫：盛，大。威：德。

⑪孔：很。夷：大。

【赏析】

近人说诗，多认为《有客》一诗是"微子来见祖庙"之歌，但也有人认为"此篇乃周天子饯诸侯所奏之乐歌"。归结一点，此诗是古代王公贵族接待宾客之诗。全诗是一个前后呼应、始末完整的主体，从客之至的喜悦，到客之留的殷切，再到最后客之去的祝福和深深情意，语言活泼、节奏轻快跳跃，表现出了主人对客人的真诚情谊和美好祝愿，让人感到亲切动人。

开篇叠词，"有客有客"表现出了对贵客驾临的喜悦呼告。车声辚辚，从远处传来，客人虽然因为距离较远还无法辨别是谁，那驾车的白马却早已让人看得分明，想必一定是贵客临门。主人精神为之一振，奴仆们也随着主人喜色浮动。欢快跳跃的语言，传神地表现出主仆遥见贵客到来时相互传告的欣喜；纯白一色的马，潇洒大方地展示出车骑雍容的气派与华贵不俗的风度。先闻声，后见人，颇有"粉面含春威不露，丹唇未启笑先闻"的妙处。

全诗并未就此而止，但也未对贵客有更深更近更细的描写，而是宕开一笔，转到贵客的随员身上，以求达到烘云托月，绿叶衬花的效果。但见随员衣着花团锦簇，气宇轩昂不凡，全都是百里挑一的人才。"有萋有且，敦琢其旅"两句并未直接描写贵客的高贵，而是在随从的不凡中以烘云托月的方式写出了贵客的气宇和风采。恰如"处处景语皆情语"的妙处，诗面写客，但是字里行间跳动着的确是迎客主人的欣喜、赞叹和自豪之情。

诗歌并未顺接写出相见时的寒暄热闹的场景，而是宕开，冷却迎客主人的那份喜悦之情，表现出主人对客人很快离开的担心和忧虑。"有客宿宿，有客信信"，相逢的其乐无穷加上主人的盛情款待，使得客人有着宾至如归的感受。由此住了一天又一天，时光流逝，已经住了好几天了，但是主人依依不舍，不愿客人离开，但客人却执意要走，无可奈何之中主人只能"言授之絷，以絷其马"，只能通过绊住客人的马来挽留贵客，表现出了一种古朴纯真的待客深情。

去意已决，无论主人有多么的热情，客人终究不能久留，揖别之际，主人只能"薄言追之"，表现主人送之远、别之难，显示出"送"中之"情"。尽管主人自己虽在为别离伤感，但作为送行者，却又在贵客去意已决之时，不停地抚慰客人，让其安心登程。此情此景，让人觉得真切，愈加显得委婉动人，感人至深。

"既有淫威，降福孔夷"，末尾二句常被古人用为作别套语，但在主人的诚挚与深情中，却表达出了对远去客人的真诚美好祝愿。这祝愿犹如一缕温馨的春风，拂动着贵客的心；亦如一声悠长的钟鸣，留给全诗丝丝余韵。

闵予小子之什

访 落

访予落止^①，率时昭考^②。於乎悠哉^③，朕未有艾^④。将予就之^⑤，继犹判涣^⑥。维予小子，未堪家多难。绍庭上下^⑦，陟降厥家^⑧。休矣皇考^⑨，以保明其身^⑩。

【注释】

①访：谋，商讨。落：始。止：语气词。
②率：遵循。时：是，这。昭考：指武王。
③悠：远。
④艾：阅历，此处指成王年幼无知。
⑤就：接近，趋向。
⑥判涣：分散。
⑦绍：继。
⑧陟降：提升和贬谪。厥：其。
⑨休：美。皇考：指先祖。
⑩保明：保佑。

【赏析】

西周在文王和武王的苦心经营下，取代殷商，逐渐成为强大的王朝。然而西周兴国不久，武王就驾崩了，即位的是年幼的成王。《访落》便是成王登位伊始谨慎惶恐心境的反映。

开篇"访予落止，率时昭考"，成王宣布谋政正式开始，并表明自己要遵循武王的治国之道。成王在议政一开始就提出"率时昭考"，既是确定施政纲领，又是利用先王之名威慑参与朝庙的群臣诸侯。

然而实现武王之道谈何容易！成王叹道："於乎悠哉，朕未有艾。"武王之道如此光明远大，而自己年纪尚幼，缺少治国经验，实在是任重道远。"於乎悠哉"，一语四字却有三个叹词，恰切地传达出新登位的成王面对重任的渺茫心境。

天子需要大臣的辅弼，年少的成王立志继承武王之道，更需要群臣的帮助，于是成王向群臣道"将予就之，继犹判涣"，希望众大臣帮助自己向武王之道靠拢。这是一种主动亲近臣下的举动，对于初即位的新君来说，这种谦恭的态度可以帮助他获得大臣们的拥护。

接下来两句"维予小子，未堪家多难"上承三、四句，均言自己能力不足。成王身为天子，却称自己为"小子"，一则是因为他确实年少不经事；二则前有丰功伟业的武王，现又面对在朝多年的老臣，就更显稚嫩了。"家多难"是国家当前面临的现实情势，成王将国情如实相告，并明确表示这种局面是自己这个"小子"难堪重负的。这两句的言辞谦卑而恳切，群臣听闻，自然又对成王多一分怜悯，怜悯之余就会生出辅佐之心。

新王即位，谦卑的态度当然很重要，但一味谦卑却不利于树立威信。因此，成王收起对臣下的谦卑，将话题转移到具体治国政策上，提出"绍庭上下，陟降厥家"的主张。"绍庭上下"依然是继承先王之正道的意思，属于泛泛而谈。此句的重心在后一句"陟降厥家"，这是成王的一项具体措施。国家的治与乱很大程度上取决于用人的得当与否，君王若想国家安定，身边必须有一群可靠的贤臣。成王决定"陟降厥家"，起用贤能之人，罢免无能之辈，如此则朝纲可振，国家有望。成王初即位便作出这等果断、正确的决策，可见绝非懦弱昏庸之辈，这等决断之语对诸侯的震慑比严厉的威吓更有力。

尾句"休矣皇考，以保明其身"呼应首二句，再次点明告庙之意。此时成王与群臣已经议政完毕，便向武王祷告，希望武王在天之灵保佑自己将国家治理好。这种祷告也许透露出成王对自己治国能力的担忧，但同时，在告庙结束之际再度提出"皇考"也能提醒众人：你们的爵位都是武王所封，武王虽逝，他建立的基业还在，你们若铭记武王恩惠，就要忠心于新王。

敬 之

敬之敬之^①，天维显思^②，命不易哉^③。无曰高高在上，陟降厥士^④，日监在兹^⑤。维予小子^⑥，不聪敬止^⑦？日就月将^⑧，学有缉熙于光明^⑨。佛时仔肩^⑩，示我显德行^⑪。

【注释】

①敬：警戒。

②显：明白。思：语气助词。

③命：天命。易：变更。

④陟降：升降。士：《说文解字》："士，事也。"

⑤日：每天。监：察，监视。兹：此。

⑥小子：年轻人，周成王自称。

⑦聪：听。

⑧日就月将：每日有成就，每月有奉行。

⑨缉熙：积累光亮，喻掌握知识渐广渐深。

⑩佛（bì）：通"弼"，辅助。时：是。仔肩：责任。

⑪显：显示。

【赏析】

"敬之"就是敬天。周人为巩固统治，创造了一个主宰世界的自然神"天"，周代替商是顺应"天命"而为，而"天命"是不可违抗的，这就为周王的统治蒙上了一层神秘的色彩。周朝君王自称是受命于天的天子，自然时时刻刻维护天的至高地位，并以天威警示群臣及百姓。

"敬之敬之"是成王对群臣的郑重嘱咐，两个"敬之"连用，使人仿佛看见周人诚惶诚恐地对天跪拜之态。敬天的原因是"天维显思，命不易哉"，天道昭昭，不可改变，众人只有顺从它。"天维显"、"命不易"并不是纯粹地叙述天命，它的言外之意是，我周王室乃顺承天命的正统，你们作为我周朝的臣子必须牢记这一点，并且要对我周室拥戴服从。

"无曰高高在上，陟降厥士，日监在兹"三句是对群臣的进一步警告。在这里成王指出了敬天的另一个原因：天能洞悉人的作为。"天"看似高高在上不理人事，其实天的意志无处不在，人间的一切活动都逃不过"天"的监视。文武百官的一言一行自然也在天所监视的范围内，"天"会根据他们的不同作为，作出相应的升降任免决定。这颇有"善有善报，恶有恶报"的意味。其实，决定"陟降"群臣的是周王室而非"天"，"日监在兹"的与其说是苍天，不如说是周王室。成王的用意很明显，就是希望群臣恪尽职守，不要作出任何不轨行为，因为你们的一切言行都在周王室的掌控之中。

此诗创作时，成王还未亲政，作为年少而缺乏经验的君王，他当然要虚心自律，而不只是以居高临下的姿态告诫群臣。

"维予小子，不聪敬止？日就月将，学有缉熙于光明。""小子"一词在《闵予小子》、《访落》中也多次出现，反映出年幼的成王在年长的群臣面前谦恭的态度。"维予小子，不聪敬止"是说：我年少不晓事，还未完全明白敬天的道理。但是成王下定决心克己勤学，通过日积月累的学习走上光明之道，这是"日就月将，学有缉熙于光明"的含义。

诗的目的是告诫群臣，所以最后两句仍归到警示臣心上。成王决心"学有缉熙于光明"，但这个目标的实现需要臣子的扶助，所以他希望群臣"佛时仔肩，示我以德行"。这里的"德行"当特指文、武二王的品行和德政。

成王即位之初，朝中大臣不少是文王和武王的旧臣，从他们身上学习前王之德行不失为一个好方法。而且，文王、武王是天命的施行者，成王作为他们的正统继承者自然也是顺乎天命的，所以全心全意为成王效力也是群臣敬天的一项基本内容。

《敬之》通篇以"天命"的威慑力作为告诫的力量支撑。在中华民族的传统观念里，"天"占据着极为特殊的地位。无论哪个阶层的人都或多或少地敬畏"天"的力量，不仅历朝历代的帝王以"天子"自居，而且不堪压迫的反抗者也每每打着"替天行道"的旗号发动起义。此诗作为"敬天"观念的源头之一，其深厚的意蕴和历史价值不容忽视。

小 毖

予其惩而毖后患①！莫予荓蜂②，自求辛螫③；肇允彼桃虫④，拼飞维鸟⑤。未堪家多难⑥，予又集于蓼⑦。

【注释】

①惩：警戒。毖：谨慎。

②荓蜂：抚乱群蜂。

③螫（shì）：毒虫刺人。

④肇：开始。允：诚，信。桃虫：鸟名，即鹪鹩。

⑤拼：翻飞。

⑥多难：指武庚、管叔、蔡叔之乱。

⑦蓼（liǎo）：草名，生于水边，味辛辣苦涩。

【赏析】

《小毖》是成王亲政后的作品，表达了对以往过错的深刻反省。诗以"予其惩而毖后患"开头，直接点明本诗的主题：惩戒以往的过错以防后患。"毖"是谨慎之意，诗题为"小毖"其实就是要谨慎于小错误，防止大患发生的意思。

以后六句皆为成王自省过错之辞。成王轻信谣言，给小人以可乘之机，以致酿成"管蔡之乱"的大祸。对此，成王并无掩饰过错之意，"莫予荓蜂，自求辛螫"两句就是他主动认错的表现。"荓蜂"不仅指指管、蔡等人的谗言，也指一切祸患的发端。成王认为祸患的发生是他自己造成的，与别人无关。在叛乱发生后，成王能首先自我批评而不是将过错推到臣子身上，显示出他作为一国之君的坦荡胸襟和博大气度。

"肇允彼桃虫，拼飞维鸟"讲述的是"防微杜渐"的道理。"桃虫"即"鹪鹩"，是一种小鸟。小鸟不足为惧，但一转眼鹪鹩之雏就能变成大鹰。管叔、蔡叔与武庚等人开始力量很弱小，但由于没有及时制止，终于发生大乱，这两句正是对"管蔡之乱"由小乱变为大祸的绝妙比喻。所谓"千里之堤，溃于蚁穴"，事物的发展形成都有一个逐渐积累的过程。祸患绝非一日形成，避免灾祸就要慎于初始，防患于未然。桃虫变大鸟的意象含蓄地表达了这个道理。"未堪家多难，予又集于蓼。"西周取得天下不久，需要的是安定和平，自然经不起太多动乱，成王说"未堪家多难"正是此意。《访落》中同样有"未堪家多难"这一句，只是《访落》作于周公摄政之初，《小毖》作于周公还政之后，前者之"难"是武王驾崩带来的局势动荡，后者之"难"则是管叔、蔡叔、武庚等人的叛乱，含义不同。"蓼"是一种苦草，"集于蓼"比喻陷入困境中，"予又集于蓼"一句是成王自述其艰难处境。从这两句可以看出，成王此时十分清楚自己和整个国家的处境，知道国家难以担负从前那样的险难，其中隐含着成王将谨慎行事，避免再陷险境的决心。

载 芟

载芟载柞①，其耕泽泽②。千耦其耘③，徂隰徂畛④。侯主侯伯⑤，侯亚侯旅⑥，侯疆侯以⑦。有嗿其馌⑧，思媚其妇⑨，有依其士⑩。有略其耜⑪，俶载南亩⑫。播厥百谷，实函斯活⑬。

驿驿其达⑭，有厌有杰⑮。厌厌其苗⑯，绵绵其麃⑰。载获济济⑱，有实其积⑲，万亿及秭⑳。

为酒为醴，烝畀祖妣㉑，以洽百礼。有飶其香㉒，邦家之光㉓。有椒其馨㉔，胡考之宁㉕。匪且有且，匪今斯今㉖，振古如兹㉗。

【注释】

① 载：则，乃。或训"始"。芟（shān）：除草。柞（zé）：通"槎"，砍伐树木。

② 泽泽（shì）：通"释释"，土开解松散貌。一说指耕地犁土之声。

③ 千耦其耘：两人并耕叫耦，千耦言其多。耘，除草。

④ 隰（xí）：低湿地。畛（zhěn）：地垄，田界。一说指田间小路。

⑤ 侯：发语词，犹"维"。主：君主。伯：伯爵。

⑥ 亚、旅：于省吾以为亚、旅皆大夫。或以为旅为士人。

⑦ 侯疆侯以：旧以为"疆"指身体强壮有余力的人，"以"指雇佣。或以为"以"为弱者。于省吾读此句为"侯疆侯纪"训为"维疆维理"，即治理土地之意。

⑧ 嗿（tǎn）：同"啖"。"有嗿"犹"嗿嗿"，众人吃食的声音。馌（yè）：送到地头的饭菜。

⑨ 思媚其妇：言那可爱的是妇人。思，发语词。媚，美。一说媚指讨好、调情。

⑩ 依：通"殷"，壮盛貌。指小伙子强壮。或以为指"士"众多。旧训：依，就也，指送饭的妇女与丈夫相慰劳。

⑪ 略：形容犁头锋利貌。耜，犁头。

⑫ 俶：始。载：事，指耕作。一说："俶"指起土，"载"指翻草。南亩：向阳地。

⑬ 实：种子。函：含，被泥土覆盖。斯：语助词。活：生气貌。

⑭驿驿：接连不断之貌。达：指禾苗破土而出。

⑮厌：此处当是形容苗之茁壮。杰：特出，指最先长出的苗。

⑯厌厌：禾苗整齐茂盛貌。

⑰绵绵：茂密貌。麃（biāo）：指庄稼抽穗扬花（张次仲）。

⑱载获：于是收获。济济：入众多貌。

⑲有实：犹"实实"，广大貌。此指庄稼收获在场的情景，言场上到处堆积满了禾物。一说充实貌。积：堆积。

⑳万亿及秭：周代十万为秭，一秭为十亿。

㉑烝畀（bì）：烝，献上；畀，给。

㉒饮（bì）：食之香也。此处当指祭品之芬香。

㉓光：荣光。

㉔椒：当从三家作"馥"。《说文解字》："馨，香之远闻也。"这里酒味醇香。

㉕胡考：高寿，这里指老人。

㉖匪今斯今：言非今年才这般。

㉗振古：自古。

【赏析】

这首诗写春日天子藉田和祭祀社稷时情景，景象描写如画。

农耕是周部族兴旺的基础，此后，中国一直以农业生产为立国根本，这是中国古代礼乐文明的根基。这首诗写春耕季节天子"藉田"并祭祀社稷神，祈求一年的丰收。因此诗中虽然主要是描写春耕的情景，但必然写到所盼望的秋后丰收。全诗描写真切，留下古代宝贵的农业生产的记录。这是《周颂》中较长的一篇，虽是祭辞，却描写细腻逼真，也充满了生活情趣。比如诗中写到午休时吃饭的声音，漂亮农妇对她丈夫的亲昵慰问，禾苗生长的情形，秋收的场面，酿酒祭祀……这真是紧张中的闲笔，"好整以暇"，表现了诗人对生活是何等热情。而开头两句尤其清新：仿佛听到割草砍树的人声、感受到脚下松软的土地以及春日田野散发的草木和泥土的清香。诗人制造气氛的手段实在高明。但这实在是农业民族长久生活直观的经验，诗人不必思考什么技巧，直观感觉让他直扑最使他动心的那些景物。

无论从内容看，还是从形式上看，这首颂辞估计不会很早。

丝 衣

丝衣其纻①，载弁俅俅②。自堂徂基③，自羊徂牛，鼐鼎及鼒④。兕觥其觩⑤，旨酒思柔⑥。不吴不敖⑦，胡考之休⑧。

【注释】

①丝衣：祭服名，神尸所穿的白色绸衣。纻（fóu）：洁白鲜明貌。

②载：通"戴"。弁：皮帽子，以鹿皮为之。俅俅：恭顺貌。一说冠饰貌。

③堂：庙堂，或以为即明堂。徂：往。基：通"畿"，指门槛。一说基指"门塾之基"。

④鼐（nài）：大鼎。鼒（zī）：小鼎。言用大鼎小鼎盛的祭品。

⑤兕觥（sì gōng）：酒器。觩（qiú）：兽角弯曲貌。

⑥思柔：斯柔，犹"柔柔"，指酒口感柔绵貌。

⑦吴：大声说话。一说：吴通"娱"，娱乐必喧哗。敖：傲。

⑨胡考之休：犹"胡考之宁"，息止，有安宁之意。一说"休"指福禄。

【赏析】

这首诗写的是在祭祀祖先的第二天，酬谢装扮祖先神灵的"尸"的宴会活动。

古代学者以为这是一首"绎宾尸"的乐歌。所谓"绎宾尸"，就是在宗庙祭祀活动的第二天，再举行一次酬谢装扮祖先神灵的"尸"的活动（所谓"宾事所祭之尸"）。据孔颖达的疏解，大约是只举行前一日祭祀活动的尾声，把神尸从神位上请下来，再举行专门答谢他的招待宴会。这首诗所祭祀的神，据《毛序》引高子的说法，是灵星之神（又名天田星，主庄稼，古人祭祀灵星以祈求丰年）。

桓

绥万邦①，娄丰年②，天命匪解③。桓桓武王④，保有厥士⑤，于以四方⑥，克定厥家⑦。於昭于天⑧，皇以间之⑨？

【注释】

①绥：安定，平定。

②娄：通“屡”。

③匪解：不懈怠。解，同“懈”。

④桓桓：威武貌。

⑤士：训“事”。惠栋《九经古义》以为当作“土”。言保有国土。

⑥于以：乃有。

⑦克：能。

⑧昭：明，显耀。

⑨皇：何。间：代。

【赏析】

据《左宣十二年传》，此是《大武》乐的第六章，诸家说稍一致。诗主在歌颂武王灭商、安定万邦之功。诗一开始便说天下一派太平盛世的景象，然后才讲武王克商，安定天下，王朝稳固。所以孙月峰说：“陡起甚奇。天命以下，似是说‘绥’、‘丰’所由，此盖类所谓倒插者然。”

赉

文王既勤止①，我应受之②，敷时绎思③，我徂维求定④。时周之命⑤，於，绎思！

【注释】

①勤：勤苦。止：语气词。

②应：通“膺”，犹今之言“当”。

③敷：布（扩展、铺展）。时：是。绎：续。一说“绎思”指寻绎而思索之，犹今言“寻思”。

④徂：往，指经营南国。一说往征商。

⑤时：是。马瑞辰以为通“承”。

【赏析】

据《左传》所载，这是《大武》乐的第三章，内容是讲武王继承文王之命而经营南国的事。文辞简古，句式也不甚整齐，典型的周初风格。孙月峰说：“古淡无比，以‘於，绎思’三字以叹勉，含味最长。”

般

於皇时周^①，陟其高山^②，嶞山乔岳^③，允犹翕河^④。敷天之下^⑤，裒时之对^⑥，时周之命。

【注释】

①於皇：见《武》注。时：是。

②陟：登。

③嶞（duò）山：小山。嶞，山之小者。或以为连绵逶迤貌。乔岳：高大的山。乔，高。

④允：信，实。犹：又。或以为顺着。翕（xī）：合，紧挨着。

⑤敷：同“普”。

⑥裒（póu）时：聚集此地。对：配。或以为“对”字与“封”字同源，“之对”即受封。

【赏析】

这首诗是写武王克商之后，在回师京城的路上，为答谢山川神灵之助而祭祀山川的。

据学者们考证，这也是《大武》乐中的一章。从诗的内容看，主要是写武王伐商功成而祭祀山川的。孙作云以“般”取“还”的意思，指还归镐京。应当是出师成功还师京城时，祭山川之神，以表示对神灵的答谢。诗中简练地描述了所见山河景象，气象宏阔。

〔鲁颂〕

駉

駉駉牡马①，在坰之野②。薄言駉者③：有骄有皇④，有骊有黄⑤，以车彭彭⑥。思无疆⑦，思马斯臧⑧。

駉駉牡马，在坰之野。薄言駉者：有骓有駓⑨，有骍有骐⑩，以车伾伾⑪，思无期⑫，思马斯才⑬。

駉駉牡马，在坰之野。薄言駉者：有驒有骆⑭，有骝有雒⑮，以车绎绎⑯。思无斁⑰，思马斯作⑱。

駉駉牡马，在坰之野。薄言駉者：有骃有騢⑲，有驔有鱼⑳，以车祛祛㉑。思无邪㉒，思马斯徂㉓。

【注释】

①駉駉（jiōng）：马肥大貌。牡：当从《释文》另本作"牧"。旧以为雄马。

②坰（jiōng）：野外放马之地。

③薄言：犹"乃言"。或以为即"迫焉"，指走近马群。

④骄（yù）：身为黑色股间为白色的马。皇：黄白色的马。一说纯黄。

⑤骊：纯黑色的马。黄：黄赤色的马。

⑥以车：以之驾车。彭彭：马强壮有力貌。

⑦思无疆：指思虑深微没有止境。无疆，没有止境。一说"思"为语词。一说指繁殖下去会无边无际。

⑧臧：善。

⑨骓（zhuī）：苍白杂毛的马。駓（pī）：黄白杂毛的马，又叫桃花马。

⑩骍（xīn）：赤黄色的马。一说纯赤。骐：青黑相间。

⑪伾伾（pī）：有力貌。

⑫思无期：指考虑长远，没有期限。一说"期"为记、计。与无疆意近。

⑬才：通"材"。一说"才"，有能力。

⑭骓（tuó）：青黑色而有白鳞纹的马，又叫连钱骢。因纹像鼍鱼，故名骓。骆：白马黑鬣。

⑮骝（liú）：赤身黑鬣的马。雒（luò）：黑身白鬣的马。

⑯绎绎：行走相连不绝貌。一说善走貌。

⑰思无致：思无厌倦之时。

⑱作：奋起，腾跃。

⑲骃（yīn）：灰白杂毛的马，又叫泥骢。一说眼睛下有白毛。騢（xiá）：赤白杂毛的马。牟庭："騢，言色似霞也。"

⑳驔（diàn）：小腿上有长白毛的马。鱼：两眼眶有白圈的马。

㉑祛祛（qū）：强健貌。一说疾驱之貌。

㉒思无邪：即"无杂思"，思虑正直，没有邪曲。孔子有《诗》三百，一言以蔽之，曰思无邪"。故学者们对此句多有异说。或以为"邪"读"圉"，"圉"通"围"，围一训"陲"，边际。与疆、期、致义相近。

㉓徂：往，行。

【赏析】

这是一首最早的咏马诗。歌颂鲁侯养马，描写了各种马的形态、色彩。至于从养马而联想到对人才的养育和重视，读诗者各有所会，也正是文学的本质特征所在。

全诗四章的结构全同，略无变化，唯文字略有不同，是民歌反复咏唱的形式。这也正是"风"诗的一大特点。孔颖达对各章内容概括为：一章言良马，朝祀所乘，故云彭彭，见其有力有容也。二章言戎马，有力尚强，故云伾伾，见其有力也。三章言田马，田猎齐足尚疾，故云绎绎，见其善走也。四章言驽马，主给杂使，贵其肥壮，故云祛祛，见其强健也。这个概括足资参考。其中写到十六种色彩或形态的马，放眼望去，令人眼花缭乱，应接不暇，一派繁荣兴旺的景象。张以诚引而申之，以为是一篇贤才颂。他说："'彭彭'言盛，总见马皆调良；'伾伾'言多力，见其才非驽下；'绎绎'者长驱不息，乃其气壮盛奋起处；'祛祛'者强行善走，便见行地无疆处。都要与末句相关。"（《毛诗微言》）方玉润则以为此篇是以马喻人才的。他说："其为颂鲁何公不可知，但观每章'思无疆'、'思无期'、'思无斁'、'思无邪'句，必非呆咏马者。上四'思'字当属马言，下四'思'字乃属牧人言。意谓德之良者，其智虑必深广而无穷也；才之长者，其干济必因应而无方也；神之王者，其举动必振兴而无厌也；心之正者，其品行必端向而无曲也。此虽驹马歌，实一篇贤才颂耳。"其引申发明，亦可供参考。孙月峰评云："姿态乃全在历数诸马上。"所言甚妙。

有 驳

有驳有驳①，驳彼乘黄②。夙夜在公③，在公明明④。振振鹭⑤，鹭于下⑥。鼓咽咽⑦，醉言舞⑧。于胥乐兮⑨！

有驳有驳，驳彼乘牡⑩。夙夜在公，在公饮酒。振振鹭，鹭于飞⑪。鼓咽咽，醉言归。于胥乐兮！

有驳有驳，驳彼乘駶⑫。夙夜在公，在公载燕⑬。自今以始，岁其有⑭。君子有穀⑮，诒孙子⑯。于胥乐兮！

【注释】

①驳（bì）：马肥壮有力貌。

②乘（shèng）黄：古代一车四马，这里指驾车的四匹黄马。

③夙夜在公：指早晚为公家之事奔忙。

④明明：即"勉勉"。勤勉之貌。明，与"勉"一声之转。见《经义述闻》。

⑤振振：白鹭貌。

⑥鹭于下：鹭飞而下。一说描写舞者表演鹭飞翔而下的舞姿。

⑦咽咽：鼓声。

⑧醉言舞：犹醉而舞。言，犹"而"。

⑨于胥乐兮：言一起欢乐。于，吁。胥，皆，相。车庭读"于胥"为"于须"，"鲁公美须髯，诗人以胡须目之，言鲁公乐也。"于鬯以为："于胥"二字叠韵，盖即形容乐意。

⑩乘牡：驾在车中的四匹雄马。

⑪鹭于飞：郑玄："飞喻群臣醉欲退也。"朱熹："舞者振作鹭羽如飞也。"

⑫骃（xuān）：铁青色的马，又名铁骢。

⑬载燕：则宴。燕，通"宴"，指宴饮。

⑭有：富裕，丰收。

⑮穀：善。一说福禄。

⑯诒：遗留，留给。孙子：即子孙。

【赏析】

本诗写鲁国君臣宴饮，词旨粉饰夸张。

为了给宴饮享乐寻求正当的借口，臣子们不但说到日常为公事奔忙，还说到这种活动是国家兴旺发达的表现，模仿《周颂》口吻作的这首诗，并不能掩饰其内在的空虚。所以，沈守正说："首二章燕饮，三章颂祷。日'岁'，非一岁也；'有穀'，亦本礼教信义而推广之。《鲁颂》夸大，非止颂其所有已也，君臣忘形以相娱，侈词以致祷，自谓千载之一时矣。"沈氏此说，确实击中了千古媚臣谀词要害。陈仅说："《有駜》诗音节清峭，与《颂》体异，并与《风》、《雅》体异，已开后人乐府体一派。"所谓"清峭"，是与古朴自然的温厚相对应的。虽是四言，但语言修饰的光滑，是显然的；中间又杂以三言，使节奏变快，固然写出群臣的心境，但也正好打破了四言的规整，又没有周颂杂言的自然浑厚，所以说"开后人乐府体一派"。

泮 水

思乐泮水①，薄采其芹②。鲁侯戾止③，言观其旂④。其旂茷茷⑤，鸾声哕哕⑥。无小无大⑦，从公于迈⑧。

思乐泮水，薄采其藻。鲁侯戾止，其马蹻蹻⑩。其马蹻蹻，其音昭昭⑪。载色载笑⑫，匪怒伊教⑬。

思乐泮水，薄采其茆⑭。鲁侯戾止，在泮饮酒。既饮旨酒，永锡难老⑮。顺彼长道⑯，屈此群丑⑰。

穆穆鲁侯⑱，敬明其德⑲。敬慎威仪⑳，维民之则㉑。允文允武㉒，昭假烈祖㉓。靡有不孝㉔，自求伊祜㉕。

明明鲁侯㉖，克明其德。既作泮宫㉗，淮夷攸服㉘。矫矫虎臣㉙，在泮献馘㉚。淑问如皋陶㉛，在泮献囚㉜。

济济多士㉝，克广德心㉞。桓桓于征㉟，狄彼东南㊱。烝烝皇皇㊲，不吴不扬㊳。不告于讻㊴，在泮献功。

角弓其觩㊵，束矢其搜㊶。戎车孔博㊷，徒御无斁㊸。既克淮夷，孔淑不逆㊹。式固尔犹㊺，淮夷卒获㊻。

翩彼飞鸮㊼，集于泮林。食我桑黮㊽，怀我好音㊾。憬彼淮夷㊿，来献其琛51。元龟象齿52，大赂南金53。

【注释】

①思：发语词。泮（pàn）水：旧以为周代诸侯的学宫叫泮宫，泮宫外围的水叫泮水。宋戴侗以为"泮"是鲁国水名，因作宫其上，所以叫泮宫。戴埴、杨慎、戴震皆有同说。

②薄：语助词，乃，而。芹：水芹菜，又名水英。

③鲁侯：鲁国诸侯。有周公子伯禽与僖公二说。当以僖公为是。戾止：到来。止，语气词。

④言：语助词。旂：有铃与龙纹的旗帜。旗有标志，人看到旗帜就知道是鲁侯来游了。

⑤茷茷（pèi）：同"旆旆"，旗帜飞扬貌。

⑥鸾：系在马口衔两边的小铃。哕哕（huì）：鸾铃声，同"喈喈"。

⑦无小无大：指不分大小尊卑。

⑧于迈：以行。言随从鲁侯出行。

⑨藻：水草名。

⑩跻（jiǎo）跻：马强壮貌。

⑪其音：指鲁侯的说话声。昭昭：明快响亮貌。

⑫载色载笑：又高兴又谈笑。载，乃，又。色，和颜悦色。

⑬匪怒伊教：不是怒颜对人，而是温和地教导臣下。伊，是。

⑭茆（mǎo）：又叫凫葵。与荇菜相似，叶大如手，赤圆。江南人谓之莼菜。

⑮永：长。锡：即"赐"。难老：不易老。

⑯长道：远道。一说长道即大道，指泮宫之道。

⑰屈：治服。群丑：众丑，指淮夷。

⑱穆穆：容止端庄貌。

⑲敬明其德：恭敬谨慎以表明其美德。《待轩诗记》则曰："敬明

者，省察之无间。敬慎者，动静之必谨。"一说：明、勉一声之转，言谨慎修勉其德行。

⑳ 敬慎威仪：谨慎仪容礼节。

㉑ 则：法则。

㉒ 允：信，确实。

㉓ 昭假：召请来。见《云汉》注。这里指召来鲁国先祖的英灵。

㉔ 孝：通"效"，效法。

㉕ 伊祜：是福，此福。祜，福。

㉖ 明明：英明貌。一说通"勉勉"。

㉗ 作：建筑。参前"泮水"注。

㉘ 淮夷：古淮河下游一带地方的夷人。见《江汉》注。攸服：是服。服，归服。

㉙ 矫矫：勇武貌。虎臣：指猛将，言其如虎之猛。

㉚ 馘（guó）：古战时割下敌尸的左耳以计功叫"馘"。

㉛ 淑问：善于审问。皋陶：尧舜时掌刑狱的官，据说他特别善于断案。

㉜ 囚：指俘虏。

㉝ 济济：众多貌。一说济之言"齐"也，有齐整如一之意。多士：指众贤士。

㉞ 克广德心：推广其德心。

㉟ 桓桓：威武貌。

㊱ 狄：通"剔"，治除掉。东南：指在东南的淮夷。

㊲ 烝烝：兴盛貌。皇皇：通"暀暀"，美盛貌。

㊳ 不吴：不大声喧哗。不扬：不大声。

㊴ 不告于讻：郑训"讻"为"讼"，言无以争讼之事告于治讼之官者。朱熹："师克而和，不争功也。"李樗曾引《左传》穿封戍与王子围争战功之事，以证明争功为战士之常。"徼幸一胜，万死一生之间，惟图厚赏而已。则其争功，无所不至"。

㊵ 角弓：用角装饰两头的弓。觩：弯曲貌。指战争结束弓弛而不用。

㊶ 束矢：捆束成捆的箭，古五十矢为一束。搜：众。指军还而束矢众多，言无亡矢遗镞之费。

㊷戎车：兵车。博：众。

㊸徒御：指步卒与御车者。无斁：不疲倦。指胜利归来的将士，情绪高昂，无厌倦之意。

㊹淑：善。逆：违叛。

㊺式：用，因。固：坚固，这里有坚持的意思。犹：通“猷”，计谋战略。

㊻卒获：终于获胜。或以为获通“矱”，规矩、法度，指淮夷服帖、规规矩矩。

㊼翩：鸟飞翔貌。鸮（xiāo）：鸟名。

㊽泮林：泮水旁的树林。

㊾桑黮（shèn）：黮，亦作“葚”，桑树的果实。见《氓》注。

㊿怀：归，赠送。好音：好听的声音。以上以鸮喻淮夷。

(51)憬：远行貌。一说觉悟貌。

(52)琛：珍宝。

(53)元龟：大龟。象齿：象牙。

(54)大赂：于鬯则以为“赂”字从贝，当指贝。大赂，即大贝。南金：南方出产的金属。

【赏析】

这首诗歌颂鲁侯的文德武功，但与鲁国的史实不符，所以研究者多以为是鲁国大臣的想象之辞，涉嫌阿谀。

过分的歌颂就是逢迎阿谀。首二章但言鲁侯至泮的气势，三章言及宴饮，四章以下皆详致颂祷之词。《毛序》说颂鲁僖公的，但诗盛言平淮夷之事，僖公并无平淮夷之壮举，只是几次曾为淮夷之事会过诸侯。故研究者疑此诗为妄作，或以为纯属阿谀逢迎之作。

就诗本身说，如果把它当作一篇纯粹的希望或理想之辞（略近于朱熹之所谓“颂祷之词”，牛运震所谓“诗人特假设而冀望之”），还是颇具声色的。孙月峰说：“大体宏赡，然造语却入细，叙事甚精核有致。前三章近《风》，后五章近《雅》。”（《批评诗经》）牛运震《诗志》说：“此鲁侯修泮宫而莅幸燕饮以落之也。色笑伊教、饮酒称寿，是本色点染；克服淮夷、来琛献金，是余情波澜。妙在始终不脱泮宫，是老手得力处。淮夷之为鲁患久矣，僖公未尝有克服淮夷之事，诗人特假设而冀望之尔。朱氏以为颂祷之词，得之。恬重和雅，《鲁颂》四篇推此第一。"陈仅《诗诵》说："《泮水》上四章是文德，下四章是武功。三章以'屈此群丑，作一逗，群丑即指淮夷。四章以'允文允武'锁上起下，关键分明。五章六章两提'德'字，武功必本于文德，与三章德字紧相钩贯。末章'食彼桑黮，二句，是文德武功合效处。处处点泮水，眉目清朗。"

閟 宫

閟宫有侐①，实实枚枚②。赫赫姜嫄③，其德不回④。上帝是依⑤，无灾无害⑥，弥月不迟⑦，是生后稷。降之百福：黍稷重穋⑧，植稚菽麦⑨。奄有下国⑩，俾民稼穑⑪。有稷有黍，有稻有秬⑫。奄有下土⑬，缵禹之绪⑭。

后稷之孙，实维大王⑮。居岐之阳⑯，实始翦商⑰。至于文武，缵大王之绪。致天之届⑱，于牧之野⑲：无贰无虞⑳，上帝临女㉑。敦商之旅㉒，克咸厥功㉓。王曰叔父㉔，建尔元子㉕，俾侯于鲁㉖。大启尔宇㉗，为周室辅。

乃命鲁公㉘，俾侯于东㉙。锡之山川㉚，土田附庸㉛。周公之孙，庄公之子㉜。龙旂承祀㉝，六辔耳耳㉞。春秋匪解㉟，享祀不忒㊱，皇皇后帝㊲，皇祖后稷㊳。享以骍牺㊴，是飨是宜㊵，降福孔多。周公皇祖，亦其福女㊶。

秋而载尝㊷，夏而楅衡㊸。白牡骍刚㊹，牺尊将将㊺，毛炰胾羹㊻，笾豆大房㊼。万舞洋洋㊽，孝孙有庆㊾。俾尔炽而昌㊿，俾尔寿而臧〔51〕。保彼东方，鲁邦是常〔52〕。不亏不崩，不震不腾。三寿作朋〔53〕，如冈如陵。

公车千乘，朱英绿縢〔54〕，二矛重弓〔55〕。公徒三万，贝胄朱綅〔56〕，烝徒增增〔57〕。戎狄是膺〔58〕，荆舒是惩〔59〕，则莫我敢承〔60〕。俾尔昌而炽，俾尔寿而富。黄发台背〔61〕，寿胥与试〔62〕。俾尔昌而大，俾尔耆而艾〔63〕。万有千岁，眉寿无有害。

泰山岩岩〔64〕，鲁邦所詹〔65〕。奄有龟蒙〔66〕，遂荒大东〔67〕。至于海邦，淮夷来同。莫不率从，鲁侯之功。

保有凫绎〔68〕，遂荒徐宅〔69〕。至于海邦，淮夷蛮貊〔70〕，及彼南夷，莫不率从。莫敢不诺〔71〕，鲁侯是若〔72〕。

天锡公纯嘏⑦，眉寿保鲁。居常与许⑦，复周公之宇⑦。鲁侯燕喜⑦，令妻寿母⑦，宜大夫庶士⑦，邦国是有⑦。既多受祉⑧，黄发儿齿⑧。

徂徕之松⑧，新甫之柏⑧，是断是度⑧，是寻是尺⑧。松桷有舄⑧，路寝孔硕⑧，新庙奕奕⑧。奚斯所作⑨，孔曼且硕⑨，万民是若⑨。

【注释】

①閟（bì）宫：神宫，这里指周人女始祖姜嫄的庙。或以为即媒宫。閟者闭也，因这里不让人随便进入，所以叫閟宫。有恤（xù）：清净貌。

②实实：广大貌。枚枚：毛："枚枚，砻密也。"指建筑琢磨细致。《韩诗》："枚枚，闲暇无人之貌也。"一说"实实"言确有其事，"枚枚"即"微微"，言茫然之甚。指姜嫄之事，是真是幻。

③赫赫：显耀貌。姜嫄：周的女始祖，后稷的母亲。

④回：违邪，不正，指姜嫄品德端正。

⑤依：凭依。指姜嫄履上帝足迹生子之事。

⑥无灾无害：没有经历痛苦灾害。

⑦弥月：满月。指十月怀胎期满而生子。

⑧黍稷重（tóng）穋（lù）：四种谷物名。

⑨稙稚（zhí zhì）：《毛传》："先种曰稙，后种曰稚。"《韩诗》："稙，长稼也；稚，幼稼也。"菽麦，大豆和麦子。

⑩奄有下国：遍有天下。奄，尽，遍。此句应指后稷培育庄稼的种植技术遍布天下（他的恩惠也就传遍天下，预示着周部族必然拥有天下）。

⑪俾：使。稼穑：稼是种，穑是收。这里指种植庄稼。

⑫秬（jù）：黑黍，一壳二粒。

⑬下土：与"下国"同义。

⑭缵：继承。绪：事业。《田间诗学》："禹虽平水土，若无稷何以利民？是禹之绪实赖后稷以缵成之。"《论语》载南宫适云："禹稷躬稼而有天下。"

⑮大王：太王，文王的祖父。

⑯岐：岐山。太王建周城，在岐山之南，故云"居岐之阳"。

⑰翦：断，有铲除意。

⑱致：奉行。届：通"殛"，诛罚。

⑲牧之野：即牧野。

⑳贰：指二心。虞：虑。

㉑临：照临，保佑。这两句是武王在牧野誓师对将士的训话。意思是：你们不要有二心，也不要担心打不胜，上帝在保佑着你们。

㉒敦：治，伐。

㉓克：能。咸：成。

㉔王：指成王。叔父：指周公。周公是成王的叔父。

㉕建：立。元子：长子，指周公长子伯禽。

㉖俾：使。侯：为侯。

㉗启：开辟。宇：居，这里指疆域、领土。

㉘鲁公：鲁国的君王，指伯禽。

㉙东：指东方的鲁国。因在周之东，故称"东"。

㉚锡：即"赐"。

㉛附庸：陈子展说："附庸有三义：《王制》，附于诸侯曰附庸。一也。仆佣，二也。土田周遭附有之城垣，三也。"

㉜庄公之子：指鲁僖公。

㉝龙旂：画有蛟龙的旗，古代诸侯之旗。承祀：继承祭礼之礼。

㉞辔：马缰绳。耳耳：辔盛貌。

㉟匪解：不懈。指春秋大祭不敢松懈。

㊱忒（tè）：差错。

㊲皇皇：犹"煌煌"，显盛貌。后帝：指上帝。一说指群神。

㊳皇祖：犹言伟大的先祖。指后稷。一说群先公。

㊴骍牺：赤色的牛为牺牲。骍，牲赤色。

㊵飨：用饮食祭神。宜：旧多训"安"。马瑞辰以为祭祀，"凡神歆祀，通谓之宜。"高亨据《释言》："宜，肴也。"以为指以肉献神。

㊶女：汝，指僖公。

㊷尝：秋祭名。秋天收获后，以新谷献祭祖先，让祖先先尝新，故祭称"尝"。

㊸楅（fú）衡：缚在牛角上的横木。古代祭祀，选好牲牛后，即在两角上缚一横木，以防牛触物把角损伤，并把它好好养起来，准备后用。一说指牛栏。

㊹白牡：白色的公牛。骍刚：赤色的公牛。刚：通"犅"，即公牛。

㊺牺尊：牛形尊。将将（qiang）：即“锵锵”，金属器相碰的声音。

㊻毛炰（páo）：连毛烧烤动物，这里指烧熟的小猪。胾（zì）羹：肉片汤。

㊼大房：盛大块肉的食器，形似堂屋。

㊽万舞：一种舞蹈。洋洋：场面盛大貌。

㊾孝孙：指僖公。

㊿尔：指僖公。炽：盛。昌：兴旺。

(51)臧：善，安好。

(52)常：恒定不变，即永守之意。一说读为“尚”，即崇尚。

(53)三寿：金铭又作“参寿”，“参”字即参星的本字。“参寿”当即“参星之寿”，“参寿作朋”犹如言“与天地同寿”。

(54)朱英：指矛头上的红缨。绿縢（téng）：指扎在弓套的绿色丝绳。

(55)二矛：指战车所插的双矛。重（chóng）弓：每人带二张弓，其中一张为备用。

(56)贝胄：贝壳装饰的头盔。朱綅（qīn）：红线。指头盔上缀贝壳是红线。

(57)烝徒：众步卒。烝，众。增增：同“层层”，众多貌。

(58)戎狄：西戎和北狄，都是古代北方的少数民族。膺：应击。

(59)荆：楚的别名。舒：国名，楚的属国。惩：惩治。

(60)承：抵挡。日本学者仁井田好古与俞樾皆以为上九句为错简，当在“王曰叔父”之上。

(61)黄发台背：指高寿老人。

(62)胥：相。试：比（马瑞辰说）。一说老了还相与进言用事。

(63)耆：老，七十岁以上的人称耆，这里指长寿。艾：老。

(64)岩岩：高峻貌。

(65)詹：通“瞻”，瞻仰。

(66)奄有：奄，覆盖。龟：龟山，在今山东新泰西南四十里。蒙：蒙山，在今山东蒙阴南。

(67)荒：《毛传》：“荒，有也。”大东：极东。见《大东》注。

(68)凫：凫山，在今山东邹城西南。绎：绎山，亦作峄山，在今山东邹城东南。

(69)徐宅：徐人所居，即徐国。

⑦蛮貊（mò）：泛指东部与南部的少数民族。

⑦诺：应声词，这里有听从的意思。

⑦若：顺从。

⑦纯嘏：大福。

⑦常：地名，即今山东薛城南，微山湖北。据《国语·齐语》说：常一度为齐所占，齐桓公时返还与鲁。许：即许田，在今河南许昌东。曾被郑国所侵占，僖公时，归还与鲁。

⑦宇：居，指疆域。

⑦燕喜：宴饮喜乐。

⑦令妻：贤妻。寿母：长寿的母亲。

⑦宜：善，相宜。庶士：诸士。

⑦有：保有。

⑧祉：福。

⑧儿："齯"之借字。《释文》："儿齿，齿落更生细者也。"这是长寿之像。

⑧徂来：山名，亦作徂徕，在今山东泰安东南四十里。

⑧新甫：山名，又名宫山、小泰山。

⑧度：通"劚"，砍。按：今山西方言谓砍木为"劚"。

⑧寻：八尺为寻。在这里"寻"与"尺"都作动词。牟庭说："是寻，谓大木度之以寻；是尺，谓小材度之以尺。"

⑧桷（jué）：方形椽。有舃（xì）：粗大貌。

⑧路寝：正室。硕：大。

⑧奕奕：高大貌。一说相连貌。

⑧奚斯所作：《毛诗》以为大夫奚斯主持建造新庙。三家诗则以为指奚斯作此诗。

⑨曼：长。硕：大，古以大为美，故亦有美意。

⑨若：顺。言此顺万民之意。

【赏析】

这是鲁国公子奚斯（子鱼）为鲁僖公修建祖庙所作的一首长诗。

这是《诗经》中最长的一首诗，朱熹《诗序辨说》云："此诗言'庄公之子'，又言'新庙奕奕'，则为僖公修庙之诗明矣。"但诗不直接写修寝庙，而是从鲁祖也是周祖姜嫄和后稷说起，由鲁国之所以封，推本鲁庙之所由来，以显示鲁君乃宗周王室的亲枝正脉。一章美鲁侯而推本其先世降生之异；二章推本周业之成而及鲁之所由封；三章追述鲁之受封而因颂鲁侯之奉祭获福；四章叙鲁侯备礼乐以奉祭，而愿其享福寿以保国；五章美鲁侯内修外攘之功，而祝其昌大寿考之福；六、七章颂鲁境幅员之广，乃受福之大者；八章愿天赐君以全福；九章颂鲁侯修庙之事，与篇首相呼应。这首诗可看作是最早的专门咏宫殿建筑的诗。如果把卒章扩展开来，每一句都详加叙述和描写，就是一篇大赋。但前八章却是写人，写鲁之历史，作者关怀的重点还是在人的精神即鲁君及其先祖之德。所以，这么长的诗真正写宫寝的只有首章开头两句和卒章。这种写法也对我们理解汉代大赋有启发，大赋极铺张写物之能事，乃是极写汉帝王之宏德威力。谭元春云：《泮水》、《閟宫》，春容大雅，遂开后人文笔之端，然《閟宫》不及《泮水》远矣。"《鲁颂》是典型的文人作品，学习《国风》和《大雅》的痕迹显然。所谓"文笔"即文饰之笔，语言美化，这本来是一件好事——文学需要艺术的美的语言。当然要言之有物，这就涉及如何对待《诗经》这部书和书中的每一首诗的问题了。无论原诗是怎样的，它毕竟是经典，其影响不在此即在彼。

　　值得注意的是，诗中"戎狄是膺，荆舒是惩"二句，根据今本《诗经》，写的是鲁僖公之事。可是在《孟子》中两次引到此二句，都说写的是周公，显然是有问题的。日本江户时代的学者仁井田好古认为此诗有错简。俞樾《茶香室经说》"王曰叔父"条对此有一段分析考证，甚为有理，今录于此，以作参考。俞氏曰："《閟宫篇》：'王曰叔父，建尔元子，俾侯于鲁。'愚按：上文从姜嫄生后稷以至大王、文、武，叙次皆有条理，而未及周公一字也。此乃骤接'王曰叔父'之句，不太鹘突乎？反复读之，此文盖有错简。第四章'公车千乘，朱英绿縢，二矛重弓。公徒三万，贝胄朱绶，烝徒增增。戎狄是膺，荆舒是惩，则莫我敢承'九句当在此章'王曰叔父'之上。自'公车千乘'至'为周室辅'十四句为第三章。所谓公者，周公也。何以明之？毛公旧读自'享以骍牺'至'眉寿无有害'三十八句为一章，殊为太长，全经分章，无有长如此者，惟《载芟》一章三十一句。然《周颂》不分章，一章正是一篇耳。其极长者《载芟》三十一句，其最短者《维清》五句，总谓之一章，不得以此为比也。此有错简之证一也。'俾尔炽而昌'八句与下文

‘俾尔昌而炽’八句相接，‘炽而昌’、‘昌而炽’，其承接之迹，显然可见。乃羼人‘公车千乘’九句，使文法之相接者不接。此有错简之证二也。‘公徒三万’句，《郑笺》曰：‘大国三军，合三万千五百人。三万者，举成数也。’《正义》曰：‘如此《笺》以为僖公当时实有三军矣。答临硕谓：此为二军，以其不安，故两解之。’又曰：‘襄十一年经书作三军，明已前无三军也。昭五年又书舍中军，若僖公有三军，则作之当书。自文至襄复减为二，则舍亦当书。僖公之时，无作、舍之文，便知当时无三军也。’愚谓此纷纭之论，皆由误以此章为言僖公耳。若知是‘王曰叔父’以前之错简，则‘公车千乘，公徒三万’皆咏周公之事。周公从上公之制，备三军之数，诗人所咏自非虚词。而鲁国本无三军，至襄十一年始作之，于事亦合。此有错简之证三也。孟子两引‘戎狄是膺，荆舒是惩’三句，一则曰‘周公方且膺之’，一则曰‘是周公所膺也’。孟子长于《诗》，不得误僖公为周公。若谓断章取义，不得两处皆同。此有错简之证四也。有此四证，辄更定《閟宫》章句如左：《閟宫》第一章‘閟宫有恤’至‘缵禹之绪’一十七句，第二章‘后稷之孙’至‘敦商之旅，克咸厥功’一十二句，‘敦商之旅，克咸厥功’二句应乙转作‘克咸厥功，敦商之旅’。”

俞氏此说甚为有理。那么，这首诗的可贵处还在于它保存了一些珍贵的周初历史资料。

〔商颂〕

那

猗与那与①，置我鞉鼓②。奏鼓简简③，衎我烈祖④。汤孙奏假⑤，绥我思成⑥。鞉鼓渊渊⑦，嘒嘒管声⑧。既和且平，依我磬声⑨。於赫汤孙⑩，穆穆厥声⑪。庸鼓有斁⑫，万舞有奕⑬。我有嘉客，亦不夷怿⑭？自古在昔，先民有作⑮。温恭朝夕，执事有恪⑯，顾予烝尝⑰，汤孙之将⑱。

【注释】

①猗（jī）：盛大貌。与：同"欤"，叹词。那：指武功繁多。

②置：竖立。鞉（táo）鼓：一种立鼓。

③简简：象声词，鼓声。

④衎（kàn）：欢乐。烈祖：有功业的祖先。

⑤汤孙：商汤之孙。奏假：奏报。

⑥绥：安定。思：语助词。成：平，指汤取得太平。

⑦渊渊：象声词，鼓声。

⑧嘒（huì）嘒：象声词，吹管的乐声。管：一种竹制吹奏乐器。

⑨磬：一种玉制打击乐器。

⑩於（wū）：叹词。赫：显赫。

⑪穆穆：和美庄肃。

⑫庸：同"镛"，大钟。有斁（yì）：乐声盛大貌。

⑬万舞：舞名。有奕：即"奕奕"，舞蹈场面盛大之貌。

⑭亦不夷怿（yì）：意为不亦夷怿，即不是很快乐吗？

⑮作：指行止。

⑯执事：行事。有恪（kè）：即"恪恪"，恭敬诚笃貌。

⑰顾：顾念。烝尝：冬祭为烝，秋祭为尝。

⑱将：佑助。

【赏析】

《那》是《商颂》的首篇，为祭祀商王成汤的乐歌。

全诗一章二十二句，首六句写用鼓乐迎先祖之灵，祈求赐福。"猗与那与，置我鞉鼓"描写摆开乐鼓，即将奏乐的阵势，"猗与那与"表现出对这种宏大气势的赞美和惊叹。乐器摆放停妥后，"简简"的鼓声奏响了，先祖之灵被美妙的乐舞所吸引而降临人间。于是作为商汤后人的祭祀者向先祖祷告，祈求赐予福禄，也就是"绥我思成"。

接下来的十句着重表现乐舞的盛美："鞉鼓渊渊，嘒嘒管声。既和且平，依我磬声。於赫汤孙，穆穆厥声。庸鼓有斁，万舞有奕。我有嘉客，亦不夷怿。"此段又可分为三层，前六句写乐声的和谐悦耳，鼓声咚咚，管乐悠扬，配合着清越的磬音，构成这场祭祀乐舞震撼人心的宏大声音。下面两句"庸鼓有斁，万舞有奕"为第二层，描写钟鼓齐鸣时，众人起舞的盛况。此处"万舞"为一种舞蹈的名称，舞分"文舞"和"武舞"，"万舞"是指文舞、武舞同时表演。"我有嘉客，亦不夷怿"两句从观者的角度侧面描写了乐舞之盛美，正因为音乐舞蹈宏大壮美，嘉客才会陶醉其中。

在庄严谐和的乐舞中，祭祀者追述起祖先的功德："自古在昔，先民有作。温恭朝夕，执事有恪。"这诚然是祭祀者对于先民美好德行的赞颂，也是以先民之德行自我勉励。最后，祭祀者祈求先祖享受祭品，并特别指出这些祭品是您成汤的子孙献上的。"顾予蒸尝，汤孙之将"既是结束语，也进一步加强了祭祀的神秘气氛和宗教意味。读罢此诗，读者的最深印象恐怕是鼓、管、磬、钟等乐器和充盈于耳的乐声了，如此盛大的音乐彰显的是商汤显赫的德行。

由于对祭祀乐舞的详细描写，本诗也成为研究古代音乐舞蹈的重要史料。诗中叙述了先奏鼓乐，再奏管乐，然后击磬，最后钟鼓齐鸣，万舞起跳的乐舞程序，是对上古祭祀礼仪中乐舞表演的真实记录。

烈 祖

嗟嗟烈祖^①！有秩斯祜^②，申锡无疆^③，及尔斯所^④。既载清酤^⑤，赉我思成^⑥。亦有和羹，既戒既平^⑦。鬷假无言^⑧，时靡有争，绥我眉寿^⑨，黄考无疆^⑩。约軝错衡^⑪，八鸾鸧鸧^⑫。以假以享^⑬，我受命溥将^⑭。自天降康，丰年穰穰。来假来飨，降福无疆。顾予烝尝^⑮，汤孙之将^⑯。

【注释】

①烈祖：功业显赫的祖先，此指商朝开国的君王成汤。

②有秩斯祜：形容福之大貌。

③申：再三。锡：同"赐"。

④及尔斯所：直到你所在处所。

⑤清酤：清酒。

⑥赉（lài）：赐予。思：语助词。

⑦戒：齐备。

⑧鬷（zōng）假：集合大众祈祷。

⑨绥：安抚。眉寿：高寿。

⑩黄考（gǒu）：义同"眉寿"。

⑪约轵（qí）错衡：用皮革缠绕车毂两端并涂上红色，车辕前端的横木用金涂装饰。

⑫鸾：一种饰于马车上的铃。鸧（qiāng）鸧：同"锵锵"，象声词。

⑬假（gé）：同"格"。至也。享：享用。

⑭溥（pǔ）：大。将：长。

⑮烝尝：冬祭叫"烝"。秋祭叫"尝"。

⑯汤孙：指商汤王的后代子孙。将：佑助。

【赏析】

　　全诗二十二句，层次分明，逐渐深入铺写祭祀烈祖盛况。"嗟嗟烈祖"以叠字叹词开篇，一叹再叹，祭祀者对先祖崇拜得五体投地的情形如在眼前，无限的溢美之词中透露出深深的崇敬之情，点明了祭祀的缘由——烈祖洪福齐天，给子孙"申锡无疆"。直呼式的呼告修辞，感情的直接表达，毫无掩饰，单刀直入，饱含深情地对先祖进行颂扬，活泼生动的语调减少了几分刻板和呆滞，呈现出了生活的真实情感，抓住读者的猎奇心，增添了艺术效果。成汤带给子孙的大福，次数无比之多，时间无比之长，范围无比之广，后代子孙无限的感激之情表露无遗。

　　祭祀者并未满足于成汤赏赐给子孙们的福禄，而是继续祈求先祖永远赐予祥瑞大福。接踵而至的便是下面结构并列、内容交错的祭祀乐词。备好了清酒，献上调和均匀的美味羹，心里默默地祷告，请求先祖佑我成功。供品丰盛、讲究，言及酒馔，祈求长寿。再看看那祝祷的景象，众人默然肃穆，没有喧哗，没有纷争，心平气和，可谓百礼具备，渲染出热烈却又严肃的氛围。在如此盛大而庄严肃穆的礼仪之中，祭祀者虔诚，以求精诚所至，神明感动，使得先祖降下福佑，让"汤孙"获得万寿无疆的长眉大寿。

"约軧错衡，八鸾鸧鸧"，红皮的车毂，饰金的车衡，贵宾光临，驷马八铃响声锵锵，多么动听。写车马的整饬在于突出助祭的贵宾，写助祭贵宾的高贵又在于烘托出主人的身份和迎神的场面。贵宾前来助祭场景的描写，表现出了商朝的强盛，烘托出了场面的热烈，也因此将全诗祈求获福的祭祀场面再次推向高潮。

于是乎，隆重的祭祀活动开始了，祭祀者献享啊，祝祷啊，叩拜啊，祈求安康，盼望丰年穰穰，更希望先祖能够降下福泽无疆。结尾两句祝词点明了举行时祭的是"汤孙"，使得首尾呼应，结构完整。

玄 鸟

天命玄鸟①，降而生商，宅殷土芒芒②。古帝命武汤③，正域彼四方④。方命厥后⑤，奄有九有⑥。商之先后⑦，受命不殆⑧，在武丁孙子⑨。武丁孙子，武王靡不胜⑩。龙旂十乘⑪，大糦是承⑫。邦畿千里⑬，维民所止⑭。肇域彼四海⑮，四海来假⑯，来假祁祁⑰，景员维河⑱。殷受命咸宜⑲，百禄是何⑳。

【注释】

①玄鸟：燕子。

②宅：居住。芒芒：同"茫茫"。

③古：从前。帝：天帝，上帝。武汤：即成汤，汤号曰武。

④正域：征服疆域。

⑤方：遍，普。后：此指各部落的酋长首领。

⑥奄：全部。九有：九州。

⑦先后：先王。

⑧命：天命。殆：通"怠"，懈怠。

⑨武丁：即殷高宗，汤的后代。

⑩武王：即武汤，成汤。胜：胜任。

⑪旂（qí）：古时一种旗帜，上画龙形，竿头系铜铃。乘（shèng）：四马一车为乘。

⑫大禘（chì）：大祭。

⑬邦畿：国都附近。

⑭维民所止：人民所居紧相连。

⑮肇域彼四海：始拥有四海之疆域。

⑯假（gé）：通"格"，到。

⑰祁祁：纷杂众多之貌。

⑱景员：通"广运"，东西曰广，南北曰运。指大的国界。

⑲成宜：人们都认为适宜。

⑳何：通"荷"，承担。

【赏析】

《玄鸟》一诗二十二句，按照时间顺序，如同记载历史一样，大致可以分为四层。

"天命玄鸟，降而生商"，开篇追叙武丁以前殷商的历史，借神话传说从始祖写起，着重于突出商的起源。"芒芒"广大的土地，上帝命令成汤治理四方。第一层借"吞卵而生契"的故事着意写出商朝的统治上承天命，而国泰民安的重任得由汤的后代子孙武丁来承当。以武功立国，征服四方，广施号令，据九州为王。立国、治国，两重意思，蝉联而下，为下文的武丁出场慢慢蓄势。

"商之先后，受命不殆，在武丁孙子"，商朝的再次复兴，武丁功不可没。三句顺承而来，既说明成汤上承天命，使得商朝天下不断延续，同时又在分析"不殆"的原因中自然地点出中兴之主武丁的功劳。武丁外伐鬼方、大彭，内修德政，从而使得成汤事业无往不胜。含蓄中表现出武丁中兴的丰功伟绩，自豪之情油然而生，敬佩之情翩然而至。

颂歌的重点在于歌颂祖德，表现祭祀的场景。紧接而来的是"龙旂十乘，大禘是承"的情形，如果不是武丁中兴，周王朝声威大震，就不会有诸侯十年插龙旗，满载粮食来助祭的热烈场景了。诗歌在对整体的概述描写之后，笔锋一转，回到祭祀的现实中来，着重于助祭的热烈场面，突出武丁的声威。

第四层描写"四海来假，来假祁祁"的场景。四海部族纷纷前来朝拜，旌旗之盛，人数之多，从侧面烘托出商王朝的繁荣强大。末尾二句与"天命玄鸟"、"古帝命武汤"、"受命不殆"相联系，以"天命"贯穿始终来结束全诗，既表现出商朝统治的合理性，也表现出商朝统治的绵延性。不仅如此，它同时也是祭祀者对天神的虔诚，祈盼能继续得到庇佑，使得商朝的统治昌盛、久长。

长 发

濬哲维商①，长发其祥②。洪水芒芒③，禹敷下土方④。外大国是疆⑤，幅陨既长⑥。有娀方将⑦，帝立子生商⑧。

玄王桓拨⑨，受小国是达⑩，受大国是达。率履不越⑪，遂视既发⑫。相土烈烈⑬，海外有截⑭。

帝命不违，至于汤齐⑮。汤降不迟，圣敬日跻⑯。昭假迟迟⑰，上帝是祗⑱，帝命式于九围⑲。

受小球大球⑳，为下国缀旒㉑，何天之休㉒。不竞不絿㉓，不刚不柔。敷政优优㉔，百禄是遒㉕。

受小共大共㉖，为下国骏厖㉗。何天之龙㉘，敷奏其勇㉙。不震不动㉚，不戁不竦㉛，百禄是总㉜。

武王载旆㉝，有虔秉钺㉞。如火烈烈，则莫我敢曷㉟。苞有三蘖㊱，莫遂莫达㊲。九有九截㊳，韦顾既伐㊴，昆吾夏桀㊵。

昔在中叶㊶，有震且业㊷。允也天子㊸，降予卿士㊹。实维阿衡㊺，实左右商王㊻。

【注释】

①濬（jùn）哲：明智。商：指商的始祖。

②长：久。祥：吉祥。

③芒芒：茫茫，水盛貌。

④敷：治。下土方：指天下的土地。

⑤外大国：外谓邦畿之外，大国指远方诸侯国。疆：疆土。

⑥幅陨：面积。长：增长。

⑦有娀（sōng）：古国名。

⑧帝立子生商：上帝立女生殷商。

⑨玄王：商契。桓拨：威武刚毅。

⑩达：通达。

⑪率履：遵循礼法。履，"礼"的假借。

⑫视：巡视；发：施行。

⑬相土：人名，契的孙子。烈烈：威武貌。

⑭海外：四海之外，泛言边远之地。有截：截截，整齐划一。

⑮汤：成汤。齐：齐一，一样。

⑯跻：升。

⑰昭假：向神祷告，表明诚敬之心。迟迟：久久不息。

⑱祗：敬。

⑲式于九围：领导九州。

⑳球：玉器。

㉑下国：下面的诸侯方国。缀旒：旗上的飘带，此指表率。

㉒何：同"荷"，承受。休：美。

㉓絿（qiú）：急。

㉔优优：温和宽厚。

㉕逎：聚。

㉖共：通"珙"，美玉。

㉗骏厖（máng）：庇护。

㉘龙：恩宠。

㉙敷奏：施展。

㉚不震不动：不可惊惮。

㉛戁（nǎn）、竦：恐惧。

㉜总：聚。

㉝武王：指商汤。斾：旌旗，此作动词。

㉞有虔：坚强威武貌。秉钺：执持长柄大斧。

㉟曷：诵"遏"。阳挡。

㊱苞：本，指树桩。蘖：旁生的枝桠。

㊲遂：草木生长之称。达：苗生出土之称。

㊳九有：九州。

㊴韦：国名，在今河南滑县东南。顾：国名，在今山东鄄城东北。

㊵昆吾：国名，在今河南省许昌市东。

㊶中叶：商朝中世。

㊷震：威力。业：功业。

㊸允：信然。

㊹降：天降。

㊺实维：是为。阿衡：即伊尹，辅佐成汤征服天下建立商王朝的大臣。

㊻左右：在王左右辅佐。

【赏析】

《长发》先歌颂了商统治者的祖先契以及契之孙相土，之后才详细叙述主要祭祀对象成汤的事迹。在诗的末尾略提伊尹之事，是以伊尹从祀成汤之意。

诗共七章，一、二两章追述汤之祖先契和相土奠定基业之功。首章开头两句是赞美之辞，"濬哲维商，长发其祥"，称赞商朝世代有睿智、圣明的君王，上天因之赐予商吉祥。之后诗歌笔锋转向汤之祖先契，叙述商部落最初的兴起。契因协助夏禹治水有功而被舜任命为司徒，后封于商地，商人由此立国。而且在契的开拓下，商国的疆土渐渐宽广。章末两句写契的诞生，"有娀方将，帝立子生商"，传说契之母有娀吞玄鸟卵而有孕，生下契。以神话传说来解释契的诞生，颇有神秘色彩，意在表明商之建立得到了上天的允许。第二章先写契对商的治理，之后过渡到歌颂相土。玄王即契，他治国有方，无论大国小国皆归附于商。不仅如此，契还能遵循礼法，力求教令尽行。到相土统治时期，商的势力已经扩展到渤海一带，以"烈烈"赞相土，突出的就是他开拓疆土的武功。

在契和相土的治理下，商人蓄积了消灭夏朝、建立商王朝的雄厚实力，成汤是这项事业的实现者，三到六章便是对成汤这一丰功伟绩的赞扬。商汤拥有天下的原因被认为是"帝命不违"，不违帝命的具体表现有二。其一，成汤礼贤下士，不敢怠慢，合于上天之德；其二，成汤对待上天虔敬恭谨。因此，成汤能够得到上帝的认可，其德行成为九州的典范。由于成汤治国有方，广施德业，商渐渐强大，各方诸侯纷纷归服。而诸侯之所以归服，是因为成汤治国遵循法制，施政宽和，所谓"不竞不绿，不刚不柔"也。另一方面，强大的商可以荫庇下国诸侯，具有"不震不动，不戁不竦"的强国风范。对一个国家来说，四方来归意味着政通人和，"百禄是道"、"百禄是总"是理所当然的结果了。

第六章写成汤讨伐夏桀之功。"武王载旆，有虔秉钺。如火烈烈，则莫我敢曷"，寥寥四句塑造出一个勇猛威武的成汤形象。王旗飘飘，兵器在手，一股所向披靡的气势漫溢于其中。"苞有三蘖，莫遂莫达。九有九截，韦顾既伐，昆吾夏桀"，这里用比喻的手法说明了夏必亡、商必胜的道理。韦、顾、昆吾为夏朝的三个从国，诗将夏桀比喻为树干，将韦、顾、昆吾比作树干上分出的三个枝杈，生动而具体。诗人指出，夏桀已经是一株枯木，已经无法再长枝叶（莫遂莫达），而商一定会征服九州，完成统一，韦、顾、昆吾连同夏桀将一起灭亡。

成汤能有天下，得益于贤良卿士的辅佐，伊尹是其中最为著名的功臣，因此以他配祭成汤。"昔在中叶，有震且业。允也天子，降予卿士。实维阿衡，实左右商王"，这是诗的第七章，叙述的即是伊尹的辅佐之功。

本诗叙述的事件以殷商的历史事实为基础，又有神话传说的内容，语言虽有古奥生涩之处，但叙事流畅，内容凝练集中，整体表现出平易、充实的风貌。

殷　武

挞彼殷武①，奋伐荆楚②。罙入其阻③，裒荆之旅④。有截其所⑤，汤孙之绪⑥。

维女荆楚⑦，居国南乡⑧。昔有成汤，自彼氐羌⑨，莫敢不来享⑩，莫敢不来王⑪，曰商是常⑫。

天命多辟⑬，设都于禹之绩⑭。岁事来辟⑮，勿予祸适⑯，稼穑匪解⑰。

天命降监⑱，下民有严⑲。不僭不滥⑳，不敢怠遑㉑。命于下国㉒，封建厥福㉓。

商邑翼翼㉔，四方之极㉕。赫赫厥声㉖，濯濯厥灵㉗。寿考且宁，以保我后生㉘。

陟彼景山㉙，松柏丸丸㉚。是断是迁㉛，方斲是虔㉜。松桷有梴㉝，旅楹有闲㉞，寝成孔安㉟。

【注释】

①挞：勇武貌。一说疾貌。殷武：《毛传》："殷王武丁也。"

②荆楚：即楚国。

③罙：同"深"。阻：险阻。

④裒（póu）：王念孙读为"俘"，即俘虏。旅：师旅。

⑤截：割划，治理。其所：其地，指荆楚。

⑥之绪：是绪。绪，业。这是说成汤的孙子统治了那里。或以为是说这是成汤的孙子的功业。

⑦女：同"汝"，你。

⑧南乡：南方。

⑨氐羌：古西部的两个游牧部落。

⑩享：献，指进贡。

⑪王：指朝见。

⑫常：通"尚"，尊敬，崇尚。一说纲常之"常"。

⑬多辟：指诸侯。辟，君。

⑭禹之绩：指经大禹治理过的九州。绩，迹。

⑮岁事：每年朝见之事。来辟：来朝。

⑯予：施。祸：通"过"。适：通"谪"，训"责"。苏辙："成以岁事来见王，以祈王之不谴。"

⑰稼穑：耕种。解：通"懈"。

⑱监：监察。一说天命下察。

⑲下民：天下的人民。严：畏也。一说：有严，守法谨严貌。

⑳僭：越礼。滥：放纵，恣意妄为。

㉑怠遑：懒惰偷闲。

㉒下国：下间之国，这里指商国。一说指各诸侯国。

㉓封：大。建：立。

㉔商邑：商之都城。翼翼：严正繁盛貌。

㉕极：中极，准则。

㉖赫赫：显盛貌。

㉗濯濯：光明貌。灵：威灵。

㉘后生：后世子孙。

㉙陟：登。景山：大山。一说山名。

㉚丸丸：圆而直貌。

㉛断：砍断。迁：搬运。

㉜方：是，乃。一说正也。斲：砍，用斧来砍。此句指将运回的木料用刀斧按一定要求处理成适用的材料。虔：马瑞辰以为"削"。此指用刀处理木头。

㉝桷（jué）：方的椽子。梴（chān）：木长貌。

㉞旅楹：排列的楹柱。有闲：即"闲闲"，空旷广大貌。或以为指屋柱子粗壮。

㉟寝：寝庙。

【赏析】

这首诗是歌颂殷高宗中兴殷道的祭歌。诗中赞美了上天对高宗的恩赐和他的赫赫武功。

《孔疏》说："高宗（殷武丁）前世，殷道中衰，宫室不修，荆楚背叛。高宗有德，中兴殷道，伐荆楚，修宫室，既崩之后，子孙美之，追述其功，而歌此诗也。"

一章述武丁伐楚之功，"罙入其阻"一语，有捣穴夺垒之势，正是对武功的崇尚精神。二章述戒楚之词，借氐羌责荆楚，精神震动，是一篇争胜处。三章言诸侯来服，仍然建立在天命和武功之上。其中言及"稼穑匪解"，说明殷商时期也重视农业生产。四章言中兴之本，"下民有严"一句，更值得思考。李泽厚谓殷商崇尚"狞厉之美"（《美的历程》），正是天命的威严和武力的惩罚相融合所形成的敬畏、恐怖的意味——殷商人心目中的天命与武力杀伐是一致的。五章言中兴之盛。六章言作庙以祭。以征伐起，以作庙结。大有以武定天下之意味在。

尚书选录

虞 书

尧 典

【原文】

曰若稽古^①，帝尧，曰放勋，钦明文思安安^②，允恭克让^③，光被四表^④，格于上下^⑤。克明俊德^⑥，以亲九族^⑦。九族既睦，平章百姓^⑧。百姓昭明，协和万邦，黎民与变时雍。

【注释】

①稽古：考察古时传说。
②钦：恭谨严肃。
③允：诚实。让：让贤。
④被：覆盖。四表：指东西南北四方的部族。
⑤格：到达。
⑥俊德：指才德兼备德人。
⑦九族：指与自己有较近血缘关系的部族。
⑧百姓：指九族之外，部落联盟之内，所有不同姓氏的血缘群体。

【译文】

追溯到从前的往事，皇帝尧名叫放勋，他恭敬节俭，明察秋毫，善于治理天下，深思熟虑，敏捷快速，温和宽容。他讲求诚信，且胸怀宽广，又能让贤，光耀普照五湖四海，遍于全国各地。他会表彰有才有德的人，使九族和睦亲密；九族和睦之后，他又考察分辨百官族姓；辨明之后，义和谐万邦诸侯，于是民众受到教化感染而变得和睦友好。

【原文】

乃命義、和^①，钦若昊天，历象日月星辰，敬授人时。分命義仲，宅嵎夷，曰旸谷^②。寅宾出日，平秩东作。日中^③，星鸟^④，以殷仲春。厥民析，鸟兽孳尾。申命義叔，宅南交^⑤。平秩南讹，敬致。日永^⑥，星火^⑦，以正仲夏。厥民因，鸟兽希革。分命和仲，宅西，曰昧谷。寅饯纳日，平秩西成。宵中^⑧，星虚^⑨，以殷仲秋。厥民夷，鸟兽毛毨。申命和叔，宅塑方，曰幽都，平在塑易。日短^⑩，星昴^⑪，以正仲冬。厥民隩^⑫，鸟兽氄毛。帝曰："咨！汝羲暨和。期三百有六旬有六日，以闰月定四时，成岁。允厘百工，庶绩咸熙。"

【注释】

①羲、和：相传世代掌管天文历法的两个氏族。

②旸谷：传说中日出的地方。

③日中：指春分。春分这天昼夜相等，因此叫日中。

④星鸟：星名，指南方朱雀七宿。朱雀是一种鸟，所以叫星鸟。

⑤交：地名，指交趾。

⑥日永：指夏至。夏至这天白天最长。

⑦星火：指火星。夏至这天黄昏，火星出现南方。

⑧宵中：指秋分。秋分这天昼夜时间相等，因此叫宵中。

⑨星虚：星名，指虚星，为北方玄武七宿之一。

⑩日短：指冬至。冬至这天白天最短，所以叫日短。

⑪星昴（mǎo）：星名，指昴星，为西方白虎七宿之一。

⑫隩：奥，意思是内室。

【译文】

于是命令羲和，恭敬地顺从上天的旨意，观测日月星辰的运行规律，制定出历法，来告诉人们耕作的时令节气。又令羲仲，住在东方的旸谷，恭敬地迎接日出，来测定日出的准确时刻。以昼夜平分的那天作为春分，以星鸟出现在南方天空正中的时刻确定为仲春的依据。这时，人们分散在田里耕作，鸟兽也开始了生育繁殖。又令羲叔，住在太阳由北向南运转经过的一个叫明都的地方，测量太阳往南运行的情况，虔敬地迎接太阳的到来。以白天最长的那天定为夏至，以火星出现于南方正中之时确为仲夏时节的依据。这时，人们住在高处，凉爽鸟兽的羽毛开始脱落。又命令和仲，住在西方的昧谷，虔敬地目送落日，测定出太阳西落的时刻。把昼夜长短相等的那天定为秋分，以虚星呈现在南方正中之时作为仲秋时节的依据。此时，人们都在平地上，鸟兽的毛又开始长厚了。又令和叔，住在北方叫幽都的地方，测定太阳向北运行的情况。将白昼最短的那天定为冬至，以昴星呈现于南方正中之时确定为仲冬的依据。此时，人们居住在室内取暖，鸟兽长出了细细的绒毛。尧帝说："啊！羲与和啊，每一周年有三百六十六天，再加上闰月确定的四季而成为一年。根据这来分配百官司的事务，众多的事务因此也就兴旺起来。"

【原文】

帝曰："畴咨若时？登庸①。"放齐曰："胤子朱启明。"帝曰："吁！嚚讼可乎？"

帝曰："畴咨若予采？"驩兜曰："都！共工方鸠僝功②。"帝曰："吁！静言庸违，象恭滔天。"

帝曰："咨！四岳，汤汤洪水方割，荡荡怀山襄陵，浩浩滔天。下民其咨，有能俾乂？"佥曰："於！鲧哉。"帝曰："吁！咈哉，方命圮族。"岳曰："异哉！试可乃已。"帝曰，"往，钦哉！"九载，绩用弗成。

【注释】

①若时？登庸：若：顺。时：四时。
②方鸠僝功：方通"防"。鸠通"救"。僝：具。

【译文】

尧帝说："啊，谁能顺应四时的变化来随机行事呢？"放齐说："你的儿子丹朱特别聪明。"尧帝说："唉！他能言善辩，怎么行呢？"

尧帝说："唉！谁能遵循我的意思来办理政务呢？"驩兜说："啊！共工防救水灾已取得了很好的效果。"尧帝说："唉！这个人花言巧语，阳奉阴违，看似很恭谨，其实很散漫的。"

尧帝说："唉！四方的诸侯之长，现在洪水危害颇大，已经淹没了大山，冲过了山冈，大水泛滥。下面的臣民都在叹息，有人可以治理洪水吗？"大家都说："那么，鲧吧。"尧帝说："唉，不行啊，他经常违背教命，危害邦族。"四方的诸侯之长说："任用他吧，试试才知道行不行。"

【原文】

帝曰："咨！四岳。朕在位七十载，汝能庸命①，巽朕位②？"

岳曰："否德忝帝位。"

曰："明明扬侧陋。"师锡帝曰："有鳏在下③，曰虞舜。"

帝曰："俞！予闻，如何？"

岳曰："瞽子④，父顽，母嚚，象傲，克谐。以孝烝烝⑤，乂不格奸。"

帝曰："我其试哉！"女于时，观厥刑于二女⑥。厘降二女于妫汭，嫔于虞。

帝曰："钦哉！"

【注释】

①庸命：顺应天命。

②巽：用作"践"，意思是履行，这里指接替帝位。

③鳏（guān）：妻子去世的人。

④瞽（gǔ）：瞎子，这里指舜的父亲乐官瞽瞍。

⑤烝烝：形容孝德深厚美好。

⑥二女：指尧的女儿娥皇和女英。

【译文】

尧帝说："啊！四方诸侯的首领。我已经在位七十年了，你们谁能顺乎天命，接替我的帝位呢？"

四方诸侯的首领说："我们德行卑微，见闻短浅，不配登上帝位。"

尧帝说："可以推举贵族中的贤才，也可以推荐疏远隐藏的贤人。"

众人对尧帝建议说："在民间有一个穷困潦倒的人，名字叫虞舜。"

尧帝说："是啊！我也听说过。这个人怎么样呢？"

四方诸侯的首领回答说："他是乐官瞽瞍的儿子。他的父亲心术不正，母亲不守信用，弟弟傲慢无礼，可是舜却能和他们和睦相处。以舜的仁孝，治理国家不至于有奸邪行为吧？"

尧帝说："让我亲自考验一下吧！"尧想到把两个女儿嫁给他，让女儿在那里仔细观察他的品德行为。于是令两个女儿去妫水湾，嫁给虞舜。

尧帝对舜说："恭敬严谨地处理政务吧！"

舜　典

【原文】

曰若稽古，帝舜，曰重华，协于帝。浚咨文明，温恭允塞，玄德升闻，乃命以位。

慎徽五典①，五典克从②。纳于百揆③，百揆时叙④。

【注释】

①徽：美，善。五典：指即父义、母慈、兄友、弟恭、子孝五种伦理道德。

②克：能、能够。

③纳：入、进，赐予职务。百揆：总理一切事务。

④时叙：承顺，服从领导。

【译文】

考察古代传说，舜帝的名字叫重华，他的光辉与尧相合。智慧明鉴，温柔诚实。德行远播，尧帝也有所闻，于是让他治理国家。

舜谨慎地推行父义、母慈、兄友、弟恭、子孝五种美德，臣民都能顺从。他又受命管理百官，百官都能服从。

【原文】

宾①于四门，四门穆穆②。纳于大麓③，烈风雷雨弗迷。

【注释】

①宾：作动词，迎接宾客。

②穆穆：和睦相处。

③大麓（lù）：山麓。

【译文】

又让舜在明堂的四门，负责接待四方前来朝见的诸侯，使诸侯们都能和睦相处。最后使舜进入山麓的森林中，经受风雨的考验。舜在烈风雷雨中也没有迷失方向。

【原文】

帝曰："格①！汝舜。询②事考言，乃言底③可绩，三载。汝陟④帝位。"舜让于德，弗嗣。

【注释】

①格：来到。
②询：思考。
③底：致，求得。
④陟：登上。

【译文】

尧说："来吧！舜啊。你谋事周到，提的意见也都十分正确，经过三年考验，你的确取得了不少成绩，你现在可以登上天子的大位了。"舜以为自己的德行尚差，推让不愿就位。

【原文】

正月上日①，受终于文祖②。在璇玑玉衡③，以齐七政④。肆类⑤于上帝，禋于六宗⑥，望⑦于山川，遍于群神。辑五瑞⑧，既月乃日⑨，觐四岳群牧，班瑞于群后。

【注释】

①正月上日：农历正月里的好日子。
②受终：这里的意思是禅位大典。
③璇玑：北极星。玉衡：旋绕北极星之外有紫薇垣，垣之下即玉衡。
④七政：指祭祀、班瑞、东巡、南巡、西巡，北巡、归格艺祖七项

政事。也有一种说法指日、月和金木水火土五星。

⑤类：一种祭祀场合使用的礼节，在这里指向上天报告承袭帝位的事情。

⑥禋（yīn）：祭祀的名称。六宗：在这里指天、地和春、夏、秋、冬四时。

⑦望：祭祀山川的仪式。

⑧辑：收集，聚敛。五瑞：是指五种标志不同等级的玉，作为诸侯们的信符。

⑨既月乃日：挑选吉祥的日期。

【译文】

正月的一个吉日，舜在尧的太祖宗庙接受了禅让的帝位。他观察了北斗星的运行情况，列出了七项政事。接着举行祭祖，向上天报告继承帝位一事，并祭祖天地四时，祭祖山川和群神。舜聚集了诸侯的五等圭玉，挑选良辰吉日，接受四方诸侯头领的朝见，把圭玉颁发给他们。

【原文】

岁二月，东巡守，至于岱宗①，柴②。望秩③于山川，肆觐东后④。协时月正日⑤，同律度量衡⑥。修五礼、五玉、三帛、二生、一死贽⑦。如五器，卒乃复。五月南巡守，至于南岳，如岱礼。八月西巡守，至于西岳，如初。十有一月朔巡守，至于北岳，如西礼。归，格于艺祖，用特。五载一巡守，群后四朝。敷奏以言，明试以功，车服以庸。

【注释】

①岱宗：指东岳泰山。

②柴：烧柴祭天。

③望：祭祀山川及诸神。

④东后：东方诸侯的首领。

⑤时：春夏秋冬四季。

⑥律：指的就是阴阳十二律，其中阴律和阳律各占一半。度：丈尺。量：斗斛。衡：斤两。

⑦五礼：古人以吉凶军宾嘉为五礼。

【译文】

这一年的二月，舜到东方巡视，到了泰山，举行了柴祭，并按等级依次祭祀了其他山川，接受了东方诸侯国君的朝见。舜协调了春夏秋冬的月份，确定了天数；统一了音律和长度、容量、重量的单位；制定了公侯伯子男朝见的礼节，规定了五等圭玉、三种颜色丝织物、活羊羔、活雁和死野鸡的用法。礼仪结束后，便把五等圭玉归还给诸侯。五月，舜到南方巡视，到了衡山，像祭祀泰山一样行礼仪。八月，舜到四方巡视，到了华山，祭把礼仪同祭泰山一样。十一月，舜到北方巡视，到了恒山，祭祀礼仪同在华山一样。舜回来后，到尧太祖的宗庙祭祖，用的祭品是一头牛。

此后，舜每隔五年就巡视一次。各方诸侯在四岳朝见，各自报告政绩。舜根据诸侯的政绩进行评定，论功行赏，赐给他们车马和服饰。

【原文】

肇①十有二州，封十有二山，浚②川。

【注释】

①肇（zhào）：始。
②浚（jùn）：动词，疏通河道。

【译文】

舜划定了十二个州的疆界，在十二座山上封土为坛，作祭祀用，并疏通了河道。

【原文】

象以典刑①。流宥②五刑，鞭作官刑，扑③作教刑，金作赎刑。眚灾肆，赦④，怙终贼，刑⑤。"钦哉，钦哉，惟刑之恤哉！"

【注释】

①典刑：即常用的墨、劓、剕、宫、大辟五种刑罚。
②流：流放。宥（yòu）：原谅、宽恕。

③扑：槚和楚，古代用作惩罚的用具。

④眚：过失。

⑤怙：依仗。贼：杀。

【译文】

舜把五种常用的刑罚刻画在器物上，用流放的办法代替五刑以示宽大，用鞭刑来惩罚犯了罪的官员，用木条打来惩罚有罪过的掌管教化的人，用铜作为赎罪的刑罚。因为过失犯罪，可以赦免；要是犯了罪又不知悔改，就要用刑罚。慎重啊，慎重啊，使用刑罚时一定要慎重！

【原文】

流共工于幽州①，放驩兜于崇山②，窜三苗③于三危④，殛⑤鲧于羽山，四罪而天下咸服。

【注释】

①幽州：地名，大致在今北京地区。

②崇山：地名，在今湖北黄陂以南。

③三苗：古代南方少数民族。

④三危：地名，在现在甘肃敦煌一带。

⑤殛（jí）：流放、放逐。

【译文】

舜把共工流放到幽州，把驩兜流放到崇山，把三苗驱逐到三危，把鲧流放到羽山。这四个罪人受到了应有的处罚，天下的人都心悦诚服。

【原文】

二十有八载，帝乃殂落①。百姓如丧考妣，三载，四海遏密②八音③。月正元日，舜格④于文祖，询于四岳，辟四门，明四目，达四聪。

【注释】

①殂（cú），升；落，降。人死则魂升于天，魄降于地。

②遏，绝；密，静。

③八音指石、丝、竹等八种乐器奏出的音乐，后来泛指音乐。

④格：动词，至，到，抵达。

【译文】

帝尧禅位后二十八年便去世了。百官和人民好像死去父母一样，悲痛欲绝，长达三年。全国上下未奏音乐。三年以后的正月初一，舜到了文祖庙，和四方诸侯之长共商国家大事，开明堂四门以宣政教，明察四方政务，倾听四方意见。

【原文】

咨十有二牧，曰："食哉，惟时！柔①远能②迩③，惇④德允⑤元⑥，而难⑦任人⑧，蛮夷率服。"

【注释】

①柔：安抚，怀柔。

②能：善，爱护。

③迩：与远相对，近。

④惇（dūn）：浓厚。

⑤允：取信。

⑥元：善。

⑦难：拒绝，抵制。

⑧任人：佞人，指奸佞之人。

【译文】

与十二州的长官商讨政事，舜叹息着说："只有衣食才是人民的根本啊！安抚远方的臣民，爱护近处的臣民，亲近善待有德行的人，远离品行不端的人，如此，则边远地方的民族也会服从统治。"

【原文】

舜曰："咨，四岳！有能奋庸①熙②帝之载③，使宅④百揆⑤，亮⑥采⑦，惠⑧畴⑨？"

【注释】

①庸：功劳。

②熙：光大

③载：事业。

④宅：居，担任。

⑤百揆：总理一切事物，指百官。

⑥亮：辅助。

⑦采：事情。

⑧惠：助词，无实在意义。

⑨畴：疑问代词，谁。

【译文】

舜说："唉！四方诸侯之长啊，有谁能够奋发有为，光大先帝的事业，主持政务，统领百官，并帮助百官遵从行为规范呢？"

【原文】

佥曰："伯禹作司空①。"

帝曰："俞，咨！禹，汝平水土，惟时②懋③哉！"禹拜稽首，让于稷、契暨皋陶。

帝曰："俞，汝往哉！"

【注释】

①司空：三公之一，管理全国土地的官员。

②时：代词，指以上所说的职事。

③懋（mào）：勉力其努力。

【译文】

大家都说："伯禹担任司空，工作做得很出色。"

舜说："好吧！禹啊，你治理水土很有功劳，希望你继续承担起这份责任吧！"禹行礼拜谢，礼让于稷、契和皋陶。

舜说："你的态度很好，不过这项职务还是由你去担任吧！"

【原文】

帝曰："弃，黎①民阻饥，汝后稷②，播时③百谷。"

帝曰："契，百姓不亲，五品不逊④。汝作司徒⑤，敬敷五教⑥，在宽。"

【注释】

①黎：众多。

②稷：原为"谷神"，这里指的是农官，主管播种谷物的事情。

③时：通"莳"，耕种。

④五品：父、母、兄、弟、子。逊：顺。

⑤司徒：三公之一，主要负责教化民众和管理行政事务。

⑥敷：宣布。五教：指君臣、父子、夫妇、长幼、朋友五种伦常。

【译文】

舜说："稷啊！老百姓为饥饿所苦，你担任稷这项职务，就带领人民种植庄稼吧！"

舜说："契啊！现在百姓之间人际关系不好，君臣、父子、夫妇、长幼、朋友之间，关系不够和睦。你去担任司徒这种官职，对他们进行五常教育。在推行这些教育的时候，一定要本着宽厚的原则。"

【原文】

帝曰："皋陶，蛮夷猾①夏②，寇贼奸宄③。汝作士④，五刑有服⑤，五服三就⑥。五流有宅，五宅三居。惟明克允！"

【注释】

①猾：侵扰。

②夏：华夏。

③奸宄（guǐ）：犯法作乱。外部的叫做奸，内部的叫做宄。宄，也作轨。

④士：狱官的首领。

⑤五刑：指墨，劓，剕，宫，大辟。

⑥三就：到野、朝、市三个地方。

【译文】

舜说："皋陶啊！南方各部落经常来侵扰我们，到处为非作歹，抢夺人民的财产。你去负责诉讼方面的事务，根据罪行的大小使用五种刑罚。根据罪行的轻重，分别带到野、市、朝三个地方行刑。为了表示宽大，也可以用流放来代替刑罚。流放也要根据罪行大小分为五种，把犯人流放到远近不同的地方，这些地方可在九州之外，四海之内，并分作三等以区别其远近。只有明察秋毫，将案情处理得当，人民才会信服啊！"

【原文】

帝曰："畴若予工①？"
佥曰："垂哉！"
帝曰："俞，咨！垂，汝共工。"垂拜稽首，让于殳斨暨伯与②。

【注释】

①畴，谁。若：善。工：百工之官。
②殳（shū）、斨、伯与：舜时的人名。

【译文】

舜说："谁来担任百工之长呢？"
大家都说："让垂来担任吧！"
舜说："好吧！垂啊，你来担任百官之长这项职务吧。"垂行礼拜谢，并表示谦让于殳、斨和伯与。

【原文】

帝曰："俞，往哉！汝谐①。"
帝曰："畴若予上下②草木鸟兽？"
佥曰："益③哉！"
帝曰："俞，咨！益，汝作朕虞④。"益拜稽首，让于朱虎、熊罴⑤。
帝曰："俞，往哉！汝谐。"

【注释】

①谐：一起。

②上下：上指山川，下指河泽。

③益：即伯益。伯益是一位具有远见卓识的人物。在舜征讨三苗的时候，因为使用了伯益的建议，才使得三苗归顺。

④虞：官名，管理山泽。

⑤朱虎、熊罴：人名。《左传》中就有"伯虎、仲熊"的记载。

【译文】

舜说："好吧！你们一起去担任这项职务吧！"

舜说："谁能替我管理山林川泽中的草木鸟兽？"

大家都说："让益来担任这项职务吧！"

舜说："好吧！益啊，你来担任我的虞官吧！"益叩头拜谢，谦让于朱虎、熊罴。

舜说："好吧！你们一起去负责这项工作吧！"

【原文】

帝曰："咨！四岳，有能典朕三礼①？"佥曰："伯夷②！"

帝曰："俞，咨！伯，汝作秩宗③。夙夜惟寅④，直哉惟清⑤。"伯拜稽首，让于夔、龙⑥。

帝曰："俞，往，钦哉！"

【注释】

①典：掌管。三礼：指祭天神、享人鬼、祭地祇。

②伯夷：人名。

③秩宗：官名，主祭祀。

④寅：敬，恭谨。

⑤直：正直。清：清明。

⑥夔（kuí）、龙：人名．

【译文】

舜说："唉！四方诸侯之长啊，有能为我主持祭祀三礼的人吗？"

大家都说："伯夷可以。"

舜说："好吧！伯夷，你来担任祭祀鬼神的职务吧！早晚都要恭敬地去祭祀鬼神，祭祀时的陈词，要正直而清明。"伯夷叩头拜谢，礼让于夔和龙。

舜对伯益说："好吧！还是让你去担任这项职务吧，一定要恭敬谨慎啊！"

【原文】

帝曰："夔！命汝典乐，教胄子^①，直而温，宽而栗^②，刚而无虐^③，简而无傲^④。诗言志，歌永^⑤言，声依永，律和声。八音克谐，无相夺伦，神人以和。"夔曰："於！予击石拊石，百兽率舞。"

【注释】

①胄子：部落联盟酋长子弟，或指诸侯子弟。
②宽而栗：宽宏而庄严。栗：坚。
③刚：刚毅。虐：苛刻。
④简而无傲：简易而不傲慢。
⑤永：即咏。

【译文】

舜帝说："夔啊！我任命你掌管乐官，教导年轻人，使他们正直温和，宽厚恭谨，刚强而不暴虐，简约而不傲慢。诗是表达思想情感的，歌吟唱表达思想情感的语言，音调要合乎吟唱的音律，音律要谐和五声。八种乐器的音调能够调和，不失去相互间的次序，让神和人听了都感到和谐。"夔说："好啊！让我们敲着石磬，奏起音乐来，让那些无知无识的群兽都感动得跳起舞来吧！

【原文】

帝曰："龙！朕墍谗说殄行^①，震惊朕师^②。命汝作纳言^③，夙夜出纳朕命，惟允！"

【注释】

①殄（tiǎn）：灭、绝。
②师：当众解，民众，人民。
③纳：纳言，古代的官名。

【译文】

舜说："龙啊！我非常讨厌那种说坏话和行为恶劣的人，他们的言行会使我的民众惊讶恐惧。你去担任言官之职吧，早早晚晚，及时传布我发布的命令，或向我汇报下面的意见，都必须原原本本，不得有误。"

【原文】

帝曰："咨！汝二十有①二人，钦哉！惟时亮天功②。"三载考绩，三考，黜陟幽明③，庶绩咸熙④。分北⑤三苗。

【注释】

①有：通又。
②亮：辅助、帮助。天功：国事。
③黜：罢免。陟：提拔。幽：昏庸。
④熙：振兴。
⑤北：同"背"，别也。

【译文】

舜说："你们二十二人要各敬其事，时刻想着协助我，顺应上天的旨意并帮助上天治理臣民。每隔三年，我要检查一下你们的政绩。有功者升职，无功者罢黜。"经过这番整顿，各项事业都兴旺起来了，又分别三苗善恶，将三苗中之恶者流放远方。

【原文】

舜生三十征①，庸三十②，在位五十载，陟③方乃死。

【注释】

①征：被召征，被征用，被任用。

②庸：同“用”，任用。三十：现在的说法是二十。

③陟：升，登上。

【译文】

舜三十岁时被任用，三十年后接替了尧的帝位，五十年后逝世于巡狩南方的征途中。

夏 书

禹 贡

【原文】

禹敷土①，随山刊木②，奠高山大川③。

【注释】

①敷：扩展疆土。

②随：沿着，顺着。刊：动词，砍，除去。

③奠：定。以山川界定地域。

【译文】

禹扩大疆土，在经过的山上砍伐树木，作为木桩，以为标记，并以山川作为九州的分界。

【原文】

冀州既载壶口①，治梁及岐。既修太原，至于岳阳。覃怀底绩②，至于衡漳③。厥土惟白壤，厥赋惟上上④，错，厥田惟中中。恒、卫既从，大陆既作。岛夷⑤皮服，夹右碣石，入于河⑥。

【注释】

①载：事，施工。

②覃怀：地名，在今河南省黄河以北地区。

③衡：通"横"。漳：漳水，在覃怀之北。

④赋：赋税。上上：《禹贡》将赋税和土质分了九个级别，上上就是第一等。

⑤岛夷：住在海上的东方民族。在古代时期往往将中原以外的区域的其他民族称为蛮夷。

⑥夹：同"挟"，接近。碣石：山名，在今河北昌黎县的西北。

【译文】

冀州，壶口的治水工程完成后，便开始治理梁山和岐山。太原周围的河道也治理好了，直到太岳山的南面。覃怀一带的水利工程，取得很大成功，就开始治理横流的漳水。这里是一片白色而土质松软的盐碱地，这里的臣民应出一等赋税，也可间杂出二等赋税，这里的土地属第五等。恒水、卫水也已疏通，可经故道流入大海。治理大陆泽的工程也开始动工。沿海一带的夷人进贡皮服时，可从碣石入黄河来贡。

【原文】

济、河惟兖州。九河既道^①，雷夏既泽^②，灉、沮会同^③。桑土既蚕，是降丘宅土。厥土黑坟，厥草惟繇^④，厥木惟条。厥田惟中下，厥赋贞^⑤，作十有三载乃同。厥贡漆丝，厥篚织文^⑥。浮于济、漯，达于河。

【注释】

①九河：黄河流到兖州，分为九条河。
②雷夏：泽名，在今山东菏泽东北。
③灉：黄河的支流，已消失。沮：灉河的支流，也湮灭了。
④繇：茂盛的样子。
⑤贞：《孔疏》说："贞即下下，为第九也。"但是，在其他的文献当中还有别的说法。有的认为同"中"，也就是第五等。
⑥厥篚织文：篚（fěi），竹器。《孔传》中认为织纹就是文锦。

【译文】

济河与黄河之间一带是兖州。黄河下游的九条河道都疏通了，雷夏泽的工程也完成了，灉河、沮河会合流入雷夏泽。水退以后，土地能够种桑养蚕，于是百姓便从小土山上搬下来，到平地上居住。这里是一片黑土地，土质肥沃，草木繁茂，树木茂盛。这里的田地属第六等，这里的人民缴纳第九等赋税。耕作十三年之后，就与其他州的赋税标准相同。这里的人民进贡的是漆和丝，盛在竹篮子里的是染成花纹的丝织品。进贡的道路，可乘船从济河、漯河顺流到达黄河。

【原文】

海、岱惟青州①。嵎夷既略②，潍、淄其道③。厥土白坟，海滨广斥④。厥田惟上下，厥赋中上。厥贡盐絺⑤，海物惟错⑥。岱畎丝、枲、铅⑦、松、怪石。莱夷作牧。厥篚檿丝⑧。浮于汶，达于济。

【注释】

①海：渤海。岱：泰山。青州：即山东半岛。

②嵎夷：成山，在今山东登州。

③潍、淄：二水名，

④斥：斥卤，指盐碱地。

⑤絺（chī）：细葛布。

⑥错：杂。

⑦畎：山谷。枲：麻。铅：一种金属，锡。

⑧檿：山桑，柞树。

【译文】

渤海和泰山之间是青州地区。嵎夷地区治理好之后，潍河、淄河的故道，也得以疏通。这里是一片地势较高的灰白色的沃土，滨海广阔地区都是盐卤之地。这片田地的质量在九州中属第三等，其赋税是第四等。这里的人民应该进贡盐、细葛布，及种类繁多的海产品。泰山山谷地区要进贡丝、大麻、铅、松树和奇特的石头。莱夷一带可耕作放牧，还要把山桑和丝放在竹筐里进贡。

【原文】

海、岱及淮惟徐州①。淮、沂其乂②，蒙、羽其艺③，大野既猪④，东原底平⑤。厥土赤埴⑥坟，草木渐包⑦。厥田惟上中，厥赋中中。

【注释】

①海：指黄海。淮：淮河。徐州：位于今江苏、安徽北部，山东南部。

②沂（yí）：沂水，在山东，注入淮河。乂：治理。

③蒙：山名，在山东蒙阴县西南。羽：羽山，在今江苏赣榆县西南。艺：动词，种植。

④大野：巨野泽，在山东巨野县。猪：潴，水停的地方。

⑤东原：今山东东平县地区，在汶水和济水之间。

⑥埴：粘土。

⑦包：同"苞"，丛生。

【译文】

大海、泰山及淮河一带是徐州地区。淮河和沂水治理好了，蒙山和羽山一带的土地，就可以种植庄稼了，大野泽已容纳四周的流水，东原一带的土地也可以耕种了。这一带的土地是肥沃的红色黏土，草木逐渐茂盛起来。这里的土地质量在九州之中属第二等，赋税是第五等。

【原文】

厥贡惟土五色①，羽畎夏翟②，峄阳孤桐③，泗滨浮磬④，淮夷蠙珠暨鱼⑤。厥篚玄纤、缟⑥。浮于淮、泗，达于河。

【注释】

①土五色：五色土。《孔传》说："王者封五色土为社，建诸侯则各割其方色土与之。"

②羽：羽山。畎：山谷。翟：野鸡，羽毛可用作装饰。

③峄（yì）：峄山，在今天的江苏邳县境。孤桐：独自生长的桐木。

④泗：水名，源出今山东泗水县。浮磬：一种可以作磬的石头。

⑤蠙珠：蚌蚌所产之珠。

⑥玄：黑色。纤，丝绸。缟：白缯，绢。

【译文】

这里的贡品是五色土，羽山山谷要进贡长尾野鸡，峄山南面要进贡其特产桐木，泗水边的人民要进贡泗水中可以制磬的石料，淮河一带的人民进贡珍珠和鱼，同时还要把黑色丝绸和白色的绢放在筐内作为贡物来献。进贡的路线由淮水抵达泗水，而后进入黄河。

【原文】

淮、海惟扬州。彭蠡既猪①，阳鸟攸居②。三江既入③，震泽底定④。篠簜既敷⑤，厥草惟夭⑥，厥木惟乔。厥土惟涂泥⑦。厥田惟下下，厥赋下上，上错⑧。

【注释】

①彭蠡：今鄱阳湖。猪：同"潴"，水聚合的地方。
②阳鸟：随阳之鸟，指大雁。
③三江：指松江、娄江、东江。
④震泽：今江苏太湖。
⑤篠（xiǎo）：箭猪。簜：大竹。
⑥夭：茂盏，繁盏。
⑦涂泥：潮湿的泥土。
⑧上错：依照阮元校增"上"字。孔安国曰："田第九，赋第七，杂出第六。"

【译文】

北至淮河，南至大海，这是扬州地区：彭蠡泽聚集了许多条河水，浩浩的长江已经流入大海，震泽的水利工程也已获得成功。洪水过后，这里到处长出竹子，原野的草生长得强劲而茂盛，树木也都长得高耸向上。这里的田地在九州中属第九等。赋税是第七等，也可以间杂缴纳第六等的赋税。

【原文】

厥贡惟金三品①，瑶、琨、篠、荡、齿、革、羽、毛惟木②。岛夷卉服③。厥篚织贝④，厥包桔柚锡贡。沿于江、海，达于淮、泗。

【注释】

①金三品：指金、银、铜。
②瑶：美玉。琨：美石。齿：象牙。革：犀兕等的皮。
③岛夷：东南沿海的岛屿，今日本琉球等国。卉服：用草织成的衣

服。蓑衣、草笠之类。

④织贝：织成贝文的锦。

【译文】

这里的进贡品是金、银、铜，还有美玉、小竹、大竹、象牙、犀牛皮、鸟羽和旄牛尾。海岛一带进贡草制的衣服，还要把丝织品放在筐内，把橘子和柚子打成包裹作为贡品进献。进贡的船只由长江入淮河，由淮河入泗水。

【原文】

荆及衡阳惟荆州①：江、汉朝宗于海②，九江孔殷③。沱、潜既道④，云土、梦作乂⑤。厥土惟涂泥，厥田惟下中，厥赋上下。厥贡羽、毛、齿、革惟金三品⑥，杶⑦、干、栝、柏，砺、砥、砮、丹，惟箘、簵楛⑧。三邦底贡，厥名，包匦菁茅，厥筐玄纁玑组，九江纳锡大龟。

【注释】

①荆：荆山，在湖北南漳县西北部。衡：衡山，在今湖南衡山县。

②朝宗：诸侯朝见天子，春天的朝见叫朝，夏天的朝见叫宗。

③九江：指的是湖北武汉到江西九江之间众多的河流。

④沱、潜：沱水，长江的支流，在今湖北枝江县。潜水，汉水的支流，在今湖北潜江县。

⑤云土、梦：即云梦，二泽名。《左传》说："江南为云，江北为梦。"作：指耕作。乂（yì）：治理，管理。

⑥毛：通"旄"，指的是旄牛尾。惟：连词，和、与。

⑦杶：椿树。干：可以用来做弓的柘木。栝：桧树。

⑧砺：质地粗的磨刀石。砥：质地细的磨刀石。砮砮：石制的箭镞。丹：丹砂。

【译文】

从荆山到衡山南面是荆州地区。长江、汉水像诸侯朝见天子一样东流入海，众多的长江支流汇集在洞庭湖。长江的支流沱江和汉水的支流潜江也都已经疏通了，云梦泽水患解除，云梦一带的土地也可以耕种了。

这里的土地低洼潮湿，土地的质量在属第八等，赋税属第三等。这里的贡品有鸟羽、牦牛尾、象牙、犀牛皮和金银铜，以及椿树、柘木、桧树、柏树四种木材，还有磨刀及制箭头的石头、丹砂和竹笋、美竹、栳树等。湖泽附近的诸侯国，都会贡上当地的特产，将带有毛刺的茅草放在匣内包装起来，把黑色的、浅红色的丝织品和珍珠、丝等放在竹筐内，一起上供。沿江一带及长江的许多支流地区还要进贡供祭祀用的大龟。

【原文】

浮于江、沱、潜、汉，逾①于洛，至于南河②。

【注释】

①逾：越。
②南河：指河南洛阳巩县一带的河。

【译文】

进贡的道路，由长江顺流入其支流沱水，再进入汉水的支流潜水，直到汉水，然后登岸由陆路到洛水，再由洛水进入南河。

【原文】

荆①河惟豫州。伊、洛、瀍、涧既入于河②，荥波既猪③。导菏泽④，被孟猪⑤。厥土惟壤，下土坟垆⑥。厥田惟中上，厥赋错上中。厥贡漆、枲，缔、纻⑦，厥篚纤、纩⑧，锡贡磬错。浮于洛，达于河。

【注释】

①荆：荆山，在今湖北南漳县西北。
②伊：伊水，源出今河南卢氏县。洛：洛水，源出今陕西洛南县。瀍：瀍河，源出今河南孟津县。涧：涧河，源出今河南渑池县。
③荥波：即荥播，泽名，在今河南荥阳县境。
④菏泽：地名，在今山东定陶县。
⑤孟猪：泽名，在今河南商丘东北。
⑥垆：硬土。
⑦纻：麻。

⑧纩：细棉絮。

【译文】

从荆山到黄河之间是豫州。伊水、洛水、瀍水、涧水疏通后都流入黄河。荥波泽可以贮存大量的河水，这样，在丰水期，河水就不至于横溢了。菏泽与孟猪泽之间也疏通了，只有水势极大的时候才可能覆被孟猪泽。这里的土质是柔软的壤土，土的下层是板结的硬土。这里的田地属第四等，缴纳二等赋税，间或缴纳一等赋税。这里的贡品主要包括漆、大麻、细葛布、麻等，将这些贡品用细棉包装起来，装在筐子里，和治琢好的磬一并贡来。进贡的道路可乘船由洛水直入黄河。

【原文】

华阳、黑水惟梁州①。岷、嶓既艺②，沱、潜既道。蔡、蒙旅平③，和夷④底绩。厥土青黎⑤，厥田惟下上，厥赋下中，三错⑥。厥贡璆、铁、银、镂、砮、磬、熊、罴、狐、狸⑦。织皮、西倾因桓是来⑧。浮于潜，逾于沔⑨，入于渭，乱⑩于河。

【注释】

①华：华山。黑水：在今陕西肃州卫地方，注入南海。

②岷：岷山，在今四川北部。嶓：嶓冢山，在陕西宁强县西北。

③蔡：峨嵋山。蒙：山名，在今四川雅安北。旅：祭山之名。

④和夷：在今雅安地区。

⑤青：黑。黎：疏散。

⑥三错：《孔传》说："杂出第七第九三等。"

⑦璆：美玉。镂：指钢铁可以镂刻。

⑧西倾：山名，位于甘肃、青海交界处。桓：桓水，就是白水，今名白龙江。

⑨沔（miǎn）：汉水的上游，源出陕西。

⑩乱：横渡。

【译文】

华山南面与黑水之间是梁州地区。岷山和嶓冢山经治理后，种植庄稼。沱江和潜水河道已经疏通。蔡山和蒙山的工程也已完成，和水一带的夷民前来报告治理的业绩。这里的土地是青黑色的，土质疏松，土质在九州之中属第七等，缴纳第八等赋税，也可间或缴纳第七等或第九等赋税。这里的贡品包括美玉、铁、银、刚铁、硬石和磬以及熊、黑、狐、狸四种兽皮。毛皮织物可由西倾山区一带顺着桓水前来，经过汉水支流潜水，进入沔水，然后舍舟登陆，自陆路转入渭关，横渡直达黄河。

【原文】

黑水、西河①惟雍州。弱水既西②，泾属渭汭③，漆沮④既从，沣水攸同⑤。荆、岐既旅⑥，终南、惇物，至于鸟鼠⑦。原隰底绩⑧，至于猪野⑨。三危⑩既宅，三苗丕叙⑪。厥土惟黄壤，厥田惟上上，厥赋中下。厥贡惟球、琳、琅玕⑫。浮于积石⑬，至于龙门⑭、西河，会于渭汭。织皮昆仑、析支、渠搜⑮，西戎即叙⑯。

【注释】

①西河：冀州西边的河。

②弱水：在今甘州卫西，因水力微弱，不能浮载，故名。

③属：流入。

④漆沮：即洛水。漆沮注入洛水，后来人们就把洛水又叫漆沮。

⑤沣水：流入渭河，源出陕西。

⑥荆：荆山，在今陕西富平县西南。岐：岐山，在今陕西岐山县东北。旅：治理，管理。

⑦终南：即秦岭。惇物，山名。鸟鼠：山名，在今甘肃源县西南。

⑧原隰：就是现在的邠县和旬邑县。隰，低洼之地。

⑨猪野：泽名，在今甘肃民勤县。

⑩三危：山名，在现在的甘肃敦煌以南。

⑪三苗：远古的一个部族。叙：顺。

⑫球：美玉。琳：美石。琅玕（láng gān）：圆形的玉石。

⑬积石：山名，在今青海西宁西南。

⑭龙门：山名，在今陕西韩城县东北。

⑮析支：山名，在今青海西宁西南。渠搜：山名。

⑯西戎：古代我国西北部民族的总称。

【译文】

从黑水到西河是雍州地区。弱水疏通后，便向西流去；泾水、漆水和沮水疏通后，都从北面流入渭水，沣水则从南面流入渭水。荆山和岐山一带已经治理完毕，终南山、淳物山一直到鸟鼠山的水利工程已全部竣工。平原一带一直到猪野的水利工程都取得了很大成绩。三危山治理后可以居住了。三苗平定后大为顺从。这里的土地黄色疏松，土地质量在九州中属第一等，赋税是第六等。这里进贡货物包括美玉、美石和宝珠等。进贡的路线由积石山附近进入黄河，顺流至龙门、西河，与从渭水来的船只相会。昆仑、析支、渠搜等进贡兽毛织皮，西戎国家都安定顺从了。

【原文】

导岍及岐，至于荆山①，逾于河。壶口、雷首至于太岳②。底柱、析城至于王屋③。太行、恒山至于碣石④，入于海。

【注释】

①导：疏导，开通。岍（qiān）：山名，在今陕西陇县。岐：岐山，在今陕西岐山县。荆：荆山，在今陕西富平县。

②壶口：山名，在黄河东岸。雷首：山名，在今山西永济县。太岳：霍太山。

③底柱：即三门山，位于河南。析城：山名，在今山西阳城县。王屋：山名，在今河南与山西之间。

④太行：山名，在今山西、河南、河北三省交界处。恒山：古称北岳，在今河北曲阳县。碣石：山名，在今河北昌黎、抚宁二县交界处。

【译文】

开通了岍山和岐山的道路，到达荆山，越过黄河。又开通壶口山、雷首山，到达太岳山。从底柱山、析城山到王屋山，再从太行山、恒山一直到碣石，黄河可以畅流进入渤海。

【原文】

西倾，朱圉、鸟鼠至于太华①。熊耳、外方、桐柏至于陪尾②。

【注释】

①西倾，朱圉、鸟鼠、太华，都是雍州的山。

②熊耳：山名，在今河南桐柏。外方：即嵩山，古称中岳。桐柏：山名，在今河南桐柏县。陪尾：山名，在今湖北安陆县。

【译文】

由西倾山、朱圉山、鸟鼠山到达太华山，再从熊耳山、外方山、桐柏山一直到陪尾山都得到治理。

【原文】

导嶓冢至于荆山①。内方，至于大别②。岷山之阳，至于衡山③，过九江，至于敷浅原④。

【注释】

①嶓冢：山名，在今陕西宁强县西北。荆山：在今湖北南漳县西南。

②内方：山名，又名章山，大别，即大别山。

③岷山：在今四川松潘县北。

④九江：指洞庭湖。敷浅原：即今庐山东麓。

【译文】

从嶓冢山开通道路到荆山，又从内方山开通道路到大别山。从岷山的南面到长江北岸的衡山，越过洞庭湖，一直到敷浅原一带也得到了治理。

【原文】

导弱水，至于合黎①，余波入于流沙②。

导黑水，至于三危，入于南海。

【注释】

①合黎：山名，在今甘肃山丹、张掖、高台、酒泉之北。

②余波：指河水的下游。流沙：滚动不止，石亦随流。这里指合黎山以北的沙漠。

【译文】

把弱水疏通到合黎山，下游流入流沙河。

把黑水疏通到三危山，下游流入南海。

【原文】

导河积石，至于龙门；南至于华阴^①；东至于底柱；又东至于孟津^②；东过洛汭，至于大伾^③；北过降水，至于大陆；又北，播为九河，同为逆河，入于海。

【注释】

①华阴：华山的北面。

②孟津：即今河南洛阳孟津县。

③大伾：山名，在今河南浚县西南。

【译文】

疏导黄河，从积石山开始施工，一直到龙门山；又向南到华山北面。向东到底柱山、孟津。东经洛水入河口，到大伾山；然后又折转向北，途经降水，到大陆泽；又向北分为九条支流，这九条支流河口段受渤海潮汐倒灌，以逆河形象入海。

【原文】

嶓冢导漾^①，东流为汉；又东，为沧浪^②之水；过三澨，至于大别，南入于江。东，汇泽为彭蠡；东，为北江^③，入于海。

【注释】

①漾：汉水上游。

②沧浪：汉水下流。

③北江：即汉水。

【译文】

从嶓冢山开始疏导漾水，向东流则为汉水，再向东流则是沧浪水；经过三澨水，到达大别山，向南流入长江。向东回流汇聚成彭蠡泽；向东称北江，由长江流入大海。

【原文】

岷山导江，东别为沱；又东至于澧①；过九江，至于东陵②；东迆③北，会于汇④；东为中江⑤，入于海。

【注释】

①澧：水名，在今武陵县境内。

②东陵：旧东陵乡，即现在的河南固始、商城之间。

③迆（yǐ）：水斜向流淌。

④汇：是"淮"的假借字。

⑤中江：指岷江，位于今天的江苏境内。

【译文】

从岷山开始疏导长江，向东分出的支流称沱水；再向东到澧水；经过九江，到达东陵，然后向东偏北斜行汇聚于长江北岸的彭蠡泽；向东则为中江，然后流入大海。

【原文】

导沇①水，东流为济，入于河，溢为荥②；东出于陶丘③北，又东至于菏；又东北，会于汶；又北，东入于海。

【注释】

①沇（yǎn）：水名，济水的上游，在今河南济源县以西。

②荥：在今河南荥阳黄河以南。

③陶丘：在今山东定陶县西南部。

【译文】

疏导沇水，向东流称为为济水，流入黄河，河水溢出成为荥泽；从定陶北面向东流，到达菏泽；再向东北，和汶水汇合，又向北，然后转向东，流入大海。

【原文】

导淮自桐柏，东会于泗、沂，东入于海。

导渭自鸟鼠同穴①，东会于沣，又东会于泾；又东过漆沮，入于河。

导洛自熊耳，东北，会于涧、瀍；又东，会于伊；又东北，入于河。

【注释】

①鸟鼠同穴：山名，即鸟鼠山，渭水的源头。

【译文】

疏导淮河从桐柏山开始，向东与泗水、沂水汇合，向东流入黄海。

疏导渭水从鸟鼠山开始，向东和沣河相会，再向东和泾水汇合；又向东流经过漆水、沮水注入黄河。

疏导洛水从熊耳山开始，向东北与涧水、瀍水汇合；又向东和伊水汇合，然后从东北流入黄河。

【原文】

九州攸同，四隩既宅①，九山刊旅②，九川涤源，九泽既陂③，四海会同④。六府孔修⑤，庶土交正，底慎财赋，咸则三壤成赋⑥。中邦锡土姓⑦，祗台德先，不距朕行⑧。

【注释】

①隩（ào）：水之内曰隩。

②九山：九州之山。

③陂：修筑堤坝。

④四海：泛指九州大地。

⑤六府：水火金木土谷。

⑥三壤：指的就是各种等级的土壤。

⑦中邦：就是中国，所谓的天子之邦，即华夏族的聚居地。锡：赐。

⑧不距朕行：郑玄说："不距违我天子政教所行。"意思就是不违背天子所推行的德教。

【译文】

九州的水土治理都已完工：四方的土地都可以居住了，九州的大山妨碍通行的障碍都已排除，九州的河流也都已疏通，九州的湖泽也都筑起堤坝。四海之内进贡的道路已畅通无阻。金木水火土谷六府的政务都治理得非常好，四方的土地都得到了正确的考查，并根据各土地的质量，谨慎地规定了不同的赋税，各地人民都要根据土质优劣的三种标准交纳赋税。然后分土赐姓，建立诸侯。诸侯们率先尊敬我的德行，这样就不违背我倡导的德政了。

【原文】

五百里甸服①。百里赋纳总②，二百里纳铚，三百里纳秸服，四百里粟，五百里米。

五百里侯服。百里采③，二百里男邦④，三百里诸侯。

五百里绥服⑤。三百里揆文教，二百里奋武卫。

五百里要服⑥。三百里夷，二百里蔡。

五百里荒服⑦。三百里蛮，二百里流。

【注释】

①甸服：根据距离天子的远近而穿着的衣服，分为甸服、侯服、绥服、要服、荒服。

②总：指禾的总体，连杆带穗都包括在内。

③采：事，指为天子服役。

④男邦：男，任。男邦，管理国家的事务。

⑤绥服：《孔传》说："安服王者之政教。"指为天子安抚远邦，所以就叫绥服。绥，安。

⑥要服：要，要求。接受王者的命令而服事之，叫要服。

⑦荒服：荒，远。替天子守卫边远地区就叫荒服。

【译文】

天子都城五百里以内属于甸服。距王城一百里范围的，将庄稼完整地割下来交纳赋税；二百里以内的，缴纳穗头作为赋税；三百里以内的，缴纳带外壳的谷物作为赋税；四百里以内的，缴纳粗米作为赋税；五百里以内的，缴纳细米作为赋税。

甸服以外五百里称为侯服，其臣民直接对天子负责。距侯服百里外大夫采邑，人民替诸侯服各种劳役。距离二百里的，人民为诸侯服规定的劳役；三百里以外者，人民主要担任戍守之责。

侯服以外的五百里为绥服，其臣民臣服于天子。距绥服三百里以内的，设立掌管文教的官来推行文教；二百里的人民要勤于武事。

绥服以外的五百里为要服，其臣民与天子互相结盟而臣服于天子。三百里内的要遵守风俗政令，二百里内的人民，要遵守刑法，可减轻其。

要服以外的五百里为荒服。对要服三百里以内的人民，要尊重他们的风俗；二百里的人民，可以允许他们流动迁移。

【原文】

东渐于海，西被于流沙，朔南暨，声教讫于四海①。禹锡玄圭②，告厥成功。

【注释】

①声教：有声之教。四海：就是指全天下。

②锡：赐。玄圭：玄色的、上圆下方的玉。

【译文】

东面到大海，西面到沙漠，从北方到南方，四海之内都受到了天子的德教。于是帝舜赐给禹以玄圭，宣告天下治水成功。

甘　誓

【原文】

大战于甘，乃召六卿。王曰："嗟！六事①之人，予誓告汝：有扈氏威侮五行②，怠弃三正③，天用剿绝其命④，今予惟恭行天之罚⑤。左不攻于左⑥，汝不恭命；右不攻于右⑦，汝不恭命；御非其马之正⑧，汝不恭命。

【注释】

①六事：六军的将士。

②威侮：轻慢，轻视。五行：金、木、水、火、土五种物质。

③怠：懈怠。三正：指正德、利用、厚生三大政事。

④用：于是。剿：灭绝。

⑤恭行：奉行。

⑥左：战车左边。古时战车载三人，分左中有，左边的人负责射箭，中间的人驾车，右边的人用矛刺杀。攻；善。

⑦右：车右。《孔传》说："右，勇力之士，执戈矛以退敌。"

⑧御：驾车的人。非：违背。正：合适的。

【译文】

即将在甘进行一场大战，于是夏启召集了六军的将领。王说："啊！六军的将士们，我要向你们宣告：有扈氏违背天意，轻视金木水火土这五行，怠慢甚至抛弃了我们颁布的历法。上天因此要断绝他们的国运，现在我只有奉行上天对他们的惩罚。兵车左边的兵士，如果不熟悉用箭射杀敌人，便是不具备完成命令的本领；军车右边的兵士如果不善于用矛刺杀敌人，便是不具备完成命令的本领；驾驶战车的士兵，不懂得驾驭战马的技术，便是不具备完成命令的本领。

【原文】

用命，赏于祖①；弗用命，戮于社②，予则孥戮汝③。"

【注释】

①祖：祖庙，宗庙。

②社：社主。

③孥戮：孥，通"奴"。指降为奴隶。戮，杀。

【译文】

执行命令的，胜利后在先祖的神位面前颁发赏赐；不执行命令的，便在社神面前给他以惩罚，我要把那些不听从命令的人变成奴隶，以示惩罚。"

商 书

汤 誓

【原文】

王曰："格，尔众庶^①，悉听朕言。非台小子^②，敢行称乱！有夏多罪，天命殛之^③。今尔有众^④，汝曰：'我后不恤我众，舍我穑事而割正夏^⑤？'予惟闻汝众言，夏氏有罪，予畏上帝，不敢不正！今汝其曰：'夏罪其如台？'夏王率遏众力，率割夏邑。有众率怠弗协，曰：'时日曷丧！予及汝皆亡。'夏德若兹，今朕必往。"

【注释】

①格：来。众庶：众人，大家。
②台小子：台（yí），我。台小子：对自己的谦称。
③殛（jí）：诛杀。
④众：臣民。率：大多。怠：怠工。协：和。
⑤穑事：种植庄稼的事。

【译文】

王说："来吧，你们各位！都听我说。有时我小子敢于贸然发难！实在是因为夏王犯了许多罪行，上天命令我去讨伐他。现在你们大家会问：'我们的国君不体贴我们，放弃我们种庄稼的事，却去征讨夏王？'这样的言论我早已听说过，但是夏桀有罪，我敬畏上帝，不敢不去征讨。现在你们要问：'夏桀的罪行到底怎么样呢？'夏桀耗尽了民力，剥削夏国人民。民众大多怠慢不恭，不予合作，并说；'这个太阳什么时候才能消失？我们宁可和你一起灭亡。'夏桀的德行败坏到这种程度，现在我一定要去讨伐他。"

【原文】

"尔尚辅予一人^①，致天之罚，予其大赉汝！尔无不信，朕不食言。

尔不从誓言，予则孥戮汝②，罔有攸赦。

【注释】

①予一人：君王自称。类似寡人、孤、朕等。
②孥通"奴"。戮：杀。奴戮，或没为奴隶，或被刑杀。

【译文】

"希望你们能辅助我，实行上天的命令，讨伐夏，我将重重地地奖赏你们！你们要相信，我是绝对会信守承诺的。假若你们不遵守誓言，我就会杀死你们，或把你们贬为奴隶，决不宽恕！"

盘 庚 上

【原文】

盘庚迁于殷①。民不适有居，率吁众戚出，矢言。曰："我王②来，即爰宅于兹③，重我民，无尽刘④。不能胥匡以生，卜稽，曰其如台⑤？先王有服⑥，恪谨天命，兹犹不常宁？不常厥邑，于今五邦⑦！今不承于古，罔知天之断命，矧曰其克从先王之烈⑧？若颠木之有由蘖⑨，天其永我命于兹新邑⑩，绍复先王之大业，底绥四方。"

【注释】

①殷：今河南安阳小屯一带，为殷墟遗址。
②我王：指祖乙。
③爰：变更，更改。
④刘：作杀。
⑤其如台：疑问代词，如何，怎样。将如何。
⑥服：事情。
⑦五邦：五处建都之地。
⑧矧（shěn）：况且。烈：功业，事业。
⑨蘖（niè）：被砍了的树长出的新芽。
⑩新邑：新迁的殷都。

【译文】

　　盘庚把都城迁到殷。但臣民们都不愿意住在这里。因此，盘庚把亲近的贵戚近大臣全都叫来，号召他们一起去向臣民陈述意见。他说："我们的君王迁来，已经居住在这里，这是重视我们臣民的生命，不愿你们在原住地受到伤害。假如大家不能互相救助而求得生存，就是研究了占卜的结果，又会怎么样呢？以前的君王遇有大事，都恭敬地顺从天命，这样尚且不能永久安宁，不能长久地居住在同一个地方。由于不能长久居住在同一个地方，从立国到现在，已经迁都五次了。如果现在不去继承先王顺承天命的迁都传统，那还谈什么继承先王的事业呢？譬如伐倒的树木长出了新枝，砍伐剩下的残留木也可以冒出新芽。上天要我们的生命在这新都绵延下去，要我们在这里继续复兴先王的伟大事业，必定安抚天下四方。"

【原文】

　　盘庚敩①于民由，乃在位，以常旧服②，正法度。曰："无或敢伏小人之攸箴③！"王命众，悉至于庭。

【注释】

①敩（xué）：教导。
②由：作犹，还，顺便。
③伏：藏匿。攸：所。

【译文】

　　盘庚知道臣民们不愿搬迁，是受到贵戚大臣的煽动。于是，他便打算用先王的旧制，来整顿法纪。他告诫大臣说："无论是谁，都不许把我规诫民众的话藏匿起来！"商王命令贵戚大臣到王庭上来。

【原文】

　　王若曰①："格，汝众，予告汝训汝，猷黜乃心②，无傲从康③。古我先王，亦惟图任旧人共政④。王播告之修⑤，不匿厥指，王用丕钦⑥。罔有逸言，民用丕变。今汝聒聒，起信险肤，予弗知乃所讼⑦。

【注释】

①王若曰：由大臣和史官们代宣君王命令。
②猷：谋。黜：降，贬。
③从康：追求安逸。
④旧人：世代为官的世家子弟。
⑤播告之修：播，公布言论。修，治理，修行。
⑥丕：大。
⑦讼：争辩，争论。

【译文】

王说："你们来！我要告诫你们，教训你们，为的是要去掉你们的私心，使你们不致倨傲放肆而又追求安逸。从前我们的先王，也总是考虑任用贵戚旧臣，共同管理政事。先王向他们发布口谕政令，他们绝不敢隐匿先王的旨意。因此，先王很敬重他们，他们也没有言论错误。大臣们不说越轨的话，人民的行动都有很大的变化。现在你们大嚷大叫，编造出一些邪恶肤浅的言论，蛊惑人心，我真不知道你们所吵吵闹闹争辩的是什么！

【原文】

"非予自荒兹德，惟汝含德，不惕予一人①。予若观火，予亦拙，谋作乃逸。若网在纲，有条而不紊；若农服田，力穑乃亦有秋②。汝克黜乃心③，施实德于民，至于婚友，丕乃④敢大言汝有积德。

【注释】

①惕：赐予。
②力穑：努力地收获庄稼。
③黜乃心：使得你们傲慢的心能够降低。
④丕乃：于是，才。

【译文】

"并不是我要废弃我们的德政，而是你们隐瞒了我的政令，不把我的政令下达给每一个人。对于这种情况，我洞若观火。我有时也会有见事不明的地方，使得你们胆敢放纵犯上。譬如把网结在纲上，才会有条理而不至于紊乱；譬如农夫，只有春天尽力耕作，才会有秋天的收获。假如你们能够除去私心，把真实的迁都好处给予人民，并惠及你们的亲戚朋友，那么，你们大可以大胆放言，说你们是真正为民着想。

【原文】

"乃不畏戎毒于远迩①，惰农自安，不昏②作劳，不服田亩，越其③罔有黍稷。

【注释】

①戎：大。迩：近。
②昏：加强，勉励。
③越其：于是就。

【译文】

"你们不怕你们的浮言噪语会伤害远近的臣民，像懒惰的农夫贪求安逸，不好好侍弄庄稼，不从事田间耕作，哪里指望能有秋天的丰收呢？

【原文】

"汝不和吉言于百姓①，惟汝自生毒②，乃败祸奸宄③，以自灾于厥身。乃既先恶于民，乃奉其恫④，汝悔身何及？相时憸民，犹胥顾于箴言，其发有逸口⑤，矧予制乃短长之命⑥？汝曷弗告朕，而胥动以浮言，恐沈于众？若火之燎于原，不可向迩，其犹可扑灭？则惟汝众自作弗靖⑦，非予有咎。

【注释】

①和：宣布。
②生毒：自种祸害。
③奸宄：违法作乱。
④恫：痛苦。

⑤逸口：从口中说出来的错话。

⑥矧：况且，何况。短长之命：指生死之命。

⑦弗靖：错误。

【译文】

"你们不把我的善意向百姓宣布，这是你们自己种下的祸。你们所做的坏事已经败露，这是你们咎由自取。你们既然引导人民做了坏事，痛苦也当然应该由你们来承担，到了那时你们后悔也来不及了！看看这些百姓吧，他们还听从我劝诫的话，害怕祸从口出，何况我操纵着你们的生杀大权呢？你们有不同的意见为什么不事先来告诉我，而是用浮言去蛊惑人心呢？平民百姓最容易受到蛊惑，这如同燎原大火，连接近都不可能，何况还要扑灭？这是你们自己造成的过错，不是我的过错。

【原文】

"迟任有言曰①：'人惟求旧，器非求旧，惟新。'古我先王，暨乃祖乃父，胥及逸勤②，予敢动用非罚③？世选尔劳④，予不掩尔善。

【注释】

①迟任：古时的贤人。

②暨：与，和。胥及：相与，一起。

③非罚：不恰当的惩罚。

④选：数。劳：功劳。

【译文】

"迟任曾经说过：'用人应该用贵戚旧臣，不能像使用器具一样，只要新的。'过去，我的先王和你们的祖先父辈，大家共同劳动，一起过着快乐的生活，我怎么敢对你们动用不恰当的刑罚呢？如果你们能够把你们祖先世代传承的美德继承下来，我决不会埋没你们的功绩。

【原文】

兹予大享于先王①，尔祖其从与享之。作福作灾，予亦不敢动用非德②。

【注释】

①享：祭祀。

②非德：不恰当的赏赐。

【译文】

"现在我要大祭先王，你们的祖先也将一同接受祭祀。你们作善受福，作恶受灾，都由先王和你们的祖先来处置，我不敢动用不恰当的刑罚和赏赐。

【原文】

"予告汝于难，若射之有志①。汝无侮老成人②，无弱孤有幼③。各长于厥居④，勉出乃力，听予一人之作猷。无有远迩，用罪伐厥死，用德彰厥善。邦之臧，惟汝众；邦之不臧⑤，惟予一人有佚罚⑥。凡尔众，其惟致告：自今至于后日，各恭尔事⑦，齐乃位⑧，度乃口。罚及尔身，弗可悔。"

【注释】

①志：识，即箭靶。

②老成人：年高有德的人。

③弱，轻忽。

④厥：谋。

⑤臧：善，美好的。

⑥佚罚：罪过，过失。

⑦恭尔事：恭敬地履行你们的职责。

⑧齐乃位：齐，整齐；位，法度。

【译文】

"我把困难告诉你们，就像射箭要射中靶子一样目标明确。你们不要怠慢老年人，也不许藐视青年人。你们要长期居住在这个地方，勤奋地付出你们的劳动，听从我一个人的计策谋划。无论亲疏，都一律对待，以刑罚惩其罪行、表彰其善举。国家治理好了，是你们的功劳；治理不好，是我一人的过失。你们应当把我的话互相转告：从今以后，你们要努力做好分内的事，不许散布谣言，胡乱说话。否则，你们就会受到惩罚，到那时再后悔就晚了！"

盘 庚 中

【原文】

盘庚作①，惟涉河以民迁②。乃话民之弗率，诞告用亶③。其有众咸造，勿亵④在王庭。盘庚乃登，进厥民。

【注释】

①作：起。
②涉：渡。
③诞：大。亶：真诚。
④勿亵：恭敬地。

【译文】

盘庚作君王后，计划把百姓迁过黄河。于是，他善意地召集那些不愿迁徙的人，诚恳地劝诫他们。臣民来了之后，恭敬地站在王宫。盘庚于是招呼他们走到自己的面前来。

【原文】

曰："明听朕言，无荒失朕命①！呜呼！古我前后，罔不惟民之承保②。后胥慼鲜③，以不浮④于天时。殷降大虐⑤，先王不怀厥攸作，视民利用迁。汝曷弗念我古后之闻？承汝俾汝惟喜康共，非汝有咎，比于罚。予若吁怀兹新邑，亦惟汝故，以丕从厥志。

【注释】

①失：忽视。
②保，安。
③胥：清楚，明白。慼：通"戚"，贵戚大臣。

④浮：罚。

⑤殷：指商代。虐：灾难，这里指洪水。

【译文】

　　盘庚说："你们要认真听我的话，不要轻视我的命令。啊！从前我们的先王，没有不用心使百姓安居乐业，过上好日子的。天子对此很明白，大臣们也看得很清楚，所以才没遭到上天的惩罚。现在上天将大灾给我们，先王不会安居在所营造的都邑宫室，定会根据百姓的利益去迁徙。你们为什么不相信我们先王的这些事情呢？现在我也应当像先王那样顺从天命，希望你们都能过上安定的生活，不能类比惩罚有过错的人那样惩罚你们。我号召你们在新都定居下来，也是为了你们的缘故，大大地顺从你们这种愿望啊！

【原文】

　　"今予将试以汝迁，安定厥邦。汝不忧朕心之攸困，乃咸大不宣乃心，钦念以忧动予一人①。尔惟自鞠②自苦，若乘舟，汝弗济，臭厥载③。尔忱不属④，惟胥以沈⑤。不其或稽⑥，自怒曷瘳？汝不谋长，以思乃灾，汝诞劝忧。今其有今罔后，汝何生在上？

【注释】

　　①钦念：表露。

　　②鞠：穷困。

　　③臭：朽。载：事情。

　　④忱：真诚。属（zhǔ）：合。

　　⑤胥以：相与，一起。

　　⑥不其或稽：意思是不能前进。

【译文】

　　"现在我打算把你们迁到新都，希望你们在那里好好地建设我们的国家。你们不能体谅我的苦衷，也不告诉我你们真实的想法，更不为我尊重民意的诚心所感动，你们只是在自寻烦恼，自找苦吃。就像乘船一样，坐上船后，却不愿意渡到河对面去，坐等船体逐渐朽烂。这样不但你们自己沉没，大家也都要跟着你们一起沉没。而你们不去找出沉没的原因，却一味愤怒，这样会有什么好结果呢？你们不作长远打算，不想办法除去灾害，而只是劝我不必忧愁。这样，只有今天没有明天，老天怎么会让你们生存下去呢？

【原文】

"今予命汝一，无起秽①以自臭，恐人倚乃身，迁乃心②。予迓③续乃命于天，予岂汝威，用奉畜汝众。

【注释】

①起秽：比喻散播流言。

②倚乃身：使你们身子不正。迁乃心：使你们的思想歪斜。

③迓（yà）：迎。

【译文】

"现在我要求你们都听从我的意见，不要传播流言，更不要被浮言所欺骗，否则，恐怕有人会利用你们的缺点，诱惑你们，使你们产生不正确的想法。我会祈求上天，使老天延续你们的生命，我哪里是用我的威势去压迫你们，我是为了养育你们啊！

【原文】

"予念我先神后①之劳尔先，予丕克羞尔，用怀尔②，然失于政，陈③于兹，高后丕乃崇降罪疾，曰：'曷虐朕民？'汝万民乃不生生，暨予一人猷同心，先后丕降与汝罪疾，曰：'曷不暨朕幼孙有比④？'故有爽德，自上其罚汝，汝罔能迪⑤。

【注释】

①神后：先王。

②丕：当作"不"。

③陈：长久居住。

④幼孙：即盘庚。有比：亲近。

⑤迪：逃脱、脱离之意。

【译文】

"我想我的先王曾经烦劳过你们的祖先，我应该贡献以上的意见给你们，用来表示我对你们祖先的怀念。政治上的失误，在旧都延续了好久，于是先王降下重大灾祸惩罚我们，责问我们：'为何虐待我的臣民？'你们大家不去自谋生活，不跟我一心，不听从我的命令，这样先王就会严厉地惩罚你们，质问你们：'为什么不跟我的幼孙和舟共济？'所以，你们道德上有了差错，上天就会重重地惩罚你们，你们是无法逃脱这些惩罚的。

【原文】

"古我先后，既劳乃祖乃父，汝共作我畜民，汝有戕，则在乃心①！我先后绥乃祖乃父，乃祖乃父乃断弃汝，不救乃死。兹予有乱政同位②，具乃贝玉③。乃祖乃父丕乃告我高后曰：'作丕刑于朕孙！'迪高后丕乃崇降弗祥。

【注释】

①则：通"贼"，害。
②乱政：乱政之臣。
③贝玉：贝和玉，就是财物。

【译文】

"从前我的先王已经烦劳过你们的祖辈和父辈。作为被我养育的臣民，你们的内心里却有着邪恶的想法。为了让大家都能过上安定的生活，先王就会把他的意见告诉你们的祖辈父辈。你们的祖辈父辈就会绝对的抛弃你们，不会将你们从死罪中拯救出来。现在那些乱政的大臣，手握大权，只知道聚敛财货。他们的祖辈父辈便对我的先王说：'严厉地惩罚我的子孙吧！'于是先王就顺势降下大灾给他们。

【原文】

"呜呼！今予告汝不易①！永敬大恤②，无胥绝远③！汝分猷念以相从④，各设中⑤于乃心。乃有不吉不迪，颠越不恭，暂遇奸宄，我乃劓殄灭之⑥，无遗育⑦，无俾易种于兹新邑。

【注释】

①不易：指迁都之事没有发生变化。
②恤：忧患。
③胥：相，与。绝远：疏远。
④分：当。猷：谋。
⑤中：和。
⑥劓（yì）：断。殄（tiǎn）：灭绝。
⑦育：后嗣，后代。

【译文】

"啊！现在我告诉你们：迁都之事不会变更，你们要居安思危，不要互相隔离疏远；要和衷共济，将中正之道记在心里。如果有人行为不端，不遵纪守法，猖狂放肆，违反法纪，不敬重天子，胡作非为，我就要杀掉他们，并且还要杀掉他们的后代，不让你们的后代在新都繁衍。

【原文】

"往哉，生生①！今予将试以汝迁，永建乃家。"

【注释】

①生生：生活。

【译文】

"去吧，去谋求幸福的生活吧！现在我将率领你们迁徙，在新都重建你们的家园。"

盘庚下

【原文】

盘庚既迁，奠厥攸居①，乃正厥位，绥爰有众②。曰："无戏怠，懋建大命！今予其敷③心腹肾肠，历告尔百姓于朕志。罔罪尔众，尔无共怒，协比谗言予一人。

【注释】

①攸：所。奠：安定。
②绥：告诉。爰，于是。
③敷：全。敷心腹肾肠，即披肝沥胆。

【译文】

盘庚迁到新都后，首先把臣民们分别安置好，其次确立宗庙宫廷的位置，然后开始告诫大家。他说："不要玩乐和懈怠，努力完成重建家园的大业。现在我要坦诚以待，把我的想法和盘托出。我不会惩罚你们，希望你们不要心怀不满，互相勾结在一起，说我的坏话。

【原文】

"古我先王，将多于前功①，适于山。用降我凶，德嘉绩于朕邦②。今我民用荡析③离居，罔有定极，尔谓朕曷震动万民以迁！肆上帝将复我高祖之德，乱越我家。朕及④笃敬，恭承民命，用永地于新邑。肆予冲人⑤，非废厥谋，吊由灵各；非敢违卜，用宏兹贲⑥。

【注释】

①古我先王：指成汤。
②德：升。
③荡析：荡，浮荡。析，分析。荡泆，动荡奔突而出。
④及：汲汲。
⑤冲人：年幼的、未成年的人，这里指盘庚。
⑥贲：美好。

【译文】

"从前我们的先王成汤，其功劳大大超过前人。他曾带领人民迁到亳这样的山地，因此免去了灾难，得到上天的嘉奖，使我们的国家繁荣昌盛。现在，我们所居住的地方，地势凹陷，上天又降大灾给我们，使我们的臣民由于水灾而流离失所，没有固定的住处。你们问我为什么还要兴师动众地让臣民们迁到远处去，这是因为现在上天将恢复我高祖成汤的大业，治理好我们的国家。我当然要急迫地、恭谨地尊奉天命，使大家永久地在新邑安居乐业。现在我这个年轻人，不是不听从大家的意见，迁都之事经再次占卜后，我不敢违背占卜的卜兆。所以说，迁都之事不仅不违背卜兆，而是彰显卜兆！

【原文】

"呜呼！邦伯师长，百执事之人，尚皆隐哉！予其懋简相尔，念敬我众①。朕不肩好货②，敢恭生生③。鞠人谋人之保居④，叙钦。

【注释】

①简相：观察，考察。
②肩：使用。
③生生：用做名词，获得美好生活的人。
④鞠：抚养，养育。

【译文】

"啊！各位诸侯，各位大臣，各位官员，你们应该担负起各自的责任。我要考察你们的工作，看你们是否恭谨地执行我的命令，恭谨地治理民事。我不会任用那些喜欢聚敛财富的人，而指挥任用努力为臣谋利益的人。凡能养育百姓并能为他们谋福利的人，将会被任用提升并得到敬重。

【原文】

"今我既羞告尔于朕志，若否①，罔有弗钦！无总②于货宝，生生自庸③！式敷民德④，永肩⑤一心！"

【注释】

①羞：进。若：顺从，同意。
②总：聚。
③庸：功，指建功立业。

④式：应当。敷：施加。

⑤肩：克，能够。

【译文】

"现在我既然已经把想做什么和不想做什么都告诉了你们，就是希望你们能听从这些意见，不要只想着聚敛财货，而要为百姓的繁衍生息作出贡献。要向民众施以德政，同心同德建立新的家园。"

周　书

牧[①]　誓

【原文】

时甲子昧爽[②]，王朝至于商郊牧野，乃誓。王左杖黄钺[③]，右秉白旄以麾，曰："逖[④]矣，西土之人！"

王曰："嗟！我友邦冢君，御事[⑤]，司徒、司邓、司空，亚旅、师氏[⑥]，千夫长、百夫长，及庸、蜀、羌、髳、微、卢、彭、濮人[⑦]。称尔戈，比尔干，立尔矛，予其誓。"

【注释】

①牧：指牧野，在商都朝歌郊外。

②昧爽：天将明未明之时。

③黄钺（yuè）：黄金装饰的大斧，这里是王权的象征。

④逖：遥远、远。

⑤冢君：邦国的君主。御事：邦国的治事大臣。

⑥亚旅、师氏：亚旅，上大夫。师氏，中大夫。

⑦庸、蜀、羌、髳、微、卢、彭、濮人：西南夷八个国家的名子。

【译文】

甲子这一日的黎明时分，周武王率领军队来到商国都城朝歌郊外的牧野，举行誓师大典。周武王左手拿着青铜大斧，右手拿着牦牛尾装饰的白色令旗，说："路真远啊！从西方远道而来的将士们！"

武王说："啊！我们尊敬的友好邦国的国君，诸位官员和各部落从征的将士们，举起你们的戈，排好你们的盾，立好你们的矛，我们的誓师大会就要开始了！"

【原文】

王曰："古人有言曰：'牝鸡无晨；牝鸡之晨，惟家之索。'今商王受惟妇①言是用，昏弃厥肆祀弗答，昏弃厥遗王父母弟不迪。乃惟四方之多罪逋逃，是崇是长，是信是使，是以为大夫卿士。俾暴虐于百姓，以奸宄于商邑。今予发惟恭行天之罚②。今日之事，不愆于六步、七步，乃止齐③焉。夫子勖哉④！不愆于四伐、五伐、六伐、七伐，乃止齐焉。勖哉夫子！尚桓桓⑤，如虎、如貔⑥，如熊、如罴⑦，于商郊。弗迓克奔，以役西土，勖哉夫子！尔所弗勖，其于尔躬有戮！"

【注释】

①妇：指妲己。
②发：周武王的名子。
③止齐：整齐队伍。
④夫子：众将士。勖：勉力。
⑤桓桓：威武的样子。
⑥貔（pí）：豹一类的猛兽。
⑦罴（bī）：熊的一种。

【译文】

武王说："古人有句俗话说：'母鸡是不应该在早上打鸣的，如果母鸡早晨打鸣，这个家庭就要败落了。'现在商王纣，只听信妇人的话，轻蔑地废弃了对祖宗的祭祀，对于祭祀大事不闻不问；轻蔑地舍弃了自己的先王后裔、同父同宗兄弟，对他们不加以任用，却对从各国逃亡而来的罪人信任重用，任命他们担任大夫卿士的官职，使他们残暴地虐待百姓，在商都任意犯法作乱。现在我姬发，恭敬地按照上帝的命令来讨伐商纣。今天的这场战斗，在行进中不超过六步、七步就停下来，待队伍整顿好再前进。将士们，努力吧！在刺杀中，不超过四次、五次、六次、七次，就要停顿下来，等待整齐队伍。努力吧！将士们。你们要威武雄壮，像虎、豹、熊、罴那样勇猛，在商都郊外大战一场。不要杀死商军队伍中前来投降的人，使这些人为我们所用。努力吧！勇敢的将士们。如果你们不努力作战，我就要把你们杀掉！"

洪 范①

【原文】

惟十有三祀②，王访于箕子。王乃言曰："呜呼！箕子，惟天阴骘③下民，相协厥居，我不知其彝伦攸叙④。"

【注释】

①洪范：洪，大；范：法。洪范，即大法。
②祀：年。
③阴骘：庇护，保佑。
④彝伦：常道。

【译文】

周武王十三年，武王拜访箕子。武王说："唉！箕子！上天庇护民众，使他们和睦地居住在一起，我不知道上天使臣民各安所居的常理是什么。"

【原文】

箕子乃言曰："我闻在昔，鲧堙洪水①，汩陈其五行②。帝乃震怒，不畀洪范九畴③，彝伦攸斁。鲧则殛④死，禹乃嗣兴，天乃锡禹洪范九畴，彝伦攸叙。

【注释】

①鲧：禹的父亲。
②汩（gǔ）：扰乱。
③畀（bì）：给予。
④殛：流放。

【译文】

箕子回答说："我听说，过去鲧采取堵塞的办法治理洪水，弄乱了金木水火土五行运行的规律。上天震怒，就没有把治理国家的九种大法传给他，因此治国之道遭到了破坏，鲧也在流放中死去了，禹便接替他父亲，继续治理洪水。上天赐给禹九种大法，禹便掌握了这种使臣民和睦相处的安民治国的常理。

【原文】

"初一曰五行，次二曰敬用五事①，次三曰农用八政②，次四曰协用五纪③，次五曰建用皇极，次六曰乂用三德，次七曰明用稽疑，次八曰念用庶征，次九曰向④用五福，威用六极。

【注释】

①五事：指貌、言、视、听、思，这里指君王的五种行为。
②八政：八种政事。
③五纪：五件。
④向：读为"飨"，劝勉，鼓励。

【译文】

"第一，五行；第二，要恭敬地做好五件事情；第三，努力办好八项政务；第四，合理地运用符合天时的五种计时方法；第五，建立至高无上的君王统治法则；第六，推行三种治理臣民的办法；第七，要明辨是非，采取一种解决疑难问题的方法；第八，要用心考察各种征兆；第九，用五福奖励劝勉臣民，用六刑责罚惩戒臣民。

【原文】

"一、五行：一曰水，二曰火，三曰木，四曰金，五曰土。水曰润下，火曰炎上，木曰曲直，金曰从革，土爰稼穑①。润下作咸②，炎上③作苦，曲直④作酸，从革⑤作辛，稼穑⑥作甘。

【注释】

①稼穑：播种和收获。
②润下：指水。
③炎上：指火。
④曲直：指木。

⑤从革：指金。

⑥稼穑：指农作物。

【译文】

"一、五行：第一是水，第二是火，第三是木，第四是金，第五是土。水向下润湿，火向上燃烧，木可弯曲可伸直，金可根据人的要求改变形状，土壤可以生长庄稼。水向下润湿产生咸味；火向上燃烧产生苦味；可曲可直的木产生酸味；根据人的要求改变形状的金产生辣味；生长百谷的土产生甜味。

【原文】

"二、五事：一曰貌，二曰言，三曰视，四曰听，五曰思。貌曰恭，言曰从①，视曰明，听曰聪，思曰睿。恭作肃，从作乂②，明作哲，聪作谋，睿作圣。

【注释】

①从：顺。

②乂：条理。

【译文】

"二、五方面的事情：一是态度，二是语言，三是观察，四是听闻，五是思考。态度要恭敬，言语要合乎道理，观察要清楚明白，听取意见要聪敏，思考问题要通达。态度恭敬，天下的人就会严肃；言语合乎道理，天下就会大治；观察事物清楚明白，就不会受到蒙蔽；听取意见聪敏，就不会打错主意；考虑问题通达，就可以成为圣人。

【原文】

"三、八政①：一曰食②，二曰货③，三曰祀④，四曰司空⑤，五曰司徒⑥，六曰司寇⑦，七曰宾⑧，八曰师⑨。

【注释】

①八政：八种政务。

②食：指农业。

③货：财货。

④祀：掌管祭祀。

⑤司空：负责居民的居住等。

⑥司徒：管理教育。

⑦司寇：管理刑狱。

⑧宾：接待宾客，迎来送往，指外交事务。

⑨师：管理军事。

【译文】

"三、八种政事：一是农业生产，二是商业和财政，三是祭祀，四是管理臣民的居住交通，五是管理教育，六是管理刑狱，七是掌管外交，八是管理军务。

【原文】

"四、五纪：一曰岁，二曰月，三曰日，四曰星辰①，五曰历数②。

【注释】

①星：指二十八宿。辰：指十二辰。

②历数：推算天象的定数，指纪年的方式。

【译文】

"四、五种记时方法：一是年，二是月，三是日，四是星辰，五是历法。

【原文】

"五、皇极：皇建其有极①。敛时五福②，用敷锡厥庶民③，惟时厥庶民于汝极。

【注释】

①极：至极，可以为法。

②五福：就是长寿、富贵、康宁、美德和善终。

③敷：普遍，全部。

【译文】

"五、至高无上的原则：天子要建立起至高无上的统治准则，以聚集起这五种幸福，并把这五种幸福普遍地赏赐给臣民。这样，臣民就会拥护天子所建立起来的统治准则，天子也就能够要求他的臣民遵守这些准则。

【原文】

"锡汝保极①。凡厥庶民，无有淫朋②，人无有比德③，惟皇作极。凡厥庶民，有猷、有为、有守④，汝则念之。不协于极，不罹于咎，皇则受之。而康而色，曰：'予攸好德。'汝则锡之福。"

【注释】

①锡：赐，贡献。保：保守。
②淫朋：邪党。
③人：指有爵位的人。比德：比，勾结。比德，串通一气。
④有猷、有为、有守：有猷，有谋略；有为，有才干；有守，有操守。

【译文】

我可以告诉您保持最高准则的方法："凡是臣民，都不允许结党营私。有爵位的官员都没有攀附勾结互为羽翼，这样就唯有君王至高无上的准则了。君王的臣民中，那些有谋略的、有才干的、有操守的，君王要时时念及他们。他们的言行即使有不符合君王要求的行为，但只要还没有达到犯罪的程度，天子就应当宽恕他们。假如有人态度谦恭地对你说：'我遵行你建立的道德准则。'你就要对他们有所赏赐。"

【原文】

"时人斯其惟皇之极①。无虐茕独而畏高明②，人之有能有为，使羞其行③，而邦其昌。凡厥正人④，既富方谷⑤，汝弗能使有好于而家，时人斯其辜。

【注释】

①惟：思。

②茕（qióng）独：指孤独无依的人。

③羞：进，贡献。

④正人：做官之人。

⑤谷：俸禄。

【译文】

"这样，人们就会认真遵守天子所建立的道德规范了。不要虐待那些无依无靠的人，对那些高贵显赫的贵族却要有所畏惧。有爵位和有官职的人中那些有能力、有作为的，要使他们能施展其才能，这样，国家就会繁荣富强。凡在位的官员，都应当给他们丰厚的俸禄，使他们既富又贵。假如你不能让他们施展才能，他们就会走上邪路。

【原文】

"于其无好德，汝虽锡之福，其作汝用咎①。无偏无陂②，遵王之义；无有作好，遵王之道。无有作恶，尊王之路。无偏无党，王道荡荡；无党无偏，王道平平；无反无侧③，王道正直。会其有极，归其有极。

【注释】

①咎：责怪。

②陂：差错，偏颇。

③侧：违法。

【译文】

"对于那些德行不好的人，即使你赏赐他们许多好处，他们也会施用恶性来回报你。不要有任何偏颇，要遵守天子所建立的规范；不要有私心癖好，要遵守天子所建立的规范；不要为非作歹，要遵守天子所建立的规范。没有偏私，没有朋党，统治天下的道路就是广阔平坦；没有朋党，没有偏私，统治天下的道路就会畅通无阻；不要违反王道，不要违犯法度，统治天下的道路就会平顺正直。要任用那些能依法办事的人为官吏，以便使所有臣民都能遵守天子所建立的规范。

【原文】

曰：皇①极之敷言②，是彝是训③，于帝其训。凡厥庶民，极之敷言，是训是行，以近天子之光。曰天子作民父母，以为天下王。

【注释】

①皇：君。

②敷：陈述。

③彝：常理。训：遵守。

【译文】

所以说，君王至高无上的准则，是法则，是训导，也是顺从上天的旨意。凡君王的臣民，都要把君王宣布的准则当作最高准则，要顺从和奉行这个法则，以此来亲附天子。所以说，天子作臣民的父母，作天下的共主。

【原文】

六、三德：一曰正直，二曰刚克①，三曰柔克②。平康③正直，强弗友刚克④，燮友柔克⑤。沉潜刚克，高明柔克。惟辟作福，惟辟作威，惟辟玉食。臣无有作福、作威、玉食。臣之有作福、作威玉食，其害于而家，凶于而国。人用侧颇僻，民用僭忒。

【注释】

①刚克：以刚克之。

②柔克：以柔克之。

③平康：和平安顺。

④强弗友，强硬而不可亲近。

⑤燮友：燮（xiè），和。柔和而可亲的人。

【译文】

六、治理国家有三种办法：一是端正曲直；二是以刚取胜；三是以柔取胜。要想使国家太平无事，就必须端正平直。对于那些刚强而不可亲近的人，要对他们施加威严；对那些柔和可亲的人，要用柔和的办法对待他们。对于那些地位卑微的人，也要对他们施加威严；对于那些在位的各级地方官吏们要怀柔安抚。只有天子有权赏赐幸福，只有天子有权施行惩罚，只有天子才能享用美食。臣子们没有权力赏赐幸福、实行惩罚、享用美食。假如臣子们可以擅自赏赐幸福、实行惩罚、享用美食，就会给王室带来危害，给国家带来危害。人们也将因此而背离王道，臣民们也会犯上作乱。

【原文】

"七、稽疑：择建立卜筮①人，乃命卜筮②。曰雨，曰霁，曰蒙，曰驿，曰克，曰贞，曰悔③，凡七。卜五，占用二，衍忒④。立时人作卜筮。三人占，则从二人之言。

【注释】

①卜筮：卜，用龟甲来占卜吉凶祸福；筮，古代占卜用的蓍草。

②命卜筮：下令进行占卜。

③雨、霁、蒙、驿、克、贞、悔：雨，滋润。霁：开明。蒙：暗昧。驿：色泽光明。克：交错相胜。贞：正。悔：变动。

④衍：预测。

【译文】

"七、用卜筮来决定疑难问题：选择善于占卜的贞人和算卦的蓍人，并命令他们进行卜筮。卜筮的征兆如下：一、兆形像雨；二、兆形像雨后初晴时云气在空中一样；三、兆形像雾气蒙蒙；四、兆形像云似有若无；五、兆相交错；六、有的是真，是内卦；七、有的是悔，是外卦。卜兆和卦象共有七种。前五种用龟甲卜卦，后两种用蓍草占卦，对卦爻的意义，要仔细地加以研究，以弄清所有变化。任命这些人进行卜筮时，三个人占卜，结果听从其中两个人的判断。

【原文】

"汝则有大疑①，谋及乃心，谋及卿士，谋及庶人，谋及卜筮。汝则从，龟从，筮从，卿士从，庶民从，是之谓大同。身其康强，子孙其逢，吉。汝则从，龟从，筮从，卿士逆，庶民逆，吉。卿士从，龟从，筮从，汝则逆，庶民逆，吉。庶民从，龟从，筮从，汝则逆，卿士逆，吉。汝则从，龟从，筮逆，卿士逆，庶民逆，作内②吉，作外③凶。龟筮共违于人，用静吉，用作凶。

【注释】

①大疑：国家的疑惑难决的大事。
②作内：在内进行的，如祭祀等。
③作外：在外进行的，如战争等。

【译文】

"假如你遇到了国家的疑难大事，首先你自己要多加思考，然后再和卿士商量，再然后和庶民商量，最后问及卜筮。你自己同意，龟卜同意，筮占同意，卿士同意，庶民同意，这就叫大同。这样，自身健康强壮，子孙也一定会兴旺。你自己同意，龟卜同意，筮占同意，卿士不同意，庶民不同意，也是吉利的。卿士同意，龟卜同意，筮占同意，你自己不同意，庶民不同意，也是吉利的。庶民同意，龟卜同意，筮占同意，你自己不同意，卿士不同意，也是吉利的。你自己同意，龟卜同意，筮占不同意，卿士不同意，庶民不同意，这样，就只对内吉利，对外就不吉利了。如果龟卜不同意，筮占不同意，即使你自己同意，卿士同意，庶民同意，也不可轻举妄动，采用无为策略，就是吉利，有所举动，就不吉利了。

【原文】

"八、庶征①：曰雨，曰旸，曰燠②，曰寒，曰风曰时。五者来备，各以其叙③，庶草蕃庑。一极备④，凶；一极无，凶。曰休征：曰肃，时雨若；曰乂，时旸若；曰晰，时燠若；曰谋，时寒若；曰圣，时风若。曰咎征：曰狂，恒雨若；曰僭，恒旸若；曰豫⑤，恒燠若；曰急⑥，恒寒若；曰蒙⑦，恒风若。曰王省惟岁，卿士惟月，师尹惟日。

【注释】

①庶征：各种征兆。

②燠（ào）：和暖。

③叙：这里指时序。

④一：指雨、旸、燠、寒、风五种现象中的一种。

⑤豫：安逸享受。

⑥急：炎热。

⑦蒙：昏暗，寒冷。

【译文】

"八、各种好的征兆：一是雨，二是晴，三是暖，四是寒，五是风。这五种现象齐备，各以正常现象发生，那么各种草木就会生长茂盛，庄稼也会丰收。某一种现象出现过多，就会出现荒年；某一种现象过少，也会出现荒年。各种好征兆：天子处理政事谨慎，雨水就按时降下来；天子政治清明，就会有充足的阳光；天子明智地处理政事，炎热的气候就会按时到来；天子能够深谋远虑，寒冷的气候也会应时而至；天子处理政事通情达理，和风也就会按时产生。各种坏的征兆：天子的行为狂放傲慢，大雨就会下个不停；天子办事出现差错，天气就会久旱不雨；天子贪图安逸享乐，天气就会长期炎热；天子办事浮躁，天气就会严寒不退；天子办事昏暗不明，风就会刮个不停。天子治理政事，就像岁统领四季；卿士治理政事，就像月归于岁；百官治理政事，就像日归于月。

【原文】

"岁月日时无易，百谷用成，乂用民，俊民用章，家用平康。日月岁时既易，百谷用不成，乂用昏不明，俊民用微①家用不宁。庶民惟星，星有好风，星有好雨。日月之行，则有冬有夏。月之从星，则以风雨。

【注释】

①俊民：有才能的人。

【译文】

"如果年、月、日都不发生异常的话，各种庄稼就会生长茂盛，政治就会清明，贤能的人就会得到任用，国家也就会平安无事。假如日、月、年发生了异常的变化，各种庄稼就不会丰收，政治就昏暗不明，贤能的人得不到任用，国家就会混乱不堪。民众好比星星，有的星喜欢风，有的星喜欢雨。日月按规律运行，就会有冬天和夏天。假若月亮离开太阳而围绕星星运行，那么就会产生风雨。

【原文】

"九、五福：一曰寿，二曰富，三曰康宁，四曰攸①好德，五曰考终命②。六极：一曰凶、短、折③，二曰疾，三曰忧，四曰贫，五曰恶，六曰弱。"

【注释】

①攸：遵行。

②考终命：老而善终。考：通"老"。

③凶：没有到换牙就死去。短：不到二十岁就死去。折：没有结婚就死去。这些都是短寿的意思。

【译文】

"九、五种幸福：一为长寿，二为富贵，三为健康平安，四为遵纪守法，五为长寿善终。六种惩罚：一是早死，二是多病，三是多忧愁，四是贫穷，五是邪恶，六懦弱无为。"

金　縢①

【原文】

既克商二年，王有疾，弗豫②。二公③曰："我其为王穆卜。"周公曰："未可以戚我先王。"公乃自以为功，为三坛同墠④。为坛于南方，北面，周公立焉。植璧秉珪⑤，乃告大王、王季、文王⑥。

【注释】

①金縢（téng）：武王生病，周公为武王向上天请求让自己代替武王去死，他将这一祷告的册书放在金縢匮中。成王即位后，对周公多有隔阂，后来因为发现这个金縢匮中的册书，才消除了成王对周公的成见。

②弗豫：对天子生病或者病重。

③二公：指太公和召公。

④三坛：太王、王季、文王各为一坛。

⑤璧：圆形的玉。珪：上圆下方的玉。璧、珪都是礼神之器。

⑥太王：武王的曾祖父。王季：武王的祖父。文王：武王的父亲。

【译文】

周克商后的第二年，武王得了重病，身体很不舒服。太公和召公说："让我们恭敬地为武王占卜吧？"周公说："不可以以此事烦扰我们的先王。"但周公却以自己的健康作赌注，在祭祀场地分别建立三个神坛，主祭坛建在南边。周公面向北方，站于祭坛之上。祭坛上放着璧玉，周公手持玉圭，向太王、王季、文王祷告。

【原文】

史乃册，祝曰："惟尔元孙某①，遘厉虐疾②。若尔三王，是有丕子之责于天，以旦代某之身！予仁若考能③，多材多艺，能事鬼神。乃元孙不若旦多材多艺，不能事鬼神。乃命于帝庭，敷佑四方，用能定尔子孙于下地④。四方之民，罔不祗畏。呜呼！无坠天之降宝命，我先王亦永有依归。今我即命于元龟，尔之许我，我其以璧与珪归俟尔命；尔不许我，我乃屏璧与珪。"

【注释】

①元孙：长孙。某：指武王姬发。

②遘：患。

③仁若：假若。

④下地：天下。

【译文】

史官把周公祷告时的祝词写在典册上，祝词说："你们的长孙姬发，生了重病。假若你们三王的在天之灵得了什么重病，需要做子孙的去侍奉你们，那就让我来代替他吧！我有待人仁爱，多才多艺，能侍奉鬼神。你的长孙不像我这样多才多艺，他不能侍奉鬼神。他从上天那里承受天命，按照上天的旨意统治四方，他的统治非常稳固。四方的臣民，无不敬重他。唉！不要毁掉上天所赐给他的宝贵使命啊！这样我们的先王也就永远有所归依了。现在我通过神龟占卜，来接受你们的命令。假若你们答应了我的请求，我就带着璧和圭，回去等待你们的命令；假若你们不答应我，那我就收藏起璧和圭。"

【原文】

乃卜三龟，一习吉。启籥①见书，乃并是吉。公曰："体！王其罔害。予小子新命于三王，惟永终是图；兹攸俟，能念予一人②。"公归，乃纳册于金縢之匮中。王翼日乃瘳③。

【注释】

①籥：用来写兆书的竹简。
②予一人：周公自称。
③翼日：第二天，明天。瘳：病愈。

【译文】

于是，用三龟分别放在太王、王季、文王的灵位，进行占卜。占卜结束后，打开竹简，所得到的都是吉兆。周公说："都是吉兆！国王不会有什么危险了。我从三王那里接受天命，就是谋求国运长久，这才是应当考虑的。现在我所期待的，就是先王能思念我一人去侍奉他们。"周公回去之后，史官就把祷告的祝词写在典册上，存放在用金质的绳索捆束的匣子中。第二天，武王的病就痊愈了。

【原文】

武王既丧，管叔及其群弟乃流言于国①，曰："公将不利于孺子②。"周公乃告二公曰："我之弗辟③，我无以告我先王。"周公居东二年，则罪人斯得④。于后，公乃为诗以贻王，名之曰《鸱鸮⑤》。王亦未敢诮公。

【注释】

①管叔：周公的哥哥，武王的弟弟，被封在管地。群弟：指蔡叔、霍叔。

②孺子：未成年人，这里指成王。

③辟：摄政为王之意。

④罪人：指武庚和管、蔡、霍三叔等。

⑤鸱鸮：出自《诗经豳风》中的《鸱鸮》篇。

【译文】

武王死后，管叔和他的几个弟弟，就在国内散布谣言说："周公将做出对年幼的成王不利的事情了。"周公就对太公和召公说："假如我不执掌政事，就无法告慰我们的先王的在天之灵。"周公奉命东征，经过二年，参加叛乱的罪人就全被捕获了。过后，周公作了一首诗献给成王，诗名叫《鸱鸮》，其意在向成王表明宁可消灭管叔，也不能毁掉周朝政权。成王虽不同意周公，但却不敢责备他。

【原文】

秋，大熟①，未获，天大雷电以风。禾尽偃②，大木斯拔，邦人大恐。王与大夫尽弁③，以启金滕之书，乃得周公所自以为功代武王之说④。二公及王乃问诸史与百执事⑤。对曰："信。噫！公命我勿敢言。"

【注释】

①大熟：即丰收。

②偃：倒下。

③弁（biàn）：礼帽，这里是戴上礼帽的意思。

④说：祝词。

⑤百执事：众多的办事官员。

【译文】

秋天，庄稼大熟，还没有收获。忽然风雨雷电交加，庄稼都倒伏了，大树也被连根拔起，国人非常恐慌。成王和大夫们都穿戴着朝服，打开了那个用金绳索捆束的匣子。于是，便看到了周公以自身为质，请代武王的祷告书。太公、召公和成王便向史官们询问这件事。他们回答说："确实有这件事情。唉！周公命令我们保守秘密，因而我们不敢把这件事情说出来。"

【原文】

　　王执书以泣，曰："其勿穆卜！昔公勤劳王家，惟予冲人①弗及知。今天动威，以彰周公之德，惟朕小子其新逆②，我国家礼亦宜之。"王出郊，天乃雨，反风，禾则尽起。

【注释】

　　①冲人：未成年人。
　　②新：当作"亲"。

【译文】

　　成王拿着祷告书，哭着说："用不着再恭敬地占卜了。过去周公为王室辛勤地工作，我这个年轻人不知道这些事情。现在上帝动怒发威，以此来彰显周公的德行，我应当亲自去迎接周公，这样做，符合我们国家所制定的礼仪。"成王迎接周公于郊外，天便下起了雨，风向也发生了改变，被风吹倒的庄稼，都重新直了起来。

【原文】

　　二公命邦人，凡大木所偃，尽起而筑①之。岁则大熟。

【注释】

　　①筑：用土培根。

【译文】

　　太公和召公命令国人，把凡是被风刮倒的大树，全都扶立起来，并且培土加固。这一年获得了大丰收。

大　诰①

【原文】

　　王若②曰："猷！大诰尔多邦，越尔御事。弗吊③！天降割④于我家不少。洪惟我幼冲人⑤，嗣无疆大历服⑥。弗造哲，迪民康，矧日其有能格知天命⑦？

【注释】

①大诰：诰，上对下所说的话。大诰，记载周公对诸侯和官员们所说的话。

②王：指周公。

③弗吊，指很不幸。

④割：灾害、灾难。

⑤幼冲人：未成年人，指成王。冲，稚嫩。

⑥大历服：伟大久远的事业，指王业。

⑦矧：况且，何况。

【译文】

周成王这样说："啊！现在我要郑重地告诫你们各国诸侯以及各国管事的大臣。不幸啊！上天降下灾祸给我们周朝，一直没有间断。我是个年轻人，虽继承了庞大的王业，但却没有遇到明智的人，引导民众走向安康，何况说知道天命的人呢？

【原文】

"已！予惟小子，若涉渊水，予惟往求朕攸济①。敷贲，敷前人受命②，兹不忘大功。予不敢闭于天降威，用宁王遗我大宝龟③，绍天明④。

【注释】

①攸济：攸，所。济，渡。

②贲：三足龟。

③宁王：指文王，"宁"是"文"的讹字。

④天明：即天命，天意。

【译文】

"唉！我年纪轻，好像将渡深渊的人，我必须去寻求渡过深渊的方法。把神龟占卜的卜兆给人们看，再把先王接受天命的事说出来，这样才不会忘记先王的功业。我不敢隐藏上天的威严意旨，用文王遗留给我们的宝龟进行占卜，通过占卜，我们就可以明白天命了。

【原文】

"即命①曰：有大艰于西土，西土人亦不静，越兹蠢。殷小腆②诞敢纪其叙。天降威③，知我国有疵④，民不康，曰：予复！反鄙我周邦，今蠢今翼⑤。曰民献有十夫予翼，以于敉宁、武图功。我有大事⑥，休朕卜并吉。

【注释】

①即命：用龟占卜。
②小腆：指武庚。纪其叙：组织他们的残余。纪，组织。叙，余。
③天降威：威，通"畏"，可怕的事。老天降下可怕的事，指武王逝世。
④疵：毛病，这里指成王年幼，周公被疑。
⑤今蠢今翼：指现在发动叛乱。翼，通"翌"，翌日。
⑥大事：战事。

【译文】

"卜辞说：'上天把很大的灾难降到我们国家，周朝人内部也不安静。有谋逆之心的人此时蠢蠢欲动。殷的后代武庚竟然组织残余势力试图恢复他们的统治。上天降灾给我们，知道我们国家国内有困难，人民也不安宁，居然说要光复商朝。他们瞧不起并反叛我们周朝。现在他们已经发动叛乱，响应他们的人很多。但只要有十位贤士作我的助手，我就可以平定叛乱，去实现文王和武王统一国家的功业。我要出兵东征了，这样做究竟好不好呢？我的占卜都是吉兆！

【原文】

"肆予告我友邦君，越尹氏、庶士①、御事，曰：'予得吉卜，予惟以尔庶邦，于伐殷逋播臣②。'尔庶邦君越庶士、御事罔不反曰：'艰大，民不静，亦惟在王宫邦君室。越予小子考翼③，不可征，王害④不违卜。'

【注释】

①尹氏：史官。

②逋播臣：指禄父。

③予小子：诸侯们的谦称。考：父亲，这里指长辈。翼：思考。

④害：通"何"，为什么。

【译文】

"因此，我要告诉我们友邦的国君以及各位官员：'通过占卜我得到的都是吉兆，我要率领你们，一起去讨伐殷商的叛乱和逃亡的叛臣。'可是，你们这些国君和各级官员，都反对我征讨叛乱，说：'困难太大，民众也不安宁，参加叛乱的人里面，有很多王室和诸侯公室的人，这些人很多是我们的长辈和至亲，我们不应当去讨伐他们。王啊！你为什么不违背占卜呢？'

【原文】

"肆予冲人①永思艰，曰：呜呼！允蠢鳏寡②，哀哉！予造天役，遗大投艰于朕身。越予冲人，不卬自恤。义尔邦君，越尔多士、尹氏、御事绥予曰：'无毖于恤③，不可不成乃宁考图功④。'"

【注释】

①予冲人：周成王自称。

②允：信，真。鳏寡：鳏，鳏夫，丧妻的男人；寡妇，丧夫的妇女。

③毖：操劳。

④宁考：即武王。

【译文】

"现在我慎重地思考了这些困难。唉！确实是这样，一旦发动战争，就要惊扰千家万户，甚至包括鳏寡孤独，这是多么悲哀啊！我们遭到天灾，上天把灾难降临到王室身上，我不能只为自身的安危忧虑。各位国君和各国的官吏们，也应当这样劝告我：'不应当过分地关注自身的安危，应当去完成你的父亲武王和文王所力图成就的功业。’”

【原文】

“已！予惟小子，不敢替上帝命。天休①于宁王，兴我小邦周，宁王惟卜用，克绥受兹命。今天其相民，矧亦惟卜用。呜呼！天明畏，弼我丕丕基②！”

【注释】

①休：嘉奖。
②丕：大。基：事业。

【译文】

“唉！我这个年轻人，不敢不听上天的命令。上天嘉奖文王，使我们小小的周国兴盛起来，武王遵循占卜的旨意，所以能够继承天命。现在上天命令臣民帮助我们，况且也是按照占卜的旨意行事。啊！天命威严，辅佐我们成就一番功业吧！”

【原文】

王曰：“尔惟旧人①，尔丕克远省，尔知宁王若勤哉！天闷毖我成功所②，予不敢不极③卒宁王图事。肆予大化诱我友邦君，天棐忱辞④，其考⑤我民，予曷其不于前宁人图功攸终？

【注释】

①旧人：文王和武王时的老臣。
②闷：慎重。毖：艰难。
③极：通“亟”，快速。
④棐：辅助，帮助。
⑤考：成就，功业。

【译文】

王说：“你们中有些人是文王武王时期的旧臣，你们能详尽地回顾一下遥远的过去吗？你们知道武王是如何的勤劳吗？上天慎重地传授给我们取得成功的秘诀，我不敢不尽一切努力来完成武王所力图成就的功业。所以，我劝导各位诸侯国君，上天诚恳地辅助我们，为的是要成就我们的民众，我为什么不去谋求武王所力争实现的最终的功业呢？

【原文】

"天亦惟用勤毖①我民，若有疾，予曷敢不于前宁人攸受休毕②？"

【注释】

①毖：给，向。
②休：善，美。

【译文】

"因此上天向我们发出命令，好像要去掉自己自身的疾病那样迫切，我怎么敢不努力完成武王从上天那里所接受的神圣的事业呢？"

【原文】

王曰："若昔朕其逝①，朕言艰日思。若考作室，既底②法，厥子乃弗肯堂，矧肯构？厥父菑③，厥子乃弗肯播，矧肯获？厥考翼，其肯曰：予有后弗弃基？肆予曷敢不越卬敉宁王大命④？若兄考⑤，乃有友伐厥子，民养其劝弗救⑥？"

【注释】

①若昔：从前。
②底：定。
③菑：翻土除草。
④越卬：越，在。越卬，在我自己。敉：结束。
⑤考：死。
⑥民养：这里指诸侯和官员。

【译文】

王说："像过去我曾有过跟随武王到东方讨伐殷国的经历一样，我天天在思考着出兵东征的困难。譬如父亲要盖房子，已经制订了方法，可是他的儿子却不肯去打地基，何况是盖房子呢？好比父亲开垦了田地，儿子却不肯播种，何况去收获庄稼呢？这种情况，他的父亲或者会说："我有后人，不会废弃基业。所以，我怎敢不在执掌王位期间去讨伐叛乱，实现武王所受的天命呢？又好比为人父兄，有邻国来讨伐他们的子弟，难道那些统治他们的侯王就不站出来劝阻和救助吗？

【原文】

王曰："呜呼！肆哉[1]，尔庶邦君越尔御事。爽邦由哲[2]，亦惟十人，迪知上帝命，越天棐忱[3]，尔时罔敢易法！矧今天降戾于周邦[4]？惟大艰人，诞邻胥伐于厥室[5]，尔亦不知天命不易。

【注释】

①肆：努力，尽力。
②爽：明，
③棐忱：辅助诚信的人。
④戾：祸。
⑤大艰人：发难的人，这里指三监和武庚。

【译文】

王说："唉！努力吧，各位诸侯国君以及各国官吏们。要想把国家治理好，必须依靠明智的贤人。现在我有十个圣明的人，能帮助我们了解上天的意旨，同时，上天也在诚心诚意地帮助我们。对上天的旨意，你们是不敢懈怠的。何况，现在上天又降罪给我们周朝，那些发动叛乱的人，勾结殷人来讨伐自己的同宗。你们不知道天命是不能违背的吗？

【原文】

"予永念曰：天惟丧殷，若穑夫[1]，予曷敢不终朕亩？天亦惟休[2]于前宁人，予曷其极[3]卜，敢弗于从？率宁人有指疆土？矧今卜并吉？肆朕诞以尔东征[4]。天命不僭，卜陈惟若兹！"

【注释】

①穑夫：农夫。

②休：奖励。

③极：弃。

④诞：大的意思。

【译文】

"长久以来我一直在思考，上天要灭亡殷国，就好比种庄稼的农民要除去杂草一样。我怎么敢不完成我平定叛乱的工作呢？我又怎么敢尽听占卜之言，而不遵从大家的意见呢？周朝的国土是武王定下的，我们怎敢放弃！何况现在占卜的结果都是吉兆，因此，我将率领你们东征。天命不会有错，占卜的兆象必须遵从。

康 诰①

【原文】

惟三月哉生魄②，周公初基作新大邑于东国洛，四方民大和会，侯甸男③邦、采卫百工播民和见，士于周。周公咸勤，乃洪大诰治。

【注释】

①康诰：康，指康叔，名封，是周武王的同母幼弟。诰，上对下所说的话。本篇是周公告诫康叔治理殷民的诰词。

②哉生魄：哉，开始。魄，指新月。哉生魄，就是出现新月。

③侯甸男：侯服、甸服、男服是五服的三种。

【译文】

三月初，周公打算在洛水之滨营造新都，四方的臣民都汇集到这里。诸侯、百官以及殷商的遗民，都积极参与营建洛邑，为周王室服务。因此，他们都被周公召见。为了慰劳他们，周公代替成王发表训话，告诉他们治理国家的道理。

【原文】

王若曰①："孟侯②，朕其弟，小子封③。惟乃丕显考文王④，克明德慎罚；不敢侮鳏寡，庸庸⑤，祗祗⑥，威威⑦，显民，用肇造我区夏，越我一、二邦以修，我西土惟时怙⑧，冒闻于上帝，帝休，天乃大命文王。殪戎殷⑨，诞受厥命。越厥邦厥民，惟时叙，乃寡兄勖⑩。肆汝小子封在兹东土。"

【注释】

①王：这里指摄政王周公。

②孟侯：这里指康叔。孟，长。

③封：康叔名。

④丕显考：伟大英明的父亲。丕，大。

⑤庸庸，任用能够胜任的人。

⑥祗祗（zhī），尊敬值得敬重的人。

⑦威威，威慑可威慑的人。

⑧区夏：一区之夏。区，小的意思。怙：倚恃。

⑨殪（yì）：死，这里指灭亡。

⑩寡兄：指周武王。古代天子都称自己为孤或寡。

【译文】

武王这样说："诸侯之长，我的弟弟，年幼的封啊！只有你那伟大英明的父亲周文王，能够崇尚德教，慎用刑罚，不去欺侮那些无依无靠的人，善于任用那些可以任用的人，尊敬那些可以尊敬的人，镇压那些应当受到镇压的人，并让民众了解他的这种治国之道。这样，才缔造了我们小小的周国，并且把影响逐渐扩大，让我们从拥有一两个小国，逐步扩大到拥有天下三分之二的国土。因此，这些勤勉的政绩被上天知道了，上天非常高兴，就将大命给文王，由文王灭掉殷，代替殷接受天命，来统治他的国家及其臣民。你的长兄武我王继承了文王的事业，更加勤勉努力，因此，你这年轻人，才能被分封在东方殷国的的旧地上。"

【原文】

王曰："呜呼！封，汝念哉！今民将在祗遹乃文考①，绍闻衣德言②。往敷求于殷先哲王，用保乂民③，汝丕远惟商耇成人，宅心知训④。别求闻由古先哲王，用康保民。弘于天，若德裕乃身，不废在王命！"

【注释】

①逼：遵从。

②绍：继续。

③乂：养。

④耇：老。宅：揣度。

【译文】

王说："唉！封啊，你要深思啊！现在殷民都在观察你是否恭敬地遵循你的父亲文王的传统，依照他的德教来治理你的臣民。在殷的故土，你要多方寻求殷商圣明先王的治国之道，以安定治理臣民。你要全面地考虑殷商遗老的想法，揣摩他们的想法并加以训导，这样，你就能知道应该怎样治理才能使他们顺服。此外，还应当寻求虞夏时期圣明先王的治国之道，用来保民安康。你将前哲先贤的德政发扬光大，管理政务就会运用自如，从而也就能不辱王命。"

【原文】

王曰："呜呼！小子封，恫瘝乃身①，敬哉！天畏棐忱②；民情大可见，小人难保。往尽乃心，无康好逸豫③，乃其乂民。我闻曰：'怨不在大，亦不在小；惠不惠④，懋不懋。'

【注释】

①恫（tóng）：痛。瘝（guān）：病。

②棐：辅助。

③豫：安逸。

④惠：顺服，依从。

【译文】

武王说："唉！年轻的封啊！治理国家就如同治疗自身的疾病，可要小心谨慎啊！上天是威严的，它是否诚心帮助你，往往要通过民情表现出来。没有受过教化的人是难于治理的。你到了殷地，一定要尽心尽力，不要贪图安逸享受，只有这样，才能治理好百姓。我听说：'民不在大，也不在小。如果认真对待，民怨虽大也不可怕；如果不认真对待，民怨虽小，也是可怕的。'"

【原文】

"已！汝惟小子，乃服惟弘王应保殷民①，亦惟助王宅②天命，作新民。"

【注释】

①服：职责。
②宅：定。

【译文】

"唉！虽然你是个年轻人，但你的责任是重大的。我周王室接受了天命来治理殷民，你应当帮助成王，听从上天的旨意来改造殷民。"

【原文】

王曰："呜呼！封，敬明乃罚。人有小罪，非眚①，乃惟终；自作不典，式尔，有②厥罪小，乃不可不杀。乃有大罪，非终，乃惟眚灾③；适尔，既道极厥辜，时乃不可杀。"

【注释】

①眚：过失。
②有：这里是犯罪。
③眚灾：因为过失造成的灾祸。

【译文】

王说："唉！封啊！对于刑罚，一定要慎用，要严明。一个人犯了小罪，但却不知悔改，而是一错再错，做违反法律的事，这说明他是故意犯罪。如果这样，即使他所犯的罪很小，也不可不加以惩治。一个人犯了大罪，但他知错能改，不坚持错误，并且知道悔过，这说明他是偶然犯罪。如果这样，按照法律来追究他的责任时，是不应该把他杀掉的。"

【原文】

王曰："呜呼！封，有叙时，乃大明服，惟民其勅懋和①。若有疾，惟民其毕弃咎；若保赤子②，惟民其康乂。非汝封刑人③杀人，无或刑人杀人。非汝封又曰劓刵④人，无或劓刵人。"

【注释】

①勅：告诫，劝勉。
②赤子：儿童，很小的孩子。
③刑人：给人施加刑罚。
④刵（ér）：挖去耳朵的酷刑。

【译文】

王说："唉！封啊！能够处罚分明，臣民就会顺服，就会勤于农事，和睦相处。应当像治疗自己的疾病一样，要多方救治，使民众尽快改正错误。应当像照顾小孩一样，尽力把臣民治理好，使民众能得以安康。""不是你封在惩罚人、在杀人，只是上天的旨意要惩罚人、杀人；不是你封在割人家的鼻子和耳朵，只是上天的的意旨要去割人家的鼻子和耳朵。"

【原文】

王曰："外事①，汝陈时臬司师②，兹殷罚有伦。"又曰："要囚③，服念五、六日，至于旬时，丕蔽要囚④。"

【注释】

①外事：有司之事。
②臬：法庭。
③要囚：犯重罪的犯人。
④丕：乃。蔽：判断、审查。

【译文】

王说："审判诉讼案件时，你要公布有关法则，管理刑狱，你要参考殷商时代的一些制度。"又说："在考察重犯之人的供词时，要思考五到六天，甚至要十天，再去作出裁决。"

【原文】

王曰："汝陈时臬事①罚。蔽殷彝②，用其义刑义杀，勿庸以次汝封。乃汝尽逊曰时叙，惟曰未有逊事。已！汝惟小子，未其有若汝封之心③。朕心朕德，惟乃知。

【注释】

①事：从事。
②彝：殷商的法律。
③若：顺从。

【译文】

王说："你要公布法律，然后就可以进行惩罚。判决要采用殷商旧法：凡是应该受到惩罚的就一定要加以惩罚，凡是应该杀掉的就一定要把他杀掉，不要按照你康叔封的想法来做。你要小心谨慎，要说这是秉承了上天的意旨行事，还要说，你没有一件事不是小心谨慎的。唉！你虽然是个年轻人，但没有谁的心地比你更好了。我的想法，我的德政，也只有你才能了解。

【原文】

"凡民自得罪①：寇攘奸宄②，杀越③人于货，暋④不畏死，罔弗憝⑤。"

【注释】

①自得罪：因此获罪。
②寇：入室抢劫。奸：在内部作乱。宄：在外部作乱。
③越：抢劫。
④暋（mǐn）：强硬蛮横。
⑤憝（duì）：憎恶，怨恨。

【译文】

"凡民众中有犯罪的，如盗窃、抢夺、作乱、杀人、抢劫的，他们这些人强横不怕死，没有不被人憎恨的。

【原文】

王曰："封，元恶大憝①，矧惟不孝不友②。子弗祇服③厥父事，大伤厥考心；于父不能字厥子④，乃疾厥子；于弟弗念天显⑤，乃弗克恭厥兄；兄亦不念鞠子哀⑥，大不友于弟。惟吊兹，不于我政人得罪，天惟与我民彝大泯乱。曰：乃其速由文王作罚，刑兹无赦。

【注释】

①元恶：大恶。大憝：被人大恨。憝：怨恨。
②矧：况且。孝：指对父母。友：指对兄弟。
③祇：恭敬地。服：做。
④字：喜爱。
⑤天显：就是指天伦。
⑥鞠子：幼子。

【译文】

王说："封啊，罪大恶极的人，也就是不孝顺不友爱的人。做儿子的不恭敬侍奉自己的父亲，这样就会使他的父亲大为伤心；做父亲的，不疼爱自己的儿子，就会使自己的儿子厌恶；做弟弟的，不能思顾天命，就不会恭敬地对待他的兄长；做兄长的，不顾念自己的弟弟，对弟弟的态度就很不友善。如果民众到了这种不孝不恭不慈不友的地步，执政者还不加以惩罚，这样，上天赋予我们的统治民众的大法，就会遭到严重的破坏。所以说，你应该迅速地按照文王所制定的刑法，对这些人严加惩罚，而不能宽恕。

【原文】

"不率大戛①，矧惟外庶子、训人惟厥正人越小臣、诸节②。乃别播敷造民③，大誉弗念弗庸，瘝厥君；时乃引④恶，惟朕憝。已！汝乃其速由兹义率⑤杀。

【注释】

①率：遵守。戛（jiá）：法律。
②庶子、训人：都是官名。诸节：掌管符节的官。
③敷：鼓动。
④引：增长，助长。
⑤率：捕捉，捉拿。

【译文】

"民众不遵循国家大法，也有诸侯国掌管教化的庶子、训人，及小臣、诸节等官员的责任。他们另外宣布政令，造谣惑众，欺骗民众，树立个人的声誉，根本不将国家的大法放在眼里，而是不遵照执行，煽动民众仇恨君主。这就助长了邪恶，我讨厌这种人。唉！你要根据这些，迅速地按照国家的法律杀掉他们。

【原文】

"亦惟君惟长^①，不能厥家人，越厥小臣、外正；惟^②威惟虐，大放^③王命；乃非德用乂。

【注释】

①君、长：指诸侯。
②惟：做。
③放：舍弃。

【译文】

"也有这种情况，诸侯国君和各级官员，不能约束好他们的家人以及内外官员，而是作威作福，危害百姓，完全违背了天子的命令，他们是不可能用德政治理好的。

【原文】

"汝亦罔不克敬典^①，乃由裕民^②，惟文王之敬忌^③；乃裕民曰：'我惟有及^④。'则予一人以怿^⑤。"

【注释】

①典：法律。

②由裕：教育引导。

③敬忌：就是所敬和所忌。

④及：继承，这里指的是继承文王。

⑤怿：高兴。

【译文】

"你要尊重国家大法，要教导民众，只有像文王那样心怀尊敬和畏惧，从而把民众治理好。应当告诉臣民：'我在努力继承文王的传统。'你能够这样做，我就非常高兴。"

【原文】

王曰："封，爽惟民迪吉康①，我时其惟殷先哲王德②，用康义民作求③。矧今民罔迪，不适；不迪，则罔政在厥邦。"

【注释】

①爽：明。

②惟：思考，考虑。

③求：目的，目标。

【译文】

王说："封啊！只有民众受到教化，国家才会安定强大，我们应当时时思考殷商圣明先王的德政，只有把民众治理好，才能实现国家的富强，这才是最终目的。何况现在殷地的旧民，如果不引导，他们就不会向善；不教导，德政在殷地就会失效。"

【原文】

王曰："封，予惟不可不监①，告汝德之说于罚之行。今惟民不静，未戾厥心②，迪屡未同，爽惟天其罚殛③我，我其不怨。惟厥罪无在大，亦无在多，矧曰其尚显闻于天？"

【注释】

①监：同"鉴"，借鉴。

②戾（tài）：定，止。

③殄：诛。

【译文】

王说："封啊！我们必须总结经验教训，我要告诉你如何施用德政，如何施用刑罚。现在殷民还不安定，他们的心还没有完全归附我们，虽然我们多次对他们进行教育，但他们还是不服从我们的统治，这是上天对我们的惩罚，我们是不应当有丝毫怨恨。殷民的罪过，不在于大小，也不在于多少，要分别对待，妥善处理，何况说这些罪恶，上天已经知道了。"

【原文】

王曰："呜呼！封，敬哉！无作怨，勿用非谋非彝蔽时忱。丕则敏德①，用康乃心，顾乃德，远乃猷②，裕乃以；民宁，不汝瑕殄。"

【注释】

①丕则：于是，就。敏德，指推行德政。

②猷：通"徭"，徭役。

【译文】

王说："唉！封啊！要小心谨慎啊！不要引起民众的怨恨，不要采用不好的计谋，不要违反国家的大法，从而隐蔽了你的这种诚心。要因时制宜，推行德教，安定殷民的心。要经常总结经验教训，看看你的措施是否符合德政。对于治民之道，你要深思熟虑，这样，你才能使民众安定下来，他们也就无法找到你的过错来推翻你的统治。"

【原文】

王曰："呜呼！肆①！汝小子封。惟命不于常②，汝念哉！无我殄享③，明乃服命④，高乃听，用康乂民。"

【注释】

①肆：今。

②惟命：君命。

③殄：断绝。

④服命：责任和使命。

【译文】

王说："唉！现在我要告诉你啊，年轻的封，天命是有所变化的，不会专门保佑一家一姓，你要切记啊！不要断绝了我们对祖先的祭祀，要努力承担你的责任，经常听取他人的意见，只有把民众治理好，我们的国家才能得到安康。"

【原文】

王若曰："往哉！封，勿替①敬，典②听朕告，汝乃以殷民世享③。"

【注释】

①替：舍弃。

②典：常。

③世享：这里指世世代代统治殷国。

【译文】

王说："去吧！封啊，不要丢弃了谨慎施政的作风，要经常听取我的忠告，你就能世世代代统治民众了。"

酒　诰①

【原文】

王若曰："明大命于妹邦②。乃穆③考文王，肇国在西土④。厥诰毖庶邦庶士越少正御事，朝夕曰⑤：'祀兹酒。惟天降命。肇⑥我民，惟元祀。天降威，我民用大乱丧德，亦罔非酒惟行；越小大邦用丧，亦罔非酒惟辜。

【注释】

①酒诰：周公命令康叔在卫国宣布戒酒的告诫之辞，所以名为《酒诰》。

②妹邦：指殷商故土。妹，指卫地。

③穆：受人尊敬。

④西土：就是指周朝。

⑤厥：代词，指文王。毖：告诫。

⑥肇：教导。

【译文】

武王说："我要在这殷都旧地向你宣布重大命令。我们尊敬的父亲文王，在西方创建了我们的国家。他从早到晚告诫各国诸侯国君及官吏们：'只有在祭祀的时候，才可以饮酒。'上天降下福命，为我们下界民众造酒，只是为了盛大的祭祀啊！上天降下惩罚，是因为我们有些民众胆敢犯上作乱，丧失德行，究其原因，无非是酒后乱性；有些诸侯国之所以灭亡，也是因为民众饮酒过度而造成的。

【原文】

"文王诰教小子有正有事①，无彝酒②；越庶国③，饮惟祀，德将无醉④。

【注释】

①小子：指文王的子孙后代们。有正：有官职的。

②彝：经常。

③庶国：指在各封地任职的诸侯国国君。

④德将：以德相助。

【译文】

"文王教导他的子孙以及各级官员们，不许经常饮酒，同时也告诫各诸侯国君，只有在祭祀的时候才可以饮酒。在饮酒的时候，要有酒德，不要喝醉了。

【原文】

"惟曰我民迪小子，惟土物爱^①，厥心臧^②。聪听祖考之遗训^③，越^④小大德！

【注释】

①小子：指子孙后代。土物：从土地里长出来的农产品。
②臧：善，美好。
③聪听：专心地听。祖考：指文王。彝：法度。
④越：发扬。

【译文】

"文王还说，我们的臣民及子孙后代，都要爱惜土里生长出来的农作物，这样，他们心地就会善良，会遵从祖宗留下来的教诲。无论德行如何或者年龄大小，姬姓子孙一律戒酒。

【原文】

"小子惟一妹土^①，嗣尔股肱^②，纯其艺黍稷^③，奔走事^④厥考厥长。肇^⑤牵车牛，远服贾用，孝养厥父母；厥父母庆，自洗腆^⑥，致用酒。

【注释】

①小子：指姬姓子孙。
②嗣：尽力。股肱：脚和手。
③纯：专心致志。艺：耕种。
④事：侍奉。
⑤肇：勉力。
⑥腆：丰盛的膳食。

【译文】

"殷商旧都的百姓们啊，从今以后，你们要尽心尽力地辅助我们，专心致志地种好庄稼，勤勉务农以侍奉你们的父兄以及长官。农事之余，你们可以牵着牛车到各地从事贸易，用来孝敬赡养你们的父母。这样，你们的父母就会高兴，亲自动手，准备干净丰盛的饮食，在这时，你们就可以喝一点儿酒了。

【原文】

"庶士、有正、越庶、伯君子①。其尔典听朕教②！尔大克羞惟惟君③，尔乃饮食醉饱。丕惟日尔克永观省，作稽中德，尔尚克羞馈祀④。尔乃自介用逸⑤，兹乃允惟王正事之臣。

【注释】

①庶士、有正、越庶、伯君子：官员的统称。
②其：期望。典：经常。
③羞：进献。
④馈祀：国君举行的祭祀。
⑤介：求。

【译文】

"各级官员们，希望你们经常听从我的教导。你们能够进献酒师给老人和你们的国君，奉养他们，你们就可以吃饱饭喝足酒。我想说，如果你们能够严格要求自己，经常自省，使自己的言行举止合乎我们的道德标准。那么，你们就可以参与天子所举行的祭祀，也就可以向上天祈求饮酒行乐了。这就是说你们都是为国王所信任并为国王办理各种政务的官员。

【原文】

"兹亦惟天若元德①，永不忘在王家②。"

【注释】

①若：善，美好元德：大德。
②在：于。

【译文】

"你们要能够按照天命大德办事，时刻不能忘记自己作为天子的臣子身份。"

【原文】

王曰："封，我西土棐徂①邦君御事小子，尚克用文王教，不腆②于酒，故我至于今，克受殷之命。"

【注释】

①棐徂：辅助。帮助。
②腆：厚。

【译文】

武王说："封啊！过去那些辅佐我们周的诸侯国君、王室近臣及其官吏们，能够遵照文王的教导，不饮太多的酒，所以我们到今天，能够接受替天行道、灭掉殷商的使命。

【原文】

王曰："封，我闻惟曰：在昔殷先哲王，迪①畏天显小民，经德秉哲。自成汤咸至于帝乙②，成王畏相惟御事，厥棐有恭③，不敢自暇自逸，矧日其敢崇饮？越在外服，侯甸男卫邦伯；越在内服，百僚庶尹惟亚惟服、宗工越百姓里居，④罔敢湎于酒。不惟不敢，亦不暇，惟助成王德显越，尹人祇辟。"

【注释】

①迪：启迪。天显：天威。
②帝乙：商纣王的父亲。
③棐：辅助。
④庶尹：众长官。服：任事的官。宗工：宗室官员。

【译文】

武王说："封啊！我听到有人说：追溯往昔，殷商圣明的先王，都是引导民众敬畏上天的，执政者都能够遵从道德，民众对统治者表示敬仰。从成汤到帝乙，王业之所以有兴旺，就是因为敬畏相辅，自我省察，官吏们各司其职，办理政务非常谨慎，不敢自己安闲逸乐，何况是聚众饮酒呢？京城以外的各诸侯国的各级官员以及朝内的各种官吏和宗室贵族，都不敢沉湎于饮酒，不只是不敢这样做，他们也没有闲暇时间。他们所考虑的，只是怎样辅助君王成就大业，显扬君王德政，使各级官吏都敬慕自己的君王。"

【原文】

"我闻亦惟曰：在今后嗣王^①，酣^②，身厥命，罔显于民祗^③，保越怨不易^④。诞惟厥纵，淫泆^⑤于非彝，用燕^⑥丧威仪，民罔不盡^⑦伤心。惟荒腆于酒，不惟自息乃逸。厥心疾很^⑧，不克畏死。辜在商邑，越殷国灭，无罹。弗惟德馨香祀，登闻于天，诞惟民怨，庶群自酒，腥闻在上。故天降丧于殷，罔爱于殷，惟逸。天非虐，惟民自速辜^⑨。"

【注释】

①后嗣王：指纣王。嗣，继承。
②酣：纵情于饮酒。
③民祗：老百姓的痛苦。祗，痛苦。
④保：安。越：在。
⑤泆：放荡。
⑥燕：安。
⑦盡（xì）：痛。
⑧疾：恶毒。
⑨速：招致。

【译文】

"我也听过这样的说法：继承殷商大位的商纣王，饮酒纵乐，不能显扬天命，从而建立显赫的功业，而是对臣民的怨恨无动于衷，不思改过，纵欲无度，淫乱行乐不遵守法度。由于饮酒过度，丧失了应有的威严，臣民无不感到痛心。商纣王只知道饮酒作乐，而从不想停止自己这种淫乱的生活。他的心地乖戾狠毒，是个亡命之徒，从不惧怕死亡。他在殷商故都犯下了许多大罪，到殷国灭亡的时候，便形成了众叛亲离的局面。他即位以来，既没有德政报告给上天，也从不祭祀上天。只有民众的怨气和百官纵酒享乐的腥味，被上天闻到了。所以上天就把亡国的大祸降给了殷。上天之所以不喜欢殷，就是因为商纣王过度酗酒享乐。不是上天暴虐，而是殷商的臣民自己招来这种亡国的灾难。"

【原文】

王曰："封，予不惟若兹多诰①。古人有言曰：'人无于水监，当于民监。'今惟殷坠厥命，我其可不大监抚于时②！"

【注释】

①惟：思。若兹：如此。
②监抚：察看。

【译文】

武王说："封啊！我不想过多告诫你了。古人曾经说过：'人，不只要用水作镜子，更应该把臣民当作镜子。'现在殷商已经丧失了天命，我们哪能不认真总结殷亡的教训呢？"

【原文】

"予惟曰汝劼毖殷献臣①，侯甸男卫，矧太史友、内史友、越献臣百宗工②，矧惟尔事③、服休服采④，矧惟若畴⑤，圻父薄违⑥、农父若保⑦、宏父定辟⑧：矧汝刚制于酒⑨！"

【注释】

①劼（jié）：用力。毖：劝诫。献：同"贤"。
②百宗工：众多尊贵的官员。
③尔事：服侍你的近臣。
④服休：管理游宴的官员。服采：管理朝祭的官员。
⑤若畴：你的三卿，即司马、司徒、司空。
⑥圻父：司马。薄：讨伐。
⑦农父：司徒。
⑧宏父：司空。辟：法度。
⑨矧：认真。

【译文】

"经过一番深思熟虑之后，我要这样告诉你：'慎重地训诫殷商的遗臣和诸侯国君，以及记事记言的史官，还有殷商时期的许多贤臣，还要告诫你的部下以及管理游宴休息和朝祭的近臣、、讨伐叛乱的司马、管理农业生产的司徒、主持司法事务的司空，包括你在内，都要采取严厉手段强行戒酒。'"

【原文】

"厥或诰曰①：'群饮。'汝勿佚，尽执拘以归于周，予其杀。又惟殷之迪诸臣惟工②，乃湎于酒，勿庸杀之，姑惟教之。有斯明享③，乃不用我教辞，惟我一人弗恤弗蠲④，乃事时同于杀⑤。"

【注释】

①诰：同"告"，报告。
②迪：辅佐。
③明享：明显的优待。
④蠲：免除罪过。
⑤事时：治理这些人。事，治理。时，代词，这些。

【译文】

"如果有人报告说：'有人聚众饮酒。'你就不要放纵他们，要把他们全部逮捕并押送到我这里来，我要把他们全部杀掉。如果是原来殷商的旧臣百官仍沉湎于酒，不用杀掉他们，暂且教育他们。有这样明确的教令之后，假如还有人不听从我的教令，对我的威严视而不见，我将不会再怜惜他们，不会赦免他们，将他们与聚众饮酒的人一样，全部杀掉。"

【原文】

王曰："封，汝典听朕毖①，勿辩②乃司民湎于酒。"

【注释】

①典：常。毖：劝诫。

②辩：治。

【译文】

王说："封啊！你要经常听我的告诫，不要使你的臣民沉溺于饮酒。"

洛 诰①

【原文】

周公拜手稽首②曰："朕复子明辟。王如弗敢及天基命定命，予乃胤保大相东土③，其基作民明辟④。"予惟乙卯，朝至于洛师。我卜河朔黎水⑤，我乃卜涧水东、瀍水西⑥，惟洛食⑦；我又卜瀍水东，亦惟洛食。伻来以图及献卜。"

【注释】

①洛诰：洛，指洛邑。本篇记载了成王和周公君臣之间关于洛邑问题展开的三次对话。

②拜手稽首：拜手，拱手至地，以头至手。稽首，以头至地。

③胤：继。

④辟：君主。明辟，明君。

⑤河朔：黄河以北。黎水：卫河和淇水合流，到黎阳故城叫黎水，在今天的河南浚县东北。

⑥涧水：发源于河南渑池县，到洛阳西南流入洛水。瀍水：发源于洛阳西北，在洛阳东流入洛水。

⑦食：指好兆头。

【译文】

周跪拜叩头后，说："您继承王位之后，却谦逊地不敢举行即位大典。我要在太保召公之后，到东方去视察洛邑，你就要开始学作圣明的君主了。

"乙卯这天早晨，我到了洛邑。我现在黄河以北的黎水一带占卜，卜兆不吉利；随后，我又在涧水以东、瀍水以西的地方占卜，得到吉兆。我又占卜了瀍水以东的地方，也也得到了吉兆。现在派使者献上地图和卜兆。"

【原文】

王拜手稽首曰："公不敢不敬天之休，来相宅，其作周匹^①，休！公既定宅，伻来^②，来，视予卜^③，休恒吉。我二人共贞。公其以予万亿年敬天之休！拜手稽首诲言。"

【注释】

①周匹：与镐京相匹配的。匹，配。
②伻来：使我来。伻（bēng），让，使.
③视予卜：同"示"，视。指示我以卜，就是拿出卜兆给我看。

【译文】

成王跪拜叩头后，说："你不敢不尊重天命之所指，到洛邑视察宫室宗庙的基地，建成了洛邑，作为与旧都相对的新都，这是一件大好事。尽然您已经勘定了宫室宗庙的基地，派使者送来图样和卜兆让我看，图样和卜兆都很吉利。让我们二人共同承享上天所赐予的信任。您勘定洛邑，是要我千秋百代顺承天命，我行跪拜叩头礼接受您的教诲。"

【原文】

周公曰："王，肇称殷礼^①，祀于新邑，咸秩无文^②。予齐百工，伻从王于周，予惟曰：'庶有事^③。'今王即命曰：'记功，宗以功作元祀^④。'惟命曰：'汝受命笃弼，丕视功载，乃汝其悉自教工。'

【注释】

①称：举行。殷：盛。殷礼，大礼。
②文：通"紊"，紊乱。
③事：指祭祀。
④宗：宗人，管理礼乐的官。以：选拔。元祀：大祀。

【译文】

周公说:"王啊! 你要用殷礼接见诸侯,在新都洛邑祭祀文王,祭祀要按照尊卑进行,不能紊乱。我整顿百官,带领他们在旧都熟习礼仪之后,再跟从王前往洛邑。我希望你答应我的要求,和百官一起到新都祭祀文王。现在王却命令说:'记录下有大功劳的人,让这些人前来参加祭祀庆典。'又命令说:'你们接受先王之命,要尽力、忠实地辅助国家。要公开展示记载功绩的文书,你要亲自教导百官。'

【原文】

"孺子其朋①,孺子其朋,其往! 无若火始焰焰②;厥攸灼叙③,弗其绝。厥若彝及抚事如予④,惟以在周工,往新邑⑤。伻向即有僚⑥,明⑦作有功,惇大成裕⑧,汝永有辞。"

【注释】

①孺子:指成王。朋:结党,这里指群臣。
②焰焰:火力微弱的样子。
③叙:次第。
④彝:常道。
⑤周工:指宗周成行的百官。
⑥有僚:指官员。
⑦明:努力。
⑧成裕:完成大事,这里指举行祭祀。

【译文】

"年轻人不要朋比相处! 不要朋比相处! 若长此以往,像火苗刚开始燃烧时,火焰还很微弱,继续燃烧,就不得不扑灭了。你要遵行常规处理国事,如同我摄政时那样。你要和镐京的百官一起前来新都洛邑,使他们各尽其职,努力建功立业,优厚地对待宗族,成就宽达的政治,你就可以长久地享有美誉了。"

【原文】

公曰："已！汝惟冲子，惟终①。汝其敬识百辟享，亦识其有不享。享多仪②，仪不及物③，惟曰不享。惟不役志于享④，凡民惟曰不享，惟事其爽侮。乃惟孺子颁，朕不暇听。

【注释】

①惟终：指思考如何完成前人的功业。

②多仪：重视礼仪。

③仪不及物：礼仪赶不上进贡的物品。

④役志：用心。

【译文】

周公说："唉！你虽然年幼，但最终还是能成就王业的。你要认真察看诸侯的朝见的贡品，也要记下那些未曾贡享的诸侯。贡享应以礼仪为重，如果礼仪赶不上贡物，虽说贡物再多，也和没有贡享一样。诸侯不重视享礼。如果人民不重视贡享的礼仪，百姓就会轻慢，政事就会错乱。希望你这年轻的王赶快前来分担政务，我没有闲暇时间处理这些政事了。

【原文】

"朕教汝于棐民彝①，汝乃是不蘉②，乃时惟不永哉③！笃叙乃正父，罔不若予④，不敢废乃命。汝往敬哉！兹予其明农⑤哉！被裕我民⑥，无远用戾。"

【注释】

①棐：辅助。彝：常法。

②蘉（máng）：努力。

③时：善，指善政。永：推广。

④叙：升降。父：指官员。

⑤明农：努力务农。

⑥裕：善待。

【译文】

"我教给你治理百姓的方法，如果你不努力去做，那么国家的命运就不会长久了！厚待各诸侯国国君以及同姓的诸侯和大夫，使他们像我一样，都听从你的命令。你到了洛阳可要恭谨啊！我今后倘若退休，要解除政务回归农事。你若在洛邑能尽心教养人民，不管多远的小民都会来归附你的。"

【原文】

王若曰："公！明保予冲子。公称丕显德，以予小子扬文武烈①，奉答天命，和恒四方民②，居师；惇宗将礼，称秩元祀，成秩无文。惟公德明光于上下，勤施于四方。旁作穆穆，迓衡不迷③。文武勤教④，予冲子夙夜毖祀⑤。"

【注释】

①烈：功业、事业。

②和恒：和悦。

③迓：逆。衡：通"横"。迓衡不迷，就是说治理天下而不产生差错。

④文武：指百官。

⑤夙夜：早晚。

【译文】

成王说："公啊！你要尽力辅佐我这年幼无知的人啊！你能显扬光大前人的大德，要我这个年轻人能够发扬光大文王和武王的事业，来回报上天的眷顾，使私访民众和睦地定居在洛邑；厚待宗族，礼遇诸侯，隆重举行祭神大典，即使礼仪繁杂，也要进行得有条不紊。如果这样，你的大德就可以与日月相比肩，光辉照耀于上天人间，勤恳地施行仁政于四方臣民。普天之下都治理得十分完美，即使遇到横逆之事也非常平稳。又以文王和武王的事迹，对我勤加教导。我这年幼无知的人，只有早晚勤谨地进行祭祀了。"

【原文】

王曰："公功棐迪①，笃罔不若时②。"

【注释】

①棐：辅助。
②笃：厚。

【译文】

王说："公啊！你热情地教导我治理国家的道理，这些教训都是我应当接受的。"

【原文】

王曰："公！予小子其退①，即辟于周②，命公后③。四方迪乱未定④，于宗礼亦未克敉⑤，公功迪将⑥，其后监我士师工⑦，诞保文武受民⑧，乱为四辅⑨。"

【注释】

①退：离开洛邑，回到镐京。
②即辟：就君位。周：指宗周镐京。
③后：指暂时留下，继续在洛阳治理。
④迪：开。乱：治。
⑤宗礼：宗宫礼典。敉（mǐ）：安定。
⑥迪将：迪，启迪。将，大。
⑦士、师、工：指各级官员。
⑧诞：语首助词。受民：指殷民。
⑨四辅：藩卫王室之意。

【译文】

王说："公啊！我从洛邑回去，在镐京即君位，你仍旧留在洛邑吧。现在四方还没有完全安定太平，宗人的礼仪也没有完成，你的大功还未告成，你要留在洛邑，继续监督统领我们的各级官员，统率他们作为周朝的藩辅。”

【原文】

王曰：“公定①，予往已②。公功肃将祗欢③，公无困哉！我惟无斁其康事④，公勿替刑⑤，四方其世享。”

【注释】

①定：止。
②往：回镐京。
③将：奉行。
④斁：厌倦。
⑤替：废除。

【译文】

王说：“公啊，你留下来吧，我要回镐京了。你要严格地执行敬重殷民、团结殷民的工作，不要让我受困。我要坚持不懈地努力于政事，使天下康平。您不要废除刑法，要使其世代沿用下去。”

【原文】

周公拜手稽首曰：“王命予来，承保乃文祖受命民，越乃光烈考武王弘①，朕恭②。孺子来相宅③，其大惇典殷献民④，乱为四方新辟⑤，作周恭先⑥。曰：‘其自时中乂⑦，万邦咸休，惟王有成绩。予旦以多子越御事，笃前人成烈，答其师⑧，作周孚先。’考朕昭子刑⑨，乃单文祖德。

【注释】

①承保：指承袭王命以保民。烈考：指武王。
②恭：责难于君叫做恭。
③相宅：视察洛邑。
④其：通“基”，基地。惇：厚。典：典章。献：通“贤”。
⑤新辟：新君。
⑥作：兴。周恭：周的法令。
⑦乂：治理、管理。

⑧荅：合，集合。师：众人。

⑨周孚：孚，通"郭"。周郭，周的城郭，这里指洛邑。

【译文】

周公跪拜叩头行礼说："王命我治理洛邑，承接天命，保护你的祖父文王从上天那里接受下来的臣民，宣扬你父亲武王的丰功伟绩。我恭敬地奉行我的使命，不敢有负所托。你这年轻人来视察新都洛邑，要以淳厚的典章礼仪对待殷的先民，为四方的新君谨慎地处理政务，作后代国君的典范。我曾说：'如果能以洛邑居中去治理天下，诸侯国也就都能够治理好了。这样，王的大功便告成了。我姬旦率领众卿大夫和掌握政事的百官，努力于巩固先王的伟大功业，满足众人的愿望，以诚信为周后代先民的表率。'我成就了你的法制，你光大了文王的大德。

【原文】

"伻来毖殷①，乃命宁予以秬鬯二卣②。曰：'明禋③，拜手稽首休享。'予不敢宿，则禋于文王、武王。惠笃叙，无有遘自疾④，万年厌于乃德⑤，殷乃引考⑥。王伻殷，乃承叙万年，其永观朕子怀德⑦。"

【注释】

①伻：使。毖：诚饬。

②宁：安慰。秬鬯：黑黍香酒，用于祭神。卣（yǒu）：盛酒的酒器名称。鬯（chàng），郁金香草。

③禋（yīn）：古代一种祭天的仪式。

④遘：遇。

⑤厌：饱。

⑥引考：长寿。

⑦朕子：指成王，这里是对成王亲昵的称呼。

【译文】

"你派使者来告诫殷民，并慰劳我，送来两樽黍酒，告诉我行礼祭祀和献享。我不敢留下这酒，立即用它祭祀文王和武王。你这样笃顺文武之道，不会遇到灾害，也不会罹患疾病，子孙后代饱享祖先德泽，殷民也得以享有长寿。王遣使来告诫殷民，使他们永久服从我们的统治，永远效法和怀念我王地恩德。"

【原文】

戊辰①，王在新邑烝②，祭岁，文王骍骍③牛一，武王骍牛一④。王命作册逸祝册⑤，惟告周公其后。王宾，杀禋，咸格⑥，王入太室⑦，祼⑧。

【注释】

①戊辰：戊辰日，为成王七年月晦日。
②烝：冬祭。
③骍骍：红色。
④骍：赤色。
⑤作册：史官名。逸：人名。这里是指史官逸。
⑥王宾：助祭的诸侯。
⑦太室：清庙中央之室。
⑧祼：祭名，把酒浇到地上祭神。

【译文】

戊辰这天，王在新都洛邑冬祭先王。这是年终的岁祭。祭祀文王用一头赤色的牛，祭祀武王也用一头赤色的牛。王命令史臣史逸把这件事和祝词写在书册上，报告周公留守洛邑的事。王与助祭诸侯同至太庙，杀牲祭祀先王，王步入太室，举行以酒灌地的大礼。

【原文】

王命周公后，作册逸诰①，在十有二月。惟周公诞保②文武受命，惟七年。

【注释】

①诰：告天下诸侯。
②诞：继承。

王命周公留守洛邑，让史逸把这条命令记在典册上，并布告天下，这件事发生在十二月。周公承受文王和武王所给予的大命，计时七年。

多 士①

【原文】

惟三月，周公初于新邑洛，用告商王士。

【注释】

①多士：众士，指殷王的旧臣。

【译文】

成王七年三月，周公第一次来到新都洛邑，以成王的名义告诫商王的旧臣。

【原文】

王若曰："尔殷遗多士！弗吊旻天①，大降丧于殷。我有周佑命，将天明威，致王罚，敕殷命终于帝。肆尔多士！非我小国敢弋②殷命。惟天不畀允罔固乱③，弼我，我其敢求位？惟帝不畀，惟我下民秉为，惟天明畏④。

【注释】

①旻天：上天。
②弋：用绳子系在剑上射鸟，指有心取代。
③畀：给予。
④畏：同"威"。

【译文】

王说："你们这些殷国的遗民，商纣王不体恤天命，上天把灭亡的大祸降给你们殷国。我们周国顺应天命，替天行道，奉行上天圣明而威严的意旨，进行王者的诛罚，宣告殷国国运终止。现在我要告诉你们，不是我们小小的周国敢于夺取殷国的天命，而是因为上天不把天命给予那些为非作歹的人，是上天辅助我周国。假如上天不帮助我们，我们是不敢妄求这个大位的。上天是圣明而威严的，我们只有依照上天的意旨行事。

【原文】

"我闻曰：'上帝引逸①。'有夏不适②逸，则惟帝降格③，向于时夏④。弗克庸⑤帝，大淫泆有辞⑥。惟时天罔念闻⑦，厥惟废元命⑧，降致罚；乃命尔先祖成汤革夏，俊民甸四方。

【注释】

①引：引导。逸：安逸。
②适：往。
③降格：天降灾异。
④向：意向。
⑤庸：用。
⑥泆：乐。
⑦惟时：因此。闻：通"问"。
⑧元命：大命，指国运。

【译文】

"我听说：'上天要引导人民安逸，而夏王则不使人民安逸，于是上天便降下灾难，规劝夏国，希望他们能够改恶从善。但他们不愿听从上天的教导，而是大肆淫乐，并大放厥词，上天便不再眷念和顾怜他，便废除了夏的大命，降下了惩罚。于是，你们的先祖成汤革除了夏的大命，任用一些贤能的人治理四方。

【原文】

"自成汤至于帝乙。罔不明德恤祀。亦惟天丕建保乂有殷，殷王亦罔敢失帝①，罔不配天其泽。在今后嗣王②，诞罔显于天，矧曰其有听念于先王勤家③？诞淫厥泆，罔顾于天显民祗④，惟时上帝不保，降若兹大丧。惟天不畀不明厥德，凡四方小大邦丧，罔非有辞⑤于罚。"

【注释】

①罔敢失帝：不敢违背上天的旨意。
②后嗣王：指纣王。
③勤家：为国家而辛勤劳苦。
④天显：天命。祗，敬畏。
⑤辞：罪过。

【译文】

"从成汤到帝乙，都彰明德性，谨慎地祭祀上天，因此上天便大力保护殷国。殷王也从不敢违背上天的意旨行事，恭敬地顺从上天的旨意施给人民恩泽。后来即位的殷王，狂妄自大，欺骗侮慢上天，更谈不到听从上天的教导了。在先王辛勤建国的基业上，他们逐渐奢侈腐化起来，不顾念上天圣明的教导，也不把人民的疾苦放在眼里。于是，上天便不再保佑殷，给殷降下了丧亡的大祸。上天之所以不把天命赐予殷国，是因为他不施行德政。周围小国或大国的丧亡，没有不是因为有罪而招致讨伐才灭亡的。"

【原文】

王若曰："尔殷多士，今惟我周王丕灵承帝事①，有命曰：'割②殷，告敕于帝。'惟我事不贰适③，惟尔王家我适。予其曰惟尔洪无度④，我不尔动，自乃邑⑤。予亦念天，即于殷大戾⑥，肆不正⑦。"

【注释】

①灵：善。
②割：断绝。
③事：征伐之事。
④度：法度。
⑤乃邑：众多卿士的封邑。
⑥戾：罪过。

⑦正：治罪，指治殷商旧臣的罪。

【译文】

王这样说："你们这些殷国旧臣们，现在只有我周王能奉行上天神圣的命令。上天命令说：'断绝殷国的国运，并报告上天。'上天要你们服从我们的统治，不许怀有二心，你们殷王众臣也应该完全归于我们周国。我要说：你们太没有法度，我们并没有要求迁徙你们，是你们在自己的都邑发起叛乱。我也考虑到上天多次降下大祸给殷，所以我就不再治你们的罪了。"

【原文】

王曰："猷①！告尔多士，予惟时其迁居西尔②，非我一人奉德不康宁③，时惟天命。无违，朕不敢有后，无我怨。

【注释】

①猷：叹词，相当于"唉"。
②迁居西尔：把你们迁到西面。西，指洛邑。
③奉德：秉性。

【译文】

王说："唉！告诉你们这些殷朝遗民们，我之所以把你们迁到西方去，不是我一人按照道德原则办事让你们不得安宁，实在是天意难违啊！我无法违抗，也不敢有所迟缓，千万不要因此而怨恨我。

【原文】

"惟尔知，惟殷先人有册有典①，殷革夏命。今尔又曰：'夏迪简在王庭②，有服在百僚③。'予一人惟听用德④。肆予敢求尔于天邑商⑤，予惟率肆矜尔。非予罪，时惟天命。"

【注释】

①册：简册；典：典籍。
②迪：启迪。简：选拔。

③服：列，这里指职位。

④听：接受。

⑤肆：因此。

【译文】

"你们知道，殷人的祖先有记载历史的文献，殷革除了夏的大命。现在你们又说：'夏朝的官员曾被选拔在殷王的朝廷，担任各种官职为殷王服务。'而我周王只任用有德行的人。所以我不敢请求你们先王的允许而任用你们，敢于从商邑把你们招来，我只想赦免你们的罪，怜悯你们的愚昧无知。这不是我的罪过，这是上天的命令。"

【原文】

王曰："多士，昔朕来自奄^①，予大降尔四国民命^②。我乃明致天罚，移尔遐逖^③，比事臣我宗多逊^④。"

【注释】

①奄：古时国名，是商的方国。

②四国：指管、蔡、商、奄四国。

③遐逖：远方，远方的少数民族，指四国降：下达。

④我宗：我们周族。

【译文】

王说："殷的遗民们，从前我从奄国来，大大宽宥了管、蔡、商、奄四国的民命。我是奉行上天的命令征伐你们的，把你们迁到这遥远的地方，是要你们臣服于我们周朝，并与我们和睦相处。"

【原文】

王曰："告尔殷多士，今予惟不尔杀，予惟时命有申^①。今朕作大邑于兹洛，予惟四方罔攸宾，亦惟尔多士攸服奔走臣我，多逊。尔乃尚有尔土，尔乃尚宁干止。尔克敬，天惟畀矜尔^②；尔不克敬，尔不啻^③不有尔土，予亦致天之罚于尔躬！今尔惟时宅尔邑，继尔居；尔厥有干有年于兹洛^④。尔小子乃兴^⑤，从尔迁。"

【注释】

①时命有申：又向你们申述上面的命令。时，代词，这个。申，申明。
②畀矜迩：赐给你们怜悯或同情。畀：赐给，给予。
③不啻：不但．不只，不止如此。
④有干：安乐。有年：丰年。
⑤小子：指后世子孙。

【译文】

王说："告诉你们这些殷国的遗民，现在我想杀害你们，我向你们重申这个命令。现在我要在洛邑建都，是为了方便四方诸侯朝贡，也是为了你们能更方便地为周朝效力。你们仍然可以保有你们的土地，你们仍然可以安宁地从事劳作和生活。只要你们能够敬重我周国，上天便会给你们以爱怜，如果你们不敬重我周国，你们不但不能保有你们的土地，我也要替天行道，把上天的惩罚降到你们身上。现在你们要安居在你们的城邑内，辛勤地耕耘，这样你们就能够在洛邑长久地进行生产并得到丰收。从你们迁到洛邑以后，你们的子孙也会兴旺起来的。"

【原文】

王又曰："时予①，乃或言，尔攸居②。"

【注释】

①时：依从，顺从。
②攸居：长久居住。

【译文】

王又说："顺从我！记住我对你们说的话，你们才能长期在此居住。"

无 逸①

【原文】

周公曰："呜呼！君子所②，其无逸。先知稼穑之艰难，乃逸，则知小人之依③。相小人，厥父母勤劳稼穑，厥子乃不知稼穑之艰难，乃逸乃谚④。既诞⑤，否则，侮厥父母曰：'昔之人无闻知。'"

【注释】

①无逸：不要。逸，逸乐，这里指纵酒、淫乐、嬉游、田猎等。在该篇中，周公指出做君王的，不可沉迷于逸乐，要时时刻刻把民众的疾苦放在心上。

②君子：指人君，即天子。

③小人：普通老百姓。依：艰难。

④谚：粗野不恭，放肆地。

⑤诞：荒诞。

【译文】

周公说："唉！人君在位，不应该贪图安逸享受，应该先了解耕种收获的艰难，这样，就算处在安逸的环境中，也会知道普通民众的劳苦。看看那些老百姓，他们的父母辛勤劳耕，辛苦收获，儿子却不知道耕种收获的艰难，而是贪图享受，还说一些荒诞粗鄙的话，甚至还鄙视地对父母说：'上了年纪的人，无知无识，什么也不懂。

【原文】

周公曰："呜呼！我闻曰：昔在殷王中宗①，严恭寅畏②，天命自度③，治民祗惧，不敢荒宁。肆中宗之享国，七十有五年④。其在高宗⑤，时旧劳于外，爰暨小人。作其即位，乃或亮阴⑥，三年不言。其惟不言，言乃雍。不敢荒宁，嘉靖殷邦。至于小大⑦，无时或怨。肆高宗之享国，五十有九年。其在祖甲⑧，不义惟王，旧为小人⑨。作其即位，爰知小人之依，能保惠于庶民，不敢侮鳏寡。肆祖甲之享国，三十有三年。自时厥后，立王生则逸，生则逸，不知稼穑之艰难，不闻小人之劳，惟耽乐之从。自时厥后，亦罔或克寿。或十年，或七八年，或五六年，或四三年。"

【注释】

①中宗：祖乙，汤的六世孙。

②寅：尊敬。严恭，指外貌端庄。寅畏，指内心敬畏。

③自度：用法律检视自身。

④享国：指作君王。

⑤高宗：武丁。

⑥亮阴：听而不言。

⑦小大：老百姓和群臣。

⑧祖甲：武丁之子。

⑨不义：指不符合立长之意。旧为小人：指未即位之时。

【译文】

周公说："唉！我听说，过去殷王中宗，严肃庄重，小心翼翼，心存敬畏，以天命为标准来严格衡量自己，治理民众谨慎敬畏，从不敢荒废政务而贪图安乐。所以中宗享有王位七十五年。到了高宗，做太子时，长期在外服役，了解民间疾苦。等到他即位后，三年守丧期间，从不轻易说话。正因为轻易不言，所以在偶尔谈及国事时，都深得大臣们的拥护。他不敢荒废政事，贪图享受，因此殷国太平安宁，被治理得非常好，以致民众和大小官员，都没有人抱怨。因此，高宗执政达五十九年。到了祖甲，他认为代兄为王不合道义，便作为平民长期隐居在民间。等到他做了国王，他了解民众的疾苦，因而施惠于民，能够保护和爱养百姓，甚至从不敢轻慢那些鳏寡孤独、无依无靠的人。因此，祖甲执政达三十三年。自此以后，在位为王者就生于安乐，长于安乐，不知耕种收获之艰难，不了解小民的劳苦，只是追求过度的享乐。自此以后，在位的殷王就没有能够长寿的了。他们执政的时间，有的十年，有的七八年，有的五六年，有的三四年。"

【原文】

周公曰："呜呼！厥亦惟我周太王、王季，克自抑畏①。文王卑服②，即康功田功③。徽柔懿恭④，怀保小民⑤，惠鲜鳏寡。自朝至于日中昃，不遑暇食⑥，用咸和万民。文王不敢盘于游田，以庶邦惟正之供。文王受命惟中身⑦，厥享国五十年。"

【注释】

①抑：谦虚。太王：古公亶父。王季，古公亶父的小儿子，周文王

的父亲，即季历。

②卑服：穿着简朴。

③康功：安民。田功：农事。

④徽：美。懿：美好。

⑤怀保小民：使百姓安乐。

⑥遑：闲暇。

⑦中身：指人到中年。

【译文】

周公说："唉！只有我们周的太王、王季做起事来能够谦虚谨慎。文王曾穿着极为简朴的衣服，从事卑贱的劳作，如整修道路、耕种田地等。他心地善良，态度平易近人，使老百姓安居乐业，并尤为关切孤独无依的人。为了使万民和谐安乐的生活，从早晨到中午甚至到下午，他都忙得没有功夫吃饭。文王不敢耽于游猎玩乐，使臣服的诸侯只按正税缴纳赋税。文王在中年接受天命成为诸侯，执政达五十年。"

【原文】

周公曰："呜呼！继自今嗣王，则其无淫于观①、于逸、于游、于田，以万民惟正之供。无皇②曰：'今日耽乐。'乃非民攸训③，非天攸若④，时人丕则有愆⑤。无若殷王受⑥之迷乱，酗于酒德哉⑦！"

【注释】

①淫：过度。

②皇：暇，这里指宽解。

③攸训：所顺。训，法。

④攸若：所善。

⑤丕则：于是。愆：过错。

⑥受：纣王名。

⑦酗（xù）于酒德：纵酒的凶德。

【译文】

周公说："唉！从今以后即位的君王，可不要过度沉溺于观赏、逸乐、游嬉和和田猎之中，对老百姓只收正额的贡赋。更不要自我安慰说：'只是今天纵情享乐。'这样，就不是老百姓所效法的榜样了，也不是顺从天意了，这样做的人，就有大罪过了。所以，不要像殷王纣那样迷惑昏乱，把酗酒作为美德啊！"

【原文】

周公曰："呜呼！我闻曰：'古之人犹胥训告①，胥保惠，胥教诲，民无或胥诪张为幻。'此厥不听，人乃训之，乃变乱先王之正刑，至于小大。民否则厥心违怨，否则厥口诅祝②。"

【注释】

①胥：互相。
②诅祝：诅，请神加祸于人叫诅。祝，以言告神。

【译文】

周公说："唉！我听说：'古时候的人还能互相训诫、劝导，互相维持爱护，互相教诲，老百姓没有互相欺骗诈惑的。'如果不听这些话，在下的官员就会互相效仿，大就会变乱先王的政治法度，以至于大大小小的法令。老百姓无所适从，心中便会产生反抗怨恨的情绪，口中便会发出诅咒。"

【原文】

周公曰："呜呼！自殷王中宗及高宗及祖甲及我周文王，兹四人迪哲①。厥或告之曰：'小人怨汝詈汝。'则皇②自敬德。厥愆，曰：'朕之愆允若时③。'不啻不敢含怒。此厥不听，人乃或诪张为幻，曰小人怨汝詈汝，则信之，则若时，不永念厥辟，不宽绰④厥心，乱罚无罪，杀无辜。怨有同⑤，是丛⑥于厥身！"

【注释】

①迪：指导。迪哲：十分明智。
②皇：大。
③允：诚，确实。

④绰：大。

⑤怨有：即怨尤，怨恨。

⑥丛：聚集。

【译文】

周公说："唉！从殷中宗，到高宗，到祖甲，到我们的周文王，这四人是圣明的君主。有人告诉他们：'老百姓在怨恨你，在骂你。'他们对自己的行为便更加谨慎。他们有了过错，便毫不隐瞒地说：'这是我的过错。'确实是这样，他们不但不会恼怒，而且很愿意听到这样的话，以便了解自己在政治上的得失。如果不听从这些话，有人就会互相欺诈造假。如果有人告诉你：'老百姓在怨恨你咒骂你。'你应当认真思考这些话。可是，如果你这样执政：不把法度放在心上，不扩大自己的胸怀，乱处罚无罪的人，妄杀无辜的人。这样，必然会导致民怨沸腾，人们便会把愤怒的情绪发泄在你的身上。"

【原文】

周公曰："呜呼！嗣王其监于①兹！"

【注释】

①监：通"鉴"，鉴戒。

【译文】

周公说："唉！王啊，你可要把这些话作为鉴戒啊！"

顾 命①

【原文】

惟四月，哉生魄，王不怿②。甲子，王乃洮颒水③。相被冕服④，凭玉几。乃同，召太保奭、芮伯、彤伯、毕公、卫侯、毛公⑤、师氏、虎臣、百尹、御事。

【注释】

①顾命：人在临终之前，顾念身后的事，就叫"顾命"。该篇是成王临终之前，向臣子传命太子的事。

②怿：喜悦。不怿：不喜悦，指生病。

③洮（tāo）：洗手。颒（huì）：洗脸。

④相：扶持的人，指侍从官员。

⑤芮伯、彤伯、毕公、卫侯、毛公：他们和召公一起被称为为六卿。召公、毕公、毛公以三公兼卿职。

【译文】

四月初，月光微微发亮时，成王生了病，心中不快。甲子这天，成王沐发洗脸，太仆为成王穿上天子礼服，成王靠在玉几上坐着。同时，成王把太保召公奭、芮伯、彤伯、毕公、卫侯、毛公、师氏、虎臣、百官长以及宫廷办事人员全部召来。

【原文】

王曰："呜呼！疾大渐，惟几①。病日臻，既弥留，恐不获誓言嗣②。兹予审训命汝③。昔君文王、武王宣重光，奠丽陈教④，则肄肄不违⑤，用克达殷集大命⑥。

【注释】

①几：征兆。

②誓言：遗言。

③审：审慎地。

④丽：施行。

⑤肄肄：谨慎。

⑥达：通"挞"，讨伐。集大命，指建立周王朝。

【译文】

王说："唉！我的病情很严重，已经到了非常危险的地步。在这临终时刻，恐怕不能用誓言去约束嗣王，所以我详细地训告你们。从前，我们的先君文王和武王光照天下，创制了法律，颁布了教令，使民众有所归依，因此才能够消灭殷国，顺承天命。

【原文】

"在后之侗①，敬迓②天威，嗣守文、武大训，无敢昏逾。今天降疾，殆弗兴弗悟。尔尚明时朕言③，用敬保元子钊弘济于艰难④，柔远能迩，安劝小大庶邦。思夫人自乱于威仪⑤，尔无以钊冒贡于非几！"兹既受命还⑥，出缀衣于庭⑦。越翼日乙丑，王崩。

【注释】

①侗：未成年的人。在后之侗，这是成王的谦称。
②迓：迎接。
③时：察。
④元子：太子。钊：康王的名。
⑤夫人：众人。
⑥还：群臣受命退出。
⑦缀衣：指冕服。庭：朝廷。

【译文】

"武王死时，我还是年幼无知的稚子，但我能够恭敬地迎接上天的威命，严格地遵守文王和武王的教导，不敢胡作非为，逾越法纪。现在上天使我染上大病，几乎不能起床了。你们要努力遵照我的遗言，谨慎地保护我的太子姬钊，帮他渡过这艰难困苦的时期；要以友好的态度去怀柔安抚远方的臣民，调养教化近处的的臣民，教育众多的诸侯国君，让他们把臣民治理好。我想，一般说来，人是要用威严和法度来治理的，你们不要使嗣王姬钊陷于非礼啊！"

大臣们接受王命回来之后，天子就不能上朝理政了，大臣便把天子的礼服拿出来，放在朝廷上，供大臣们瞻拜。第二天，天子便逝世了。

【原文】

太保命仲桓、南宫毛，俾爰齐侯吕伋①，以二干戈②、虎贲百人逆子钊于南门之外③。延入翼室④，恤宅宗⑤。丁卯，命作册度⑥。越七日癸酉，伯相命士须材⑦。

【注释】

①仲桓、南宫毛：两个臣子的人名。齐侯吕伋：太公望的儿子。

②以：率领。干戈：指兵器。

③虎贲：勇士。

④翼室：侧室。

⑤恤宅：忧居。宗：主。

⑥作册：负责文书的官员。

⑦伯相：召公。召公以西伯为相，叫伯相。须：取。

【译文】

太保召公便命令仲桓和南宫毛跟随齐侯吕伋，各执干戈，率领着虎贲一百人，在南门外迎接太子钊。召公把太子钊请入侧室，太子怀着悲痛的心情，住在这里主持丧务。丁卯这天，命令太史们讨论并拟定举办丧事的礼仪法度。又过了七天，到癸酉这天，召公就命令官员们准备发丧时要用的各种器物。

【原文】

狄设黼、扆缀衣①。牖间南向②，敷重篾席③，黼纯④，华玉⑤，仍几⑥。西序东向⑦，敷重底席⑧，缀⑨纯，文贝⑩，仍几。东序西向⑪，敷重丰席⑫，画纯⑬，雕玉，仍几。西夹南向，敷重笋席，玄纷纯，漆，仍几。

【注释】

①狄：主持迁庙的官员。这里指守祭人。黼扆（yǐ）：装饰着斧形花纹的屏风。

②牖：窗户。

③敷：铺设。篾席：竹席。

④黼纯：黑白相间的花纹。黼，黑白相间。纯，边。

⑤华玉：五色的玉。

⑥几：几案。

⑦西序：西厢。

⑧底席：蒲席。

⑨缀：杂彩。

⑩文贝：饰有花纹的贝。

⑪东序：东厢。

⑫丰席：即下文的笋席。

⑬画纯：绘有云朵的花边。

【译文】

守祭人在御座后放置了画着斧纹的屏风，并把先王遗留下的礼服放在这里。在门窗以南，铺着双层竹席，边缘都用黑白色的丝织品缝制起来，放着用美玉装饰的几案。在西厢房的东面，铺着三重蒲席，镶着彩色花边，还放有用花贝装饰的几案。在东厢房的西面，铺着三重莞席，以彩色的丝织品镶边，放有用刻玉装饰的几案。在西边侧室的南面，铺着三重青竹皮制成的席，以黑色丝线镶边，此间放着一张漆几。

【原文】

越玉五重①，陈宝②，赤刀③，大训④，弘璧⑤，琬琰⑥，在西序。大玉⑦、夷玉⑧、天球⑨、河图⑩，在东序。胤⑪之舞衣、大贝、鼖⑫鼓，在西房；兑之戈、和之弓、垂之竹矢⑬，在东房。大辂在宾阶面⑭，缀辂在阼阶面⑮，先辂⑯在左塾之前，次辂⑰在右塾之前。

【注释】

①越：及。玉五重：五种珍重的玉器。

②陈宝：这里指宝刀。宝，宝器。

③赤刀：赤金色的刀。

④大训：历代帝王的谟训。

⑤弘璧：大璧。弘，大。

⑥琬：上端是圆形的玉圭。琰（yǎn）：上端是尖顶的玉圭。

⑦大玉：大块的美玉。

⑧夷玉：外夷所贡的美玉。

⑨天球：玉磬。

⑩河图：伏羲时代黄河中的龙马所负的地图。

⑪胤之舞衣：胤国所制的舞衣。

⑫鼖（fén）：大鼓。

⑬兑、垂：古时巧匠的名字。

⑭辂：国君所乘坐之车。大辂，用玉装饰的车子。

⑮缀辂：金辂。

⑯先辂：即木辂。塾：门侧的堂屋。

⑰次辂：象辂与革辂。

【译文】

还有五种宝玉，陈列各种宝器：红色的宝刀、成王的遗训、大的玉璧、玉圭放在西墙前的席上。大玉、夷玉、浑天仪和地图放在东墙向西的席上。胤制作地舞衣、大贝、大鼓放在西房；兑制作的戈、和制作的弓、垂制作地竹箭放在东房。成王的大车方在迎宾台阶的前面，缀车方在东阶的前面，象车放在门侧左边堂屋的前面，次车放在门侧右边堂屋的前面。

【原文】

二人雀弁①，执惠②，立于毕门③之内。四人綦弁④，执戈上刃⑤，夹两阶户玭。一人冕，执刘，立于东堂。一人冕，执钺⑥，立于西堂。一人冕，执戣⑦，立于东垂。一人冕，执瞿⑧，立于西垂。一人冕，执锐，立于侧阶。

【注释】

①弁：帽子。雀弁：赤色微黑，如雀头一般。

②惠：三棱的矛。

③毕门：正室之门。

④綦弁：青黑色的帽子。

⑤上刃：持刃向外。

⑥刘、钺：类似于斧的兵器。

⑦戣（kuí）：三锋的矛。

⑧瞿：也是三棱的矛。

【译文】

国王的卫士二人戴着黑色的礼帽，执三棱矛，立于庙门之内。四人戴着青黑色的礼帽，手持戟以刃向外，相向地站立在东西两阶旁边。一人戴着礼帽，手持大斧，站立在东堂之前。又一人戴着礼帽，拿着斧钺，站立在西堂之前。一人戴着礼帽，手执长矛，站立在东堂前面。又一人戴着礼帽、拿着三棱矛，站立在西堂前面。又一人戴着礼帽，拿着矛，站立在北面的台阶上。

【原文】

王麻冕黼裳①，由宾阶隮②。卿士邦君麻冕蚁裳③，入即位。太保、太史、太宗④皆麻冕彤裳。太保承介圭⑤，上宗奉同瑁⑥，由阼阶隮。太史秉书⑦，由宾阶隮，御王册命。曰："皇后凭玉几，道扬末命，命汝嗣训，临君周邦，率循大卞⑧，燮⑨和天下，用答扬文、武之光训。"王再拜，兴，答曰："眇眇予末小子，其能而乱四方以敬忌天威？"

【注释】

①麻冕：用细麻制成的礼帽。

②隮（jī）：升。

③蚁裳：玄色之裳，如蚂蚁的颜色一样。

④太宗：大宗伯。上宗与其意思相同。

⑤介圭：大圭。

⑥同：酒杯。瑁：天子所执之玉。

⑦书：写有顾命的册书。

⑧卞：法。

⑨燮：和。

【译文】

王戴着细麻制的礼帽，穿着带有斧形花纹的礼服，从宾客所走的台阶上来。重要官员和各诸侯国君也都戴着麻制的礼帽，穿着黑色礼服，分别站在相应的位置上。太保、太史、太宗都戴着麻制礼帽，穿着红色礼服。太保捧着大圭，太宗捧着酒杯和天子接见诸侯时所执的玉器，从东阶登上。太史捧着册书，从西阶走上，将刻有成王遗命的册数进献给天子，说："继位的天子啊！你依着玉几，听我传达先王的临终遗命。你现在依照先王遗言，继承王位，统治天下臣民，遵循着国家的大法，治理天下，继承并发扬文王、武王的光荣传统和遗训。"新君拜了又拜，然后起来，回答说："我这个微不足道的年轻人，怎么能像先王那样敬畏天命，把天下治理好呢？"

【原文】

乃受同瑁①，王三宿②，三祭③，三咤④。上宗曰："飨！"太保受同，降，盥，以异同秉璋以酢⑤。授宗人同，拜。王答拜。太保受同，祭，哜，宅⑥，授宗人同，拜。王答拜。太保降，收。诸侯出庙门俟。

【注释】

①同瑁：同，酒杯；瑁，帝王用的玉器。
②宿：通"肃"，肃敬。
③祭：酌酒于地。
④咤：放下酒爵。
⑤酢：回敬的酒。
⑥哜：尝。宅：退居其位。

【译文】

王接受了酒杯和天子接见诸侯时用的玉器，慢慢向前行进三次，三次酌酒于酒杯中，祭奠三次。太宗伯说："先王啊！请你把酒喝下吧！"太保接过酒杯，走下台阶，洗了洗手，用以璋为柄的酒勺，将酒盛在另外一个酒杯中，回敬了祭祀，把酒杯交给了祭人，对新君拜了一拜，新居回礼答谢。太保从助祭人那里接过酒杯，以酒洒地进行祭祀，便退了下来，把这杯酒还给助祭人。助祭人行礼拜谢，王回礼答谢。太保等人从西阶走下，行礼完毕。诸侯走出东西厢门等待新君康王。

康王之诰

【原文】

王出，在应门之内^①，太保率西方诸侯，入应门左，毕公^②率东方诸侯，入应门右，皆布乘黄朱。宾称奉圭兼币^③，曰："一二臣卫，敢执壤奠。"皆再拜稽首。王义嗣^④，德答拜。

【注释】

①应门：西周时，内朝之处。

②毕公：周文王第十五子毕公高。当时为东方诸侯之长，故称为东伯。

③宾：这里指诸侯。币：贡品。

④义嗣：不坚决拒绝。义，宜。嗣，继。

【译文】

康王从应门内走出，太保召公率领西方众诸侯站在应门左边；毕公率领东方众诸侯站在应门右边，他们都穿着红色礼服。诸侯举着朝觐用的圭，并分别献出不同的贡享，说："我们这些做臣子的，斗胆进献属地所产的贡品，希望康王能够收下！"说完，诸侯们都行礼叩头。康王以天子的身份，回礼答拜。

【原文】

太保暨芮伯咸^①进，相揖^②，皆再拜稽首^③。曰："敢敬告天子，皇天改大邦殷之命，惟周文武诞受羌若^④，克恤^⑤西土。惟新陟王，毕协赏罚^⑥，戡定厥功^⑦，用敷遗后人休。今王敬之哉！张皇六师，无坏我高祖寡命！"

【注释】

①咸：和、与。

②揖：推手向前为揖。作揖，古代的礼节。

③再拜稽首：再次叩头。

④诞：大。

⑤克恤：抚恤。

⑥陟：升，这里是辞世的意思。新陟王，指成王．

⑦戡：能够。

【译文】

太保和芮伯都向前走来，互相行礼，随后，又对康王行大礼，说："我们斗胆恭敬地禀告天子，伟大的上天更改了殷国的天命，让我们周国的文王和武王接受天命，这是因为他们能够安定西方的民众。刚去世的成王，完全能够按照先王的法度进行赏罚，能够延续文武二王的功业，给后代子孙留下美好的家邦。现在，新王你应该谨慎啊！要整顿军队，不要毁坏了我们祖先的大命！"

【原文】

王若曰："庶邦侯甸男卫①！惟予一人钊报②诰，昔君文武丕平③，富不务咎④，底至齐信⑤，用昭明于天下。则亦有熊罴之士，不二心之臣，保乂王家，用端命于上帝。

【注释】

①侯甸男卫：指不同级别的诸侯。

②报：答复。

③丕：大．平：均平。

④富不务咎：对人民仁厚而不乱施刑罚。富，富足。咎，用刑处罚。

⑤底：致。

【译文】

康王说："诸侯国君们，现在，我姬钊特此通告你们，并向你们发布命令。从前先君文王和武王，使国家公平富足，而不致力于刑罚，一切措施都恰到好处，因此先王的威信犹如光辉普照大地。还有那些如熊如罴勇武的将士，忠心不二的臣子，保护治理我们的国家，因此承受了上天的正命。

【原文】

"皇天用训厥道①，付畀四方②。乃命建侯树屏③，在④我后之人。今予一二伯父尚胥暨顾⑤，绥⑥尔先公⑦之臣，服于先王。虽尔身在外，乃心罔不在王室，用奉恤厥若，无遗鞠子羞⑧！"

群公既皆听命，相揖，趋出。王释冕，反丧服。

【注释】

①训：根据。

②付畀：给予，赐予。

③建侯：分封诸侯。树屏：树立屏障。

④在：眷顾。

⑤伯父：同姓诸侯。胥：互相。暨：与。顾：顾念。

⑥绥：安。

⑦先公：先王的祖父。

⑧鞠子：仍需鞠养的小孩子，是康王的谦称。

【译文】

"上天也顺应了先王的治理之道，把天下交给我们，并且分封诸侯，树立屏藩，眷顾我们这些后代子孙。现在我的几个同姓伯父们，还要顾念服侍我，犹如你们的先人臣服于先王一样。这就说明，虽然你们身在朝廷之外，而心却无不在王室，时刻关心牵挂着王室，不要使我这个年幼无知的人犯下什么过错。"

三公和诸侯听完了康王的诰令，互相行礼，快步而出。康王摘去礼帽，又回到守丧的地方，穿上丧服。

吕 刑

【原文】

惟吕命①，王享国百年②，耄③，荒度作刑④，以诘⑤四方。

【注释】

①吕命：吕侯被任命为司寇。

②享国：指在位。百年：穆王五十岁即位，在位五十多年，故称百年。

③耄（mào）：九十岁称耄。

④荒：大。度：裁酌。

⑤诘：治理。

【译文】

吕侯被任命为大司寇，穆王享有国运已达百年，穆王老了，根据宽大的原则来制定刑律，并责成四方官吏遵守。

【原文】

王曰："若古有训，蚩尤惟始作乱①，延及于平民，罔不寇贼②，鸱义奸宄③，夺攘矫虔④。苗民弗用灵，制以刑，惟作五虐之刑曰法，杀戮无辜，爰始淫为劓刵椓黥⑤。越兹丽刑并制，罔差有辞。

【注释】

①蚩尤：传说东方九黎族首领，有兄弟八十一人，与黄帝战于涿鹿，失败被杀。

②寇：侵犯。贼：残害。

③鸱：一种凶狠的鸟。奸宄：内外作乱。

④攘：窃取。矫虔：诈骗抢劫。

⑤劓：割鼻。刵：断耳。椓（zhuó）：割去生殖器。黥：即墨刑。

【译文】

王说："古代本来有良好的道德风尚，后来蚩尤作乱，他的劣行影响了平民百姓，人们无不为贼为寇，开始胡作妄为，到处捣乱，强取豪夺。苗民们不行善道，便用刑罚加以制止，于是制定了五种酷刑。后来逐渐滥用酷刑，甚至无罪的人也遭到杀戮，并开始过分地使用割鼻、割耳、宫刑、墨黥等刑罚。牵连入此刑者，尽行杀戮，从来不听取受刑人的申诉。

【原文】

"民兴胥渐①，泯泯棼棼②，罔中于信，以覆诅盟。虐威庶戮③，方告无辜于上。上帝监民，罔有馨香德，刑发闻惟腥。皇帝哀矜庶戮之不辜，报虐以威④，遏绝苗民，无世在下⑤，乃命重黎⑥，绝地天通⑦，罔有降格。群后之逮在下，明明棐常，鳏寡无盖。

【注释】

①民：指苗民。渐：渐染。
②泯泯棼棼：混乱的样子。泯泯，昏。棼棼，乱。
③虐威：受虐刑的人。庶戮：众多被侮辱者。
④报：审判。
⑤无世在下：没有后代的下国，指王国。世，嗣，后代。
⑥重、黎：颛顼时，重主管天神，黎主管地神。
⑦绝地天通：断绝地民和天神的感通，即禁止巫术。

【译文】

"民众互相欺诈，大家都不遵守信用，社会秩序十分混乱，纷纷扰扰。以致反复背叛在神前的誓约。受虐刑和被惩罚的民众，结合在一起向上天报告自己无罪。上天看到臣民的实情，看到蚩尤毫无德政，看到他们滥用刑罚的残酷情景。上天十分怜悯那些被无辜杀害的民众，就用严酷的手段来惩罚蚩尤的残暴，把那些为非作歹的苗民斩尽杀绝，使他们没有后代留在世上。同时命令重氏和黎氏，禁绝苗民天人不分的习俗，天神就不再降下能够沟通天人意见的通人。众诸侯对待在下的百姓，勤勉地辅佐他们，以常道保护他们，甚至那些鳏寡孤独无依无靠的人，也不再受到伤害。

【原文】

"皇帝清问下民，鳏寡有辞于苗①。德威惟畏②，德明惟明。乃命三后③，恤功于民④。伯夷降典⑤，折民惟刑⑥；禹平水土，主名山川；稷降播种⑦，家殖嘉谷。三后成功，惟殷⑧于民。士制百姓于刑之中，以教祗德。

【注释】

①皇帝：指虞舜。清问：虚心下问。辞：指怨言。

②德威：君主之言。

③三后：指伯夷、禹、稷。

④恤功：忧民之功。恤，忧虑。

⑤伯夷：相传，是舜帝时的大臣。

⑥折民：治理百姓。

⑦稷：后稷，尧舜时教民耕种的农官。

⑧殷：富庶。

【译文】

"天子虚心询问下民的疾苦，鳏寡孤独的人都诉说苗人的罪恶。于是，天子再一次惩罚苗人。以德政服人者人们就敬畏德行，以德教化人者人们就以德为明。于是命令三位大臣为臣民建立功业：伯夷制定法典，按照刑律审理案情；大禹负责治理水土，为山川命名划界；后稷颁布播种之法，教民播种。三位大臣的功业获得成功，使百姓得以富庶。士师用公正的刑罚来约束百姓，教导臣民敬重德行。

【原文】

"穆穆①在上，明明②在下，灼③于四方，罔不惟德之勤，故乃明于刑之中，率乂于民棐彝④。典狱，非讫于威⑤，惟讫于富⑥。敬忌，罔有择言在身。惟克天德，自作元命，配享在下。"

【注释】

①穆穆：恭敬肃穆的样子。

②明明：明察的样子。

③灼：著。

④棐彝：非法，不法的。棐，辅助。彝，常性。

⑤讫：终结。

⑥富：有财货的。

"在上的天子恭敬肃穆，在下的大臣明察秋毫，政治清明，光辉照于四方，百姓没有不勤勉地根据德教办事，因此用刑能公正合理，完全合乎法律，臣民乐于服从法律。掌刑的官员审理案件，不在于使老百姓畏惧威势，而在于用德教解决问题，使民风淳厚。敬畏自己的职守而不放纵，才不会祸从口出。只有遵守公德，自己掌握生死大命，才能求得长寿，享受上天所赐予的幸福。"

【原文】

王曰："嗟！四方司政典狱^①，非尔惟作天牧^②？今尔何监^③？非时伯夷播刑之迪？其今尔何惩？惟时苗民匪察于狱之丽^④，罔择吉人，观于五刑之中；惟时庶威夺货，断制五刑，以乱无辜，上帝不蠲^⑤，降咎于苗，苗民无辞于罚^⑥，乃绝厥世。"

【注释】

①司政典狱：诸侯中掌管刑狱的。
②牧：指管理人民的官职。
③监：道。
④丽：依附。
⑤蠲：免除，指赦免罪行。
⑥无辞于罚：毫无辩解罪责的理由。

【译文】

王说："唉！四方的诸侯国君啊，你们不是代理上天管理百姓吗？今天你们以什么作为借鉴呢？难道不是伯夷所制定的法律制度吗？现在你们以什么为惩戒呢？难道不是苗民不察刑狱而陷人民于水火之中吗？不选择有道德的人，考察五刑是否得当，只是任用权贵与民争利，利用五刑使无辜的臣民遭受祸殃。上天不能赦免他们，降灾祸于苗民。苗民没有理由解除惩罚，因而他们的后代没有一个能留在世上。"

【原文】

王曰：“呜呼！念之哉①！伯父、伯兄、仲叔，季弟、幼子、童孙，皆听朕言，庶有格命。今尔罔不由慰曰勤，尔罔或戒不勤。天齐②于民，俾③我一日，非终惟终在人。尔尚敬逆天命④，以奉我一人！

【注释】

①念：常常思考，考虑。
②齐：整齐。
③俾：使，这里是任用。
④逆：迎合。

【译文】

王说：“唉！你们要时刻记住这些教训啊！伯父、伯兄、仲叔，季弟以及年幼的子孙们，你们都要听从我的话，我有重要的话要告诉你们。你们必须没有一日不勤于政务而感到安心的，你们或许因有不勤于政务而感到内疚的。现在你们无不自我安慰说：‘我们已经十分勤劳了。’你们没有一个能够以不勤劳作为警诫。上天治理臣民，使我们掌握权柄，我们不能滥用职权。判断犯人是偶然犯罪还是连贯犯罪，要在认真考察他的行为后，再决定给什么处分。你们应当敬顺天命，事奉我一人。

【原文】

“虽畏勿畏，虽休勿休①，惟敬五刑，以成三德②。一人有庆③，兆民赖之④，其宁惟永。”

【注释】

①休：愉悦。
②三德：指正直刚柔三项品德。
③庆：喜庆。
④兆：多。

【译文】

"在断狱的时候，应当处罚的不要因为畏惧我的意见而不处罚，应当宽容的不要因为畏惧我的意见而不宽容。只有严格地遵守法律，才能成就三德。天子一人办了好事，亿万臣民便会得到幸福，我们的国家就会永远安宁和顺。"

【原文】

王曰："吁^①！来，有邦有土^②，告尔祥刑^③，在今尔安百姓，何择，非人？何敬，非刑？何度，非及？

【注释】

①吁：叹词，相当"唉"。

②有邦有土：有邦国，有土地。

③祥刑：善用刑法。祥，善。

【译文】

王说："唉！都过来吧，诸侯国君和诸位官员，让我告诉你们什么叫善刑。现在你们安定百姓，要去选择谁呢，难道不是善于理刑的人吗？谨慎地对待什么呢，难道不是用刑之事吗？要审议什么呢，难道不是案件所涉及的人吗？

【原文】

"两造具备^①，师听五辞^②；五辞简孚^③，正于五刑^④；五刑不简，正于五罚；五罚不服，正于五过。五过之疵^⑤：惟官、惟反、惟内、惟货、惟来^⑥。

【注释】

①两造：指诉讼双方，即原告和被告。

②师：指法官。五辞：指原告、被告五种述词。也指依据言辞、面色、气息、听觉和眼神作为评判的参考。

③简：核实。孚：诚信，信任。

④五刑：墨、劓、剕、宫、大辟五种刑罚。

⑤五过：五种弊病。

⑥内：谄媚内亲。来：指求情。

【译文】

"诉讼的双方都到齐了，司法官便根据五辞来审断案情。五辞所言都得到证实，就根据五刑来议罪。如果五刑之罪与五辞不能得到核实，那就根据五罚来处罚，如果五罚不能使罪犯心服口服，那就根据五种过失进行赦免。五种过错的弊病是：审理案情的人，或仗着自己威势随意处理，或乘机报复，或者害怕高位的人而不敢依法处理，或乘机勒索财物，或贪赃枉法，这样处理的案情，必定会发生偏差和错误。

【原文】

"其罪惟均①，其审克之②！

"五刑之疑有赦，五罚之疑有赦，其审克之！

"简孚有众③，惟貌有稽。无简不听④，具严天威。

【注释】

①其罪惟均：与犯人受同样的处罚。

②克：同"治"。

③简孚有众：向广大的民众核实。

④无简：没有经过核实。

【译文】

"如果典狱官犯了这些错误，那就应当和犯人一样受到惩罚。你们要根据事实进行审判啊！

"按照五刑议罪而有疑问的，可以赦免从宽；按照五罚议罪而有疑问的，可以赦免从宽，但一定要认真地考查核实。

"可以跟广大的民众核对，即使是细小的情节也要谨慎地核对，没有事实依据的，便不要论罪，但处理时也不能一味从轻，要能够保持上天的威严。

"墨辟疑赦^①，其罚百锾^②，阅实其罪^③。劓辟疑赦，其罪惟倍^④，阅实其罪。剕^⑤辟疑赦，其罚倍差^⑥，阅实其罪。宫^⑦辟疑赦，其罚六百锾，阅实其罪。大辟疑赦^⑧，其罚千锾，阅实其罪。墨罚之属千，劓罚之属千，剕罚之属五百，宫罚之属三百，大辟之罚其属二百。五刑之属三千。

【注释】

①墨：墨刑，在脸上刺字。

②锾（huán）：古代重量单位，六两为一锾。古时以金赎罪。

③阅：视，看。

④倍：百锾的一倍，即二百锾。

⑤剕（fǐ）：挖去膝盖骨的刑罚。

⑥倍差：一倍半，也就是五百锾。

⑦宫：宫刑。

⑧大辟：死刑。

【译文】

"对处以墨刑感到有疑问的，可以从轻处理，罚金一百锾，要核实罪行。处以割鼻之刑而感到有疑问的，罚金二百锾，要核实罪行。处以断足之刑而感到有疑问的，罚金五百锾，要核实罪行。处以宫刑而感到有疑问的，罚金六百锾，要核实罪行。处以死刑而感到有疑问的，罚金一千锾，要核实罪行。墨刑的处罚条目有一千，割鼻之刑的处罚条目一千，断足之刑的处罚条目有五百，宫刑的处罚条目有三百条，死刑的处罚条目有二百条。五刑的条目，加在一起，共计三千条。

【原文】

"上下比罪^①，无僭乱辞^②，勿用不行^③，惟察惟法，其审克之！上刑适轻，下服^④；下刑适重，上服。轻重诸罚有权。刑罚世轻世重^⑤，惟齐非齐，有伦有要。

【注释】

①上下：轻重。

②僭乱：错乱。僭：差错。

③不行：已经废除的法律。

④下服：减一等处罚。

⑤刑罚世轻世重：刑罚的轻重要根据具体情况做出判定。

【译文】

"罪重者处以重刑，罪轻者处以轻刑。对于犯人的供词和决狱之词，都要力求与事实相符，不要发生差错。不要采用大赦的办法，一定要核实其罪情，并要根据法律办事，你们一定要根据事实进行审判啊！罪在上刑情节轻者，服下刑。罪在下刑情节重者，服上刑。刑罚是轻是重，可以根据具体情况，灵活掌握，以使惩罚达到完全适宜的程度。刑罚的轻重还应根据社会的具体情况来决定。总之，刑罚的轻重既要根据犯人的具体情况，也要根据社会的具体情况决定，当然也要依据法律的条款和纲要来处理，不能随意决定。

【原文】

"罚惩非死，人极于病①。非佞折狱②，惟良折狱，罔非在中。察辞于差③，非从惟从。

【注释】

①病：害。

②佞：佞人，花言巧语而不忠诚的人。

③差：不同，这里指供词相互矛盾。

【译文】

"对罪人处以罚金，虽然没把犯人置于死地，但受刑的人已陷入极大的痛苦之中。不要用巧言善辩的人审理案情，用善良的人审理狱案，务必使案情的判断轻重得宜。要审查罪犯供词的差异，犯人虽然口头上不承认，但从其供词来看，其罪情还是属实的，那也就算是承认了。应该怀着悲哀之心，判断审理案件。

【原文】

"哀敬折狱①，明启刑书，胥占②，咸庶中正③。其刑其罚，其审克之！

【注释】

①敬：作"矜"，怜悯、同情。
②胥：互相。占：断案。
③庶：接近。

【译文】

"应当打开刑书，根据法律规定，仔细掂量，使案件得以公正裁决。或按五刑处理，或按五罚处理，都要弄清事实进行审判。

【原文】

"狱成而孚，输而孚①。其刑上备②，有并两刑③。"

王曰："呜呼！敬之哉！官伯族姓，朕言多惧。朕敬于刑，有德惟刑。今天相民，作配在下。

明清于单辞④，民之乱⑤，罔不中听狱之两辞⑥，无或私家于狱之两辞！

【注释】

①输：反而。孚：信服。
②备：慎重。
③有并两刑：犯两种罪过的，只要责罚一种就可以了。
④单辞：单方面的言辞。
⑤乱：治理。
⑥中听：公平的审理。两辞：原告、被告双方的诉辞。

【译文】

"狱案判定后令人信服，向上报告也可以获得信服。如果是一人犯两种罪的，只按一种罪来惩罚。”

王说："唉！要谨慎地对待狱事啊！同姓异姓的诸侯官长们！我的话有很多可畏惧之辞，因为我对待刑罚很是谨慎，同时明白施以德政必须借助于刑罚。现在上天扶助民众，在下面的各级官员也要与上天相配合。

"因此对待案情处理必须谨慎小心，对于没有佐证的一面之词，更需要明察秋毫。民众能得到治理，无不是因为典狱官能以中正之心听取双方的供词，不可因听信一方之辞而有所偏袒，更不可贪图贿赂而有所偏袒。

【原文】

"狱货非宝①，惟府辜功②，报以庶尤③。永畏惟罚，非天不中，惟人在命。天罚不极，庶民罔有令政在于天下。"

【注释】

①狱货：罚金。
②府：招致。辜：罪。
③报：回报。尤：怨言。

【译文】

"刑狱的罚金是为了表示惩罚，不可把它占为己有。如果这样占为己有，一定会招致臣民的怨恨，而国家对这样的官吏也一定会严加惩处，以满足臣民的要求，消除他们的怨恨情绪。要以敬畏的心情对待刑罚。并不是上天对那些贪赃枉法的官吏苛求，而是那些人自招绝命的缘故。假如上天不把严厉的惩罚加到他们的身上，那么天下万民就不能享有美好的生活。"

【原文】

王曰："呜呼！嗣孙①，今往何监？非德于民之中，尚明听之哉！哲②人惟刑，无疆之辞③，属于五极④，咸中有庆⑤。受王嘉师，监于兹祥刑！"

【注释】

①嗣孙：后世子孙。

②哲：智慧，明智。

③无疆：无穷无尽。辞：讼辞。

④五极：即五刑。极，诛。

⑤中：公正。

【译文】

　　王说："唉！后世子孙们，今后你们以什么作为鉴诫呢？难道不是德政吗？公正裁决臣民的案件，一定要明察啊！对于较长的供词，一定要反复考查，处理合于五刑的规定。处理得当，臣民就会得到幸福。为天子管理臣民的人，管理他们一定要用我上面所说的祥刑啊！"